우리말 속의 경제사회

우리말은 경제사회를
어떻게 이끌어 왔는가?

홍 훈

도서출판 해남

우리말 속의 경제사회

우리말은 경제사회를 어떻게 이끌어 왔는가?

초판1쇄 인쇄 2024년 12월 30일
초판1쇄 발행 2025년 1월 7일

저 자 홍 훈
발행인 노현철
발행처 도서출판 해남

출판등록 1995. 5. 10 제 1-1885호
주 소 서울특별시 마포구 마포대로8길 9 영명빌딩 405호
전 화 739-4822
팩 스 720-4823
이 메 일 haenamin30@naver.com
홈페이지 www.hpub.co.kr

ISBN 978-89-6238-191-7 93320

머리말

언어는 동물과 구분되는 인간의 특징이고 종교와 함께 문화를 대표한다. 무엇보다 인간이 도덕, 법, 종교, 화폐에 앞서 언어를 배운다는 점에서 언어는 가장 근원적이다. 이 때문에 다른 행위와 마찬가지로 거래, 경매, 흥정, 협상, 계약 등 인간의 경제행위도 말과 글을 떠나서는 존재할 수 없다.

그렇지만 신고전학파 경제학은 오랫동안 경제활동에서 언어를 경시해 왔다. 경제학에 의하면 소비자를 위시한 개별 행위자가 현명하고 합리적이어서 기업이 홍보하는 광고의 미사여구에 현혹되지 않는다. 행위자들이 오로지 실물 혹은 재화나 자원의 내용에 따라 움직이므로 시장경제가 효율성을 달성할 수 있다. 이같이 경제학에서 언어는 경제의 실물이나 내용에 대한 표현 또는 포장에 지나지 않아 부차적이다.

이것은 오랫동안 경제학이 화폐를 경시해 왔던 것과 비슷하다. 경제학은 화폐가 실물경제의 포장이자 베일이어서, 실질(實質, real)에 수반된 명목(名目, nominal) 혹은 내용에 수반된 이름에 불과하다고 생각해 왔다. 물 한 병에 1,300원이든 1달러이든 실질적인 차이가 없다는 것이다. 언어도 사물이나 제품에 포장을 씌우고 이름을 붙이는 데 불과하다고 전제해 왔다. '빵'이라고 부르든 'bread'라고 부르든 내용에 차이가 없다는 것이다.

사상적으로도 분석철학의 전통에 따라 경제학은 자연언어가 낳는 복잡성을 불완전함이나 모호성으로 간주해 이것을 수학이라는 인공언어로 대신하려고 노력해 왔다. 더구나 경제학은 흄(D. Hume)의 경험주의에 근거해 인과관계에 근거한 설명보다 상관관계와 예측에 중점을 두어 왔다.

그런데 최근에 경제학 내부에서 경제현상의 원인이나 역사적 기원을 규명해 현상을 보다 깊고 넓게 파악하려고 노력하면서 문화를 중시하는 경향이 생겼다. 그리고 이런 경향으로 인해 행동경제학을 중심으로 언어가 중요하다는 인식에 이르게 되었다. 그래서 경제활동과 경제현상에 언어가 미치는 영향을 규명하려는 언어경제학(economics of language)이 등장하였다.

근원적으로는 언어가 관념과 행위를 단순히 표현하는 데 그치지 않고 이들을 규정한다는 견해를 경제학자들이 받아들이게 되었다. 이에 따르면, 기업의 광고는 제품에 대한 정보를 제공하는 데 그치지 않고 소비자의 선택에 영향을 미친다. 더 근원적으로 선호가 언어에 의존한다는 주장까지 등장하였다.

거시적으로도 정치지도자의 발언이나 기준금리에 대한 미국 연방준비은행장의 발언은 전 세계 경제에 영향을 미친다. 또한 언론의 보도가 시민의 인식과 판단에 일상적으로 영향을 미친다. 그렇지만 문화와 언어를 중시하게 된 서구 경제학계의 최근 경향과 이것의 함의가 우리에게 아직은 잘 전달되지 않고 있다.

우리의 말과 글도 우리의 생각을 표현하고 우리의 행위를 인도하므로 가장 근원적으로 우리의 정체성을 구성한다. 특히, 1970년대 경제성장기부터 현재까지 우리의 언어가 우리의 경제와 분리되어 존재한 적이 없다. 다만, 영어와 한문으로 된 한국의 경제학 용어는 경제행위자의 일상적인 언어와 괴리가 커서 현실과 원활하게 호흡하지 못하고 있다.

이런 점들에 착안해 이 글은 우리말과 경제사회 현상의 연관성을 구체적으로 규명하려고 시도하였다. 이런 작업이 한국 경제사회에 대해 경제이론을 기계적으로 적용하거나 통계적으로 서술하는 수준을 넘어서 보다 근원적인 설명을 제공할 것이라고 생각하였다. 또한 우리말을 통해 경제를 정치, 사회, 문화와 함께 총체적으로 파악할 수 있을 것이라고 판단하였다.

이 책의 내용을 요약하면, 제1장에서는 전체 논의의 토대로 경제사회와 언어의 관계에 대한 일반론을 제시하고, 언어경제학과 행동경제학을 이후 논의의 징검다리로 소개하였다. 이어서 한국어의 특징을 미리 요약하였다. 제2장에서는 대명사 탈락, 존칭, 미래시제와 관련된 한국어의 특징으로부터 한국 사회에서 관계와 집단이 중요하고 맥락과 총체를 중시하는 인식이 두드러진다는 것을 보인 후,

이것의 경제사회적 함의를 예시하였다.

제3장에서는 경제사회와 관련된 우리의 일상적인 표현에서 한국의 경제사회에 대한 특징을 도출하려고 노력하였다. 제4장에서는 우리 속담과 사자성어 속에서 경제사회적인 함의를 추적하려고 시도하였다. 제5장에서는 경제용어의 변형과 번역을 분석하였다. 끝으로 전체 논의를 연결해 한국의 경제와 사회적인 관념에 대한 향후 논의의 발판을 제공하려고 시도하였다.

이 책은 경제이론 연구도 아니고 경제에 대한 경험 연구도 아니며, 서양 경제사상에 대한 본격적인 연구도 아니어서 이례적이다. 또한 한국 경제의 수없이 많은 현상과 한국어의 수없이 많은 표현 중에서 지극히 일부분을 다루고 있다는 한계도 있다. 더구나 언어나 한국어의 전문가가 아니라는 저자의 제약도 피할 수 없다. 그래서 이 글은 서투르기 짝이 없는 암중모색이다.

그렇더라도 우리말에 애정을 가지고 있으며 한국어와 외국어 사이의 차이에 관심을 가지고 있는 경제학자로서, 한국어와 경제의 상호작용을 추적함으로써 한국의 경제사상이나 관념의 일단을 드러낼 수 있으리라는 것이 이 책의 작은 소망이다. 그리고 이 글을 통해 약간이나마 하산하였다고 느낀다. 끝으로 부족한 이 글을 읽고 논평해 준 박종현, 이상훈, 김진업 제 교수께 감사드린다.

홍 훈(연세대학교 명예교수)

2024년 12월

차례

Table of Contents

chapter 01

경제, 언어, 한국어

1. 언어와 경제: 말 한마디에 천 냥 빚을 갚는다
2. 한국어와 농업: 말이 씨가 된다
3. 한국 사회와 한국어의 특징: 농업과 유교

1. 언어와 경제: 말 한마디에 천 냥 빚을 갚는다

전통적으로 신고전학파 경제학은 경제활동에서 언어적 표현의 중요성을 인정하지 않는다. 경제학에 의하면 경제행위자가 합리적이어서 제품의 포장이나 외양에 흔들리지 않고 제품의 내용과 실체에 근거해 선택한다. 소비자가 '빛 좋은 개살구'를 가려낸다는 것이다. 제품에 대한 광고는 정보를 제공하며 그 수준을 넘어서면 일종의 포장에 불과하다. 이 때문에 제품에 대한 미사여구에 소비자가 흔들리지 않는다. 더구나 수학이나 통계학에 주로 의존하고 지식, 정보, 자료를 모두 정보로 환원하는 경제학에서 언어의 역할은 최소화된다.

그런데 최근 들어 경제학 부근에서 언어와 경제의 관계가 새로운 주제로 등장해 언어경제학(economics of language)이라는 분야가 형성되었다.[1] 최근 20년 동안 부상한 문화에 대한 경제학의 관심이 종교와 함께 문화의 핵심인 언어에 대한 관심을 증가시켰기 때문이다. 언어경제학이 내세우는 중요한 주장들을 제시해 전체 논의의 토대로 삼고자 한다.

우선, 미시적으로 경제활동에서 화폐나 법과 마찬가지로 언어가 제도로서 거래비용을 줄여 준다. 그래서 돈이 언어를 대신하기도

1 홍훈 외(2024), 제9장.

하지만 반대로 언어가 돈을 대신하기도 한다. 전자는 "돈이 말을 한다"(Money talks)는 서양 속담에 담겨 있고, 후자는 "말 한마디로 천 냥 빚을 갚는다"는 우리 속담에 담겨 있다. 양자 모두 언어와 화폐의 상호의존성을 보여 준다.

거시적으로는 한 국가의 언어가 통일되어 있는지 여부가 경제성장에 영향을 미친다. 201개의 국가와 1,055개 언어집단을 대상으로 조사한 결과, 아프리카와 같이 언어가 분단되어 있으면 정부의 질이 낮아지고 공공재의 제공과 재분배가 쉽지 않아 성장이 둔화된다.[2] 또한 언어가 비슷할수록 의사소통이 쉬우므로 교역과 투자가 많아져 성장이 촉진되는 데 비해 언어가 다를수록 거래를 위해 번역 등으로 소요되는 비용이 증가하여 성장이 둔화된다.[3] 나아가 비슷한 언어의 사용자들 사이에 연결망이 두터워져 이민 혹은 노동의 이동이 빈번해진다.

이런 주장들은 새롭기는 하지만 언어를 기업의 지배구조와 비슷하게 하나의 제도로 취급해 전통적인 경제학의 범위 안에 머물러 있다. 그렇지만 언어는 다른 제도보다 더 근원적이다. 인류의 역사를 보면 인간이 사회를 이루면서 가장 먼저 언어가 생겨났다. 언어는 윤리, 법, 화폐 없이 존재하였지만, 거꾸로 언어 없이 윤리, 법, 화폐가 존재할 수 없다.

2 Alesina *et al.*(2003), p. 168; Desmet *et al.*(2009).
3 Ginsburgh and Weber(2020).

한 인간의 성장 과정을 보아도 아기가 태어나면 도덕, 법, 정부, 화폐, 시장을 알기 이전에 언어를 배운다. 화폐경제 이전부터 경제나 생계의 문제가 있었지만 언어는 최소한 경제나 생계의 문제와 함께 등장한다. "사람 나고 돈 났지 돈 나고 사람 나지 않았다." 그렇지만 언어는 사람이 나면서 생겼다.

> 직관적으로, 심지어 이론 이전에, 언어가 매우 정확한 의미에서 근본적이라는 것은 명백하다. 우리에게 언어는 화폐, 재산, 정부 혹은 결혼 없이도 존재할 수 있지만 언어 없이는 화폐, 재산, 정부 혹은 결혼이 존재할 수 없다.[4]

언어는 근원적이므로 주어진 생각이나 관념을 표현하는 데 그치는 것이 아니라 우리의 관념과 문화를 형성한다. 이런 생각은 19세기의 훔볼트(W. von Humboldt)에서 시작해 20세기에는 사피어-워프(Sapir-Whorf)의 '언어적인 상대성 가설'(linguistic relativity hypothesis)로 등장해 최근에 주목을 받고 있다.

> 배후의 언어체계(달리 말해, 문법)는 단순히 생각을 말하는 재현의 도구가 아니라 그 자체로 관념의 형성자이다. 관념의 형성은 … 독립적인 과정이 아니라 … 특정 문법의 일부분이고 문법이 달라지면서 달라진다.[5]

4 Searle(2005), pp. 11~12. It is intuitively obvious, even pre-theoretically, that language is fundamental in a very precise sense: you can have language without money, property, government, or marriage, but you cannot have money, property, government, or marriage without language.

5 Whorf(1940). It was found that the background linguistic system (in other words, grammar) of each language is not merely a reproducing instrument for voicing ideas but rather is itself the shaper of ideas. … Formulation of ideas is not an independent process, …

일반적으로 인간의 인지나 인식과 인간의 행위가 서로 영향을 주고받으므로 인식이나 인지와 문화가 행위를 상당 부분 결정한다. 여기에 '상대성 가설'을 결합하면 언어가 인식과 문화를 통해 매매 등 의사결정을 위시한 갖가지 경제사회의 활동과 가격 등 경제사회 현상에 영향을 미친다고 판단할 수 있다.

역사적으로 40만 년 전에서 15만 년 전 사이에 수없이 많은 언어가 생겨나 진화하고 사라진 것으로 알려져 있다. 그 결과 현재 전 세계에는 7,000개의 언어가 사용되고 있다. 최근 연구에 의하면 유전자에 근거한 진화, (개인의) 학습, 집단이 형성하는 문화라는 세 가지 적응체계가 서로 영향을 주고받으면서 공진화(coevolution)해 언어가 형성되었다.[6] 따라서 언어가 주어진 관념과 문화를 표현하는 단순한 모형이 아니라 언어가 문화·인식·행위를 재생산하고 변형하는 복잡한 모형이 현실에 부합된다.[7]

그런데 언어학자 소쉬르(F. Saussure)가 지적한 바와 같이 언어의 의미나 가치는 개별 단어가 아니라 낱말들의 관계 및 결합으로 형성되는 맥락(context)과 언어체계 전체에 의해 결정된다. 따라서 관념, 역사, 문화도 이런 맥락과 체계를 통해 전달되고 유지된다.

예를 들어, 우리말의 쌀과 빵은 영어의 'rice'와 'bread'와 그 의미

---

but is part of a particular grammar, and differs, … between different grammars.

6 Kirby *et al.*(2007), p. 5242.

7 Boroditsky(2001), Pérez and Tavits(2017), Mavisakalyan and Weber(2018).

|그림 1-1| 언어 인지 문화

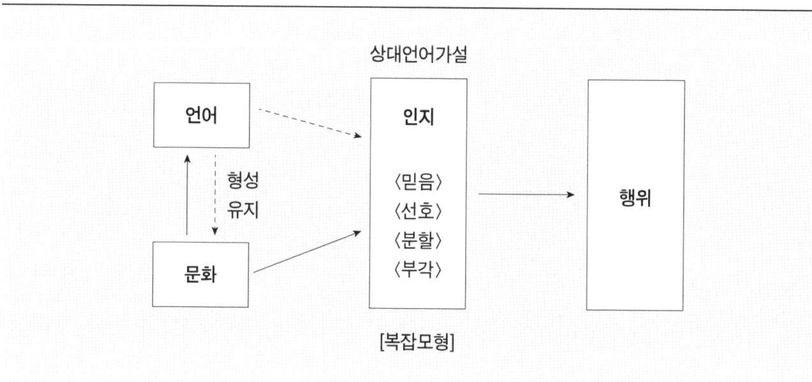

가 정확히 일대일로 대응하지 않는다. 서양의 경구인 "인간은 빵만으로 살 수 없다"에 대해 "맞다. 밥도 먹어야지"라고 답한다면 빗나간 것이다. 왜냐하면 'bread'는 우리 번역어인 '빵'을 넘어서 먹는 것 전체를 대표하기 때문이다. 그러니 우리말로 이에 해당되는 것은 '빵'이 아니라 '밥'이다. 이같이 언어의 맥락에 따라 '빵'과 'bread' 혹은 '밥'과 'rice'는 그 의미가 달라질 수 있다.

영어를 잘 못하는 한국인, 일본인, 남미인이 영어로 대화하는 상황을 생각해 보자. 이 상황에서 한국인과 일본인은 영어를 잘 못해도 서로 잘 통하는 데 비해, 이들이 남미인과는 잘 통하지 않는다. 한국과 일본의 문화가 비슷해서 영어를 잘못 구사하는 방식이 비슷해 영어가 잘못된 경우에도 그 뜻을 서로 쉽사리 미루어 짐작할 수 있기 때문이다. 반면 문화가 다른 남미인이 영어를 잘못 구사하는 방식은 이와 달라서 미루어 짐작하기 힘들기 때문이다.

언어에 대한 이런 성찰에 가장 근접해 있어 언어경제학을 주도하는 것은 행동경제학이다. 이에 따르면, 언어는 거래비용을 줄여주는 제도에 그치지 않고, 보다 근원적으로 광고나 선전을 통해 직접 선호와 선택이나 의사결정에 영향을 미친다. 특히, 행위자의 선택이 언어적인 표현과 무관하다는 경제학의 전제인 서술 관련 불변성(descriptive invariance)은 오류이다. 이에 따라 행동경제학은 화폐가 명목적이라는 경제학의 주장과 함께 언어가 단순히 사물에 대한 표현이나 이름에 불과하다는 경제학의 주장도 거부한다.

구체적으로 행동경제학은 사물에 대한 서술(description), 상황이나 배경의 전체 모습을 나타내는 맥락(context), 대상을 특정 각도에서 규정하는 프레이밍(framing)을 강조한다. 동일한 선택의 대상이나 상황이라도 광고 등을 통해 어떻게 언어로 표현하느냐에 따라 이에 대한 사람들의 해석·이해·판단이 달라져 선택과 행위가 바뀐다. 그렇다면 기업은 제품으로 말할 뿐만 아니라 포장으로 '말하고', 언어로도 '말한다'. 동일한 제품이지만 어떻게 포장하느냐, 그리고 어떤 말로 '포장'하느냐에 따라 소비자의 판단과 선택이 달라진다.

이런 생각은 소비자나 시민이 선택의 대상에 대해 각자 자신의 안정적인 판단 기준을 일관되게 적용한다는 신고전학파의 대전제, 즉 선호의 일관성 및 안정성에 대한 의심으로 이어진다. 경제학에 따르면, 예를 들어 소비자는 집을 구입할 때 가격, 지하철로부터의 거리, 침실의 개수, 정원, 실내 구조 등에 대한 정보에 자신의 선호에 근거한 가중치를 적용해 냉정하게 계산한 후 선택한다. 여기서 소비자는 중개업자로부터 정보를 얻기는 해도 중개업자의 언변에 휘둘리지는 않는다.

이와 달리 행동경제학은 광고나 홍보가 언어를 통해 선호와 선택 요인의 가중치에 영향을 미친다고 본다. 이것은 개념이나 내용이 언어와 일대일로 대응하지 않는 언어의 상대적인 자율성에 기인한다. 다시 말해, 동일한 개념이나 내용이라도 달리 표현할 수 있고, 다른 개념이나 내용이라도 동일하게 표현할 수 있기 때문이다.

기업의 광고나 섬원의 언변은 이를 활용해 (가격, 침실의 숫자, 실내 구조 등 집의) 여러 차원에 소비자가 부여하는 가중치를 변화시킴으로써 의사결정에 영향을 미친다. 그렇다면 경제사상이 지적하는 노동량, 생산비, 효용, 한계원리뿐만 아니라 언어가 재화와, 특히 서비스의 가치나 가격에 영향을 미칠 수 있다. 또한 언어가 선호를 변화시켜 효용이나 한계 단위를 바꾸거나 근로 의욕에 영향을 미쳐 노동의 투입량과 생산비를 변화시킬 수 있다. 구체적으로 다음과 같은 예를 통해 이런 언어의 중요성을 확인할 수 있다.

- 컵에 물이 '반이나 있다'고 말하는 것은 긍정적인 규정 혹은 프레이밍이고, '반밖에 없다'고 말하는 것은 부정적인 프레이밍이다. 프레이밍에 따라 동일한 상황에 대한 인지와 선택이 달라진다.
- 5%의 지방이 있는 고기(meat with 5% fat)와 95% 지방이 없는 고기(95% fat-free meat)는 내용상 같다. 그렇지만 전자의 부정적인 프레이밍보다 후자의 긍정적인 프레이밍이 판매를 촉진하였다.

- 전염병에 대한 동일한 정부의 대책이지만, 이 대책이 90%의 주민을 살린다고 긍정적으로 표현하면 10%의 주민을 살릴 수 없다고 부정적으로 표현할 때보다 주민의 호응이 더 높았다.
- '1년에 40만 원'이라고 말하는 것보다 '하루에 단돈 천 원'이라는 표현이 구매를 자극할 수 있다.
- 동일한 마케팅 전략이지만 현금을 지불하면 할인해 준다는 표현이 신용카드로 지불하면 할증이 붙는다는 표현보다 매상에 더 좋은 영향을 미친다.
- 동일한 내용의 조세정책이지만 부자에 대한 세금 감면이나 공제라는 표현이 들어가면 거부감을 낳았다.[8]

> - 제시방식 I(세금 추징)
>   저소득층은 아이가 있으면 100만 원을 내고, 아이가 없으면 20만 원을 추가해 120만 원을 낸다.
>   고소득층은 아이가 있으면 200만 원을 내고, 아이가 없으면 40만 원을 추가해 240만 원을 낸다. [찬성]
> - 제시방식 II(세금 공제)
>   저소득층은 아이가 없으면 120만 원을 내고, 아이가 있으면 20만 원을 공제해 100만 원을 낸다.
>   고소득층은 아이가 없으면 240만 원을 내고, 아이가 있으면 40만 원을 공제해 200만 원을 낸다. [반대]

언론의 보도, 이념에 대한 정당의 선전, 법과 정책에 대한 정부의 홍보 등에 활용되는 언어도 시민, 독자, 시청자에게 영향을 미친다. 그리고 이는 수리적인 논리에 집착하는 신고전학파 경제학에 생

8 Schelling(1981), pp. 54~55.

경할 뿐 인문학이나 여타 사회과학, 특히 언론홍보 분야에서는 주지의 사실이다. 이와 관련해 사물의 특정 차원을 부각시키면 행위자가 이 차원에 집착하면서 다른 차원을 고려하지 않게 되는 부각효과(salience)가 중요하다. 이것은 행위자가 합리적이어서 사물의 여러 차원을 골고루 고려하므로 서술적인 불변성을 유지한다는 신고전학파의 전제에서 벗어난다.

- 합리적인 소비자라면 자동차를 살 때 [크기, 디자인, 냉방기, 연비, 중고가격] 등 여러 측면을 골고루 고려해 선택한다. 그렇지만 광고나 대리점 직원의 언변에 이끌려 특정 측면에 집착함으로써 선택을 달리할 수 있다.
- 천안함 사건에 대한 언론기관의 보도가 제각각이다. 매체마다 나름대로 사건의 여러 차원에 부여하는 가중치를 늘리고 줄여서 이렇게 된 것이다. 그리고 이에 따라 시민의 판단과 투표 등 선택이나 행위가 요동친다.
- 대통령이나 국회의원을 선택할 때도 [경력, 능력, 도덕성]을 골고루 고려해야 하는데, 정당의 홍보와 언론의 보도로 시민들이 특정 차원에 집착할 수 있다. 한국의 언론이 일상적으로 이런 방법을 통해 유권자들을 휘젓고 다닌다는 것은 이미 주지의 사실이다.

이에 따라 행동경제학(그리고 부분적으로 경제학)은 효용이나 이익 등 '결과에 근거한'(outcome-based) 전통적인 선호로부터 '언어에 근거한'(language-based) 선호로 점차 옮아가고 있다.[9] 이같이 선호가 언어에 따라 바뀌므로 (신고전학파의 생각과 달리) 재화나 사람에 대한 선택을 포함한 경제활동이 언어와 불가분의 관계에 놓인다. 이미 1990

9 Capraro *et al.*(2024).

년 말에 미국의 국민소득 중 변론이나 설교 등 언어로 구성된 설득(persuasion)이 낳은 부가가치가 1/4로 추산되었다.[10] 특히, 늘어나고 있는 서비스업에서 상품의 가치와 말은 더욱 밀접하게 연관되어 있다.

행동경제학자 애컬로프(G. Akerlof)와 실러(R. Shiller)에 의하면 이야기(narrative)나 소문이 주식시장에서 투자에 영향을 미치고, 이념의 선전이 과거 사회주의를 유지하는 데 필수적이었다.[11] 사실 선전과 홍보는 신자유주의 등 자본주의 이념, 그리고 과거 한국의 제3공화국의 이념 등에도 중요하였고, 현재도 각국 정부가 활용하고 있다.[12]

언어는 내용뿐만 아니라 어조(tone)를 통해서도 경제에 영향을 미친다. 가령, 결산회의에서 CEO가 투자자들에게 행한 발언에 담긴 정서가 기업의 기본 여건을 반영하고 있어 해당 기업의 향후 수익과 연관이 있었다.[13] 거시적으로도 정치지도자나 관료, 최고경영자, 중앙은행장의 발언이 경제사회에 막대한 영향을 미친다. 단적으로 미국의 중앙은행인 연방준비은행의 의장이 던진 말 한마디가 세계경제를 뒤흔든다. 동일한 내용이라도 어떤 말로 어떻게 전달하느냐에 따라 시장에 대한 경제행위자들의 기대가 달라지기 때문이다.[14]

구체적으로 "통화정책의 발언"(The Voice of Monetary Policy)이라는

10 McCloskey and Klamer(1995).
11 Akerlof and Snower(2016), Shiller(2017).
12 이런 주장은 이념과 관련되므로 마르크스나 그람시와도 무관하지 않다.
13 Mayew and Venkatachalam(2012).
14 Blinder *et al.*(2008), p. 914.

|그림 1-2| 연준의 언론자료와 증시

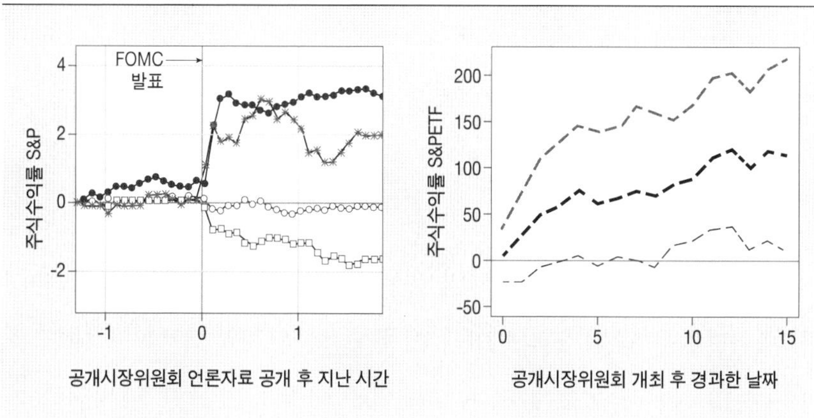

자료. Rosa(2011), p. 921.

최근 연구에 따르면, 2011~2019년에 개최된 연준 공개시장위원회에 이은 기자회견에서 의장의 발언이 부정적이었다가 긍정적으로 변하면 S&P 주식의 수익률이 2% 증가하였다.[15] 또한 공개시장위원회가 제공한 언론자료에 담긴 어조를 반영해 몇 시간 내로 주식의 수익률이 변동하였다.[16]

언어적인 차이는 (다른) 제도를 설명한다. 먼저 제도는 정치체제나 경제체제와 같은 공식적인 제도와 윤리나 규범, 신뢰, 시민정신 혹은 '민도' 등 문화를 나타내는 비공식적인 제도로 구분된다. 최근 경제학에서는 공식적인 제도와 문화가 상호작용해 제도의 작동에 문화가 중

15 Gorodnichenko *et al.*(2024).
16 Rosa(2011).

요하다는 견해가 부상하고 있다. 그런데 문화는 수량적인 변수로 표시하기 어렵다. 이 때문에 문화가 공식적인 제도에 미치는 인과적인 영향을 규명하는 데 문화를 대변하는 도구변수(instrumental variable)로 흔히 언어를 활용한다. 그리고 2단계 최소자승법(2Stage Least Squares)을 통해 가령, 신뢰가 경제발전이나 민주주의에 미치는 영향을 규명한다.

남성, 중성, 여성 등 명사의 성별 구분은 남성이 여성보다 우월하다는 편견을 담고 있다. 76개 어족(語族)의 227개 언어에 대해 조사한 결과, 이 중 37%에 성별 구분이 있었다.[17] 그리고 2019년을 기준으로 성별의 구분이 있는 언어권에서는 가족의 유대가 강하고 여

|그림 1-3| 성별 구분과 여성의 노동 참여

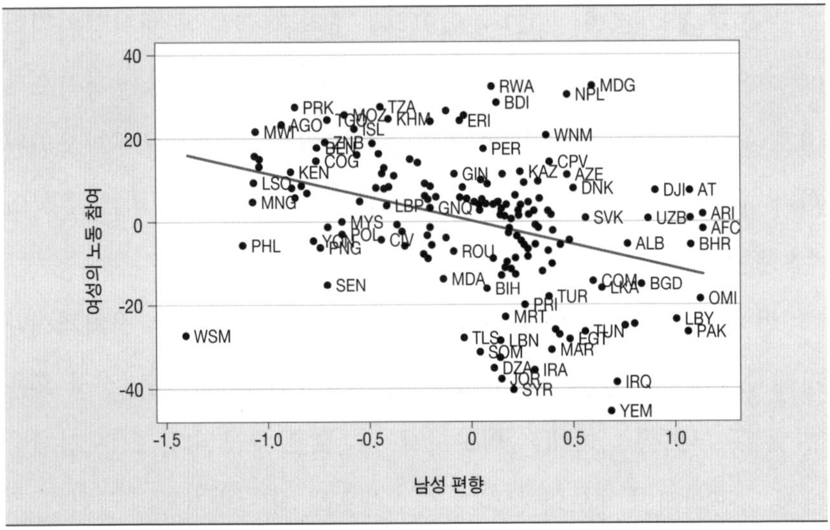

자료: Alesina and Guliano(2010), pp. 115~116.

17 Galor *et al.*(2016), Galor *et al.*(2018).

|그림 1-4| 가족의 유대와 여성의 노동 참여

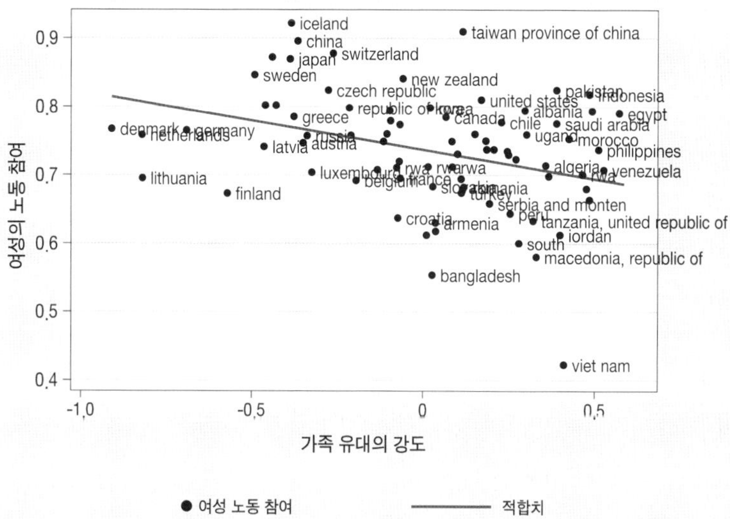

자료: Alesina and Guliano(2010), pp. 115~116.

성의 노동시장 참여율이 저조하였다.[18] 3인칭에만 남녀 구분이 있어 중립적인 언어로 분류되는 한국은 가족의 유대와 여성의 노동 참여에 있어 중간 정도로 나타났다.[19]

미국 이민자를 대상으로 성별 구분이 있는 언어를 구사하는 지역 출신의 부부와 그런 구분이 없는 언어를 구사하는 지역 출신의 부부를 비교하였다.[20] 그 결과 후자에 비해 전자에서 여성의 가사노

18 Mavisakalyan(2015); Michalopoulos and Xue(2021), p. 2034.
19 Alesina and Guliano(2010).

동이 9% 더 많았고, 남성의 가사노동이 28% 적었다. 여기서 이민 당시의 나이로 따져 9세 전후로 모국어와 습득한 영어가 미치는 영향력의 우열이 바뀌었다.[21] 이로부터 언어의 차이⇆문화의 차이→경제활동의 차이라는 인과관계를 상정할 수 있다.

호칭은 사회적 지위와 밀접한 관련이 있다. 미국에서 1900~2008년 사이에 그(he)와 그녀(she)라는 호칭이 대중매체에서 등장한 빈도를 확인하였다. '그녀'라는 호칭에 대비한 '그'라는 호칭의 빈도수는 1900~1945년 사이에는 3.5였다가, 1946~1967년 사이에는 4.5로 증가한 후, 다시 1968년 이후에는 2.0으로 하락하였다. 호칭의 빈도가 이같이 변한 것으로부터 여성의 지위가 향상되었다가 약화되었다가 다시 회복된 것을 확인할 수 있다.[22]

이름과 성별이 얽힌 흥미로운 연구에 따르면, 미국에서 1950~2012년 사이에 발생한 90여 건의 크고 작은 태풍 중 여자 이름의 태풍이 남자 이름의 태풍보다 훨씬 더 많은 인명피해를 가져왔다.[23] Arthur, Cristobal, Omar, Kyle, Marco 등이 남자 이름이고, Bertha Dolly, Fay, Laura, Hanna 등이 여자 이름이다. 태풍의 심각성에 따라 성별을 가려 이름을 붙였기 때문이 아니다. 여자 이름을 붙이면 사람들이 자신도 모르게 태풍이 약할 것이라고 생각해 대피 등 방비

20 Fernández and Fogli(2009).
21 Hicks *et al.*(2015), p. 33.
22 Twenge *et al.*(2012b).
23 Jung *et al.*(2014).

를 미루거나 소홀히하였기 때문이다. 이 연구는 남녀에 대한 편견, 그리고 위험의 주관적인 측면과 함께 언어가 이름을 통해 행위와 현상에 영향을 미친다는 것을 보여 준다.

언어의 힘을 가장 적극적으로 보여 주는 것이 수행성(performativity)이다. 언어가 행위나 현상을 표현하는 것이 아니라 거꾸로 행위나 현상을 낳는다는 것이다. "자, 이제 여러분은 부부가 되었습니다"라는 주례의 성혼 선언이 가지는 힘이 그 예이다. 성경에 나오는 "태초에 말씀이 있었다"에 대해 수행성 개념은 신의 말이 아니라 인간의 말이 힘을 가진다고 주장한다.

이에 따라 사회학은 경제이론이 경제현상을 설명하는 것이 아니라 경제현상을 만들어 낸다며 경제학의 수행성을 내세운다. 노벨상을 낳은 블랙-숄즈 모형(Black-Scholes model)은 주어진 현실을 설명하거나 예측한 것이 아니라 시장의 이상이나 규범을 제시해 경제현실을 이에 맞게 바꾸었다.

일본 근대화의 시조인 후쿠자와 유기치(福澤諭吉, 1835~1901)에 의하면, 일본과 동양에는 'speech'라는 행위도 없었고 말도 없었다. 이런 지적은 그가 세운 게이오대학에 '연설기념관'(演說紀念館)을 남겼다. 여러 사람을 모아놓고 자신의 의견을 말하고 설득하는 행위가 시민사회가 취약하였던 동아시아에는 없었다는 것이다. 여기에도 연설이라는 말과 행위 사이의 수행성이 담겨 있는 것 같다.

언어는 웅변뿐만 아니라 침묵으로 관념, 문화, 사회를 재생산한다. 다시 말해, 언어는 말하는 것뿐만 아니라 말하지 않는 것으로 말한다. 알튀세(L. Althusser)와 발리바(E. Balibar)에 따르면, 무엇에 대해 어떻게 말하는지뿐만 아니라 무엇을 말하지 않는지도 사람이나 사회를 파악하는 데 중요하다. 웅변뿐만 아니라 침묵도 무언가 말하고 있다는 것이다. 이런 생각은 헤겔(G. W. F. Hegel), 마르크스(K. Marx), 프로이트(S. Freud), 니체(F. W. Nietzsche) 등을 결합시킨 관점이다. 이런 '침묵의 웅변'이라는 관점은 맥락에 대한 총체적인 파악을 위해서는 침묵까지 고려할 것을 요청한다.

한국에서 '색'(色)은 성적인 것을 나타내고 '색깔'은 이념을 나타낸다. 이런 이유로 한국인은 색이나 색깔이라는 단어를 회피하려고 노력한다. 또한 우리가 '동무'라는 순 우리말을 듣기 힘들어진 것은 분단 때문일 것이다. 이제는 「동무생각」(이은상 작사, 박태준 작곡, 1922)보다 「사우」(思友)가 우리에게 편한 제목이다. 분단으로 'comrade'나 'camarade'라는 번역어가 순 우리말을 몰아낸 경우이다. 또한 한국에서 특정인에 대해 출신 학교나 대학교에 대해 전혀 언급하지 않는 무거운 침묵은 이에 대한 무관심이 아니라 정반대로 강력한 관심과 한국이 학벌사회라는 점을 웅변한다.

미국 영어의 'color'는 한국의 색이나 색깔과 달리 인종을 나타낸다. 그래서 기본 단어에 속하지만 미국인의 일상에서는 의외로 이 단어를 듣기 힘들다. 우리말의 색깔과 의미가 다르지만 'color'도 침묵을 낳는다. 미국인들은 일상생활에서 인종 문제를 거론하지 않으려고 의식적 혹은 무의식적으로 노력한다. 또한 인종과 무관한 문제에서도 아예 '색깔'이나 '흑'과 '백'이라는 단어 자체를 피하려고 노력한다. 이 침묵도 미국의 역사와 사회를 웅변하고 있다.

나중에 설명하는 바와 같이 경제학도 말하는 것과 말하지 않는 것이 있다. 그리고 말하는 것뿐만 아니라 말하지 않는 것을 파악해야 비로소 경제학의 사회적 성격을 파악할 수 있다. 이같이 언어의 사회성은 어떤 말이 쓰이는가뿐만 아니라 어떤 말이 억압되거나 쓰이지 않는가로도 드러난다. 말하지 않는 것이나 말하지 못하는 것이 억압과 이에 따른 의식적이거나 무의식적인 자기검열의 결과일 수 있기 때문이다. 그리고 이런 억압과 침묵의 웅변이 경제와 사회를 유지하는 데 기여한다.[24]

2. 한국어와 농업: 말이 씨가 된다

고고학의 연구에 따르면, 한반도에 언어가 도래한 과정은 인구의 이동 및 농업의 전파와 밀접하게 연관되어 있다.[25] 인간의 유전자, 그리고 곡식과 함께 언어가 서부 유라시아 혹은 동북아시아에서

24 이것이 알튀세르(L. Althusser, 1918~1990)가 말하는 '침묵의 웅변'이다.
25 Bellwood(2001).

| 그림 1-5 | 사람, 농사, 언어의 도래

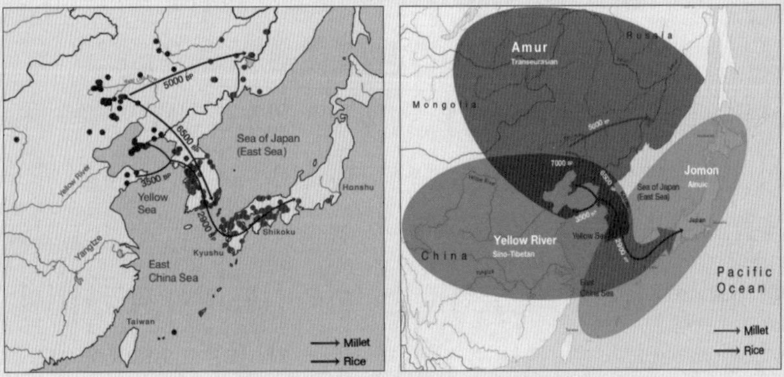

자료: Robbeets *et al.*(2021), pp. 618, 620.

시작해 러시아의 극동과 한국 및 일본으로 전파되었다.[26] 중국에서 농사는 기원전 3000년 전부터 양쯔강 부근에서 시작되어 이후 남부 중국과 다른 아시아 지역으로 확산되었다.[27]

구체적으로 요하(遼河)에서 출발한 이동의 줄기가 먼저 수수를 한국과 일본에 전파하였고, 산동(山東)에서 출발한 이동의 줄기가 황하로부터 나중에 한국과 일본에 쌀과 밀을 전파하였다. 밀, 보리가 즐문토기에서 무문토기로 이행한 4000년 전부터 3400년 전 사이에 한반도에서 경작된 것으로 추정된다. 또한 초기 무문토기 시대인 3400~2800년 전 사이에 관개가 수반된 논농사를 비롯해 집중적인

26 Robbeets *et al.*(2021), pp. 618, 620.
27 Zhang and Hung(2010), pp. 13, 18.

| 표 1-1 | 농사와 언어

경작	밭, 뿌리다, 심다, 자라다, 경작하다, 삽
곡식	수수(쌀 등 다른 작물은 등장하지 않음.)
식량의 생산과 보존	발효시키다, 갈다, 으깨다, 증류하다
정착생활과 야생의 식량	호두, 도토리, 밤
천 생산	바느질하다, 베틀로 옷을 짓다, 실을 잣다, 천을 자르다, 모시, 삼
가축	돼지, 개(다른 가축은 등장하지 않음.)

자료: Robbeets *et al.*(2021), p. 618.

농업이 시작되었고 그 이후에 일본에 전해졌다.[28]

유목이 언어를 전파하였다는 기존 견해와 달리 이 견해로부터 농사짓기와 언어 구사가 현실에서 활용되는 인간의 능력이나 지식과 불가분의 관계에 있음을 확인할 수 있다. 이에 따라 초기에 공통적으로 사용된 소수의 단어는 농사, 식량, 가축, 옷 등과 관련되어 있다. '말이 씨가 되었을' 뿐만 아니라 '씨가 말이 된' 것이다.

여기서 농업과 언어가 한국을 거쳐 일본으로 전파된 것이 농업과 언어의 관계에 대한 가장 명확한 사례가 된다.[29] 이에 따라 한국어가 중국어보다 일본어와 비슷하고 한국어와 일본어는 중국어보다 영어로부터 더 멀리 있게 된다.[30]

28 Lee(2011), S326~327; Oh *et al.*(2017).
29 Diamond and Bellwood(2001), pp. 598, 601. 이 논문은 한국의 농부들이 가지고 간 언어가 고구려어인데, 신라가 한반도를 통일하면서 그것이 소멸해 신라어가 지배한 현재의 한국어와 일본어 사이에 커다란 차이가 생긴 것으로 추정하고 있다.
30 Cavalli-Sforza(1997), p. 7722.

이같이 언어, 농업, 유전자라는 세 가지 요인이 결합되어 있고, 농업이라는 생계의 생산 및 획득 방식이 언어라는 문화를 결정하였다. 'culture'보다 'agri-culture'가 더 근원적인 셈이다. 그리고 태초에 '말씀'이 있었을 뿐만 아니라 괴테(J. W. von Goethe), 마르크스, 다윈(C. R. Darwin)이 주장한 것처럼 태초에 '행위'가 있었다.

최근에 역사경제학(historical economics)은 주로 다윈의 진화이론에 근거해 과거의 경제가 문화를 낳고 다시 문화가 현재의 경제에 영향을 미친다고 주장한다. 즉, [과거 경제→문화·인간→현대 경제사회].[31] 위의 견해는 이 중에서 [경제→문화·인간]에 해당된다. 그런데 이후의 논의는 주로 [문화→현대 경제사회]에 해당된다.

특정 국가 내에 여러 언어가 통용되면 통치가 힘들고 성장률이 둔화된다. 그런데 언어의 발생이나 전파뿐만 아니라 동질성도 농업과 관련이 있다. 농업 적합도와 관련된 토질이나 고도의 차이 등 지리적 요인이 언어가 동질적인 정도를 결정한다.[32] 토질이나 고도의 변동이 심할수록 농업에 적합하지 않고, 그럴수록 인종이나 언어가 다양해진다는 것이다.

지방마다 사투리가 있지만 한국어는 다른 언어와 비교해 동질적이고 남북한 사이에도 커다란 언어의 차이가 없다고 평가된다. 남한과 북한, 그리고 일본은 중국보다 훨씬 동질적이다.[33] 또한 한국은

31 홍훈 외(2024), pp. 19~20.
32 Michalopoulos(2012).

|그림 1-6| 토질과 언어의 다양성 사이의 관계

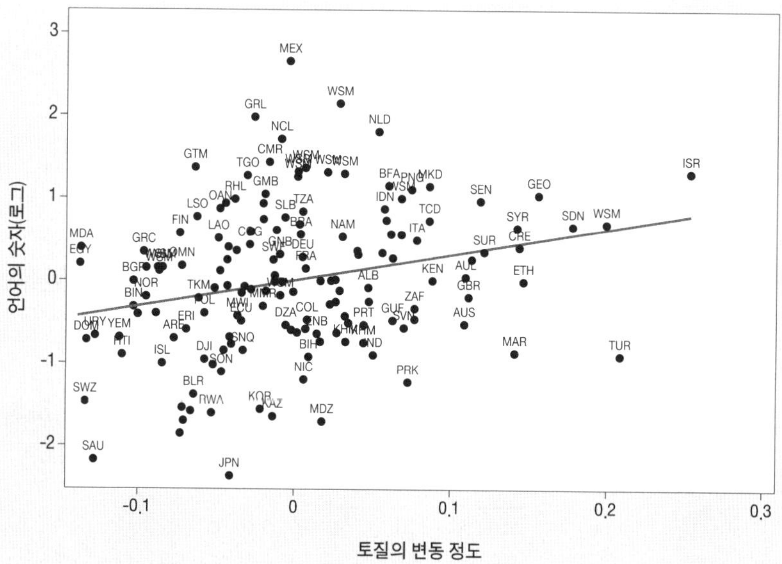

자료: Michalopoulos(2012), p. 1520.

토질이나 고도로 보아 농업에 적합하므로 종족이나 언어가 다양해질 이유가 별로 없다.

33 Alesina *et al.*(2003), pp. 184~189.

3. 한국 사회와 한국어의 특징: 농업과 유교

한국어 개론에 제시되어 있는 한국어의 특징 중 이 책의 논의와 관련되는 것을 발췌해서 미리 제시하면 다음과 같다.[34]

- 담화 중심의 언어로서 주어, 목적어 등 주요 성분이 흔히 생략된다.
- 상황 중심의 언어로서 인간이 표현의 중심에 서기보다 상황이 우선적으로 표현된다.
- 청자 중심의 언어로서 화자보다는 청자나 대상 중심의 표현이 많이 사용된다.
- 소유 중심의 언어가 아니라 존재 중심의 언어이다.
- 높임법을 포함해 공손성을 표현하는 다양한 어법이 발달해 있다.
- 가족관계를 나타내는 친족어가 발달해 있다.

우리말의 특징을 드러내기 위해 영어를 비교의 기준으로 삼았다. 이에 대한 근거로 우선 경제체제로 자본주의나 시장경제가, 화폐로는 달러가, 경제학은 신고전학파가 각기 주도하는데, 이 모든 것이 영어를 쓰는 미국에 겹쳐 있다는 점을 지적할 수 있다. 또한 경제학은 원래부터 영미권 학문이어서 모든 용어가 영어로 되어 있

34 구본관 외(2021), pp. 12~16.

다. 이에 따라 산업혁명 이후로 자본주의, 파운드나 달러, 경제학, 그리고 영어가 함께 움직였다. 끝으로 해방 이후 외교, 정치, 경제, 문화 등에 있어 한반도에 가장 큰 영향을 미치고 있는 것이 미국이고 미국식 영어이다.

끝으로 이후 논의에서 한국어의 사례를 통해 반복적으로 지적할 한국 사회와 한국인의 주요 특징을 미리 제시하면 아래와 같다.

① **농업과 유교:** 유교가 한국과 중국 등 동아시아의 정신에 중요한 구성요소라는 것은 익히 알려진 바이다. 그런데 최근에 경제학자, 인류학자, 생물학자가 관념이 아니라 생산방식인 농업 그리고 논농사를 인류와 동아시아를 규정하는 물적인 기반이자 문화적인 기반으로 내세우고 있다. 그리고 농업의 확산과 언어의 유래를 연결짓고 있다. 따라서 유교와 함께 농업 및 논농사가 언어와 상호 발전하였고 이것들이 경제와 사회에 영향을 미쳤다고 상정할 수 있다.

② **관계주의와 집단주의:** 영미를 중심으로 한 서양 사회는 개인주의를 전제하며 경제학이 이를 대변하고 있다. 그런데 인류학자와 심리학자는 오랫동안 동아시아가 서양과 달리 인간관계나 사회관계를 중시하고 집단적이라고 주장해 왔다. 그리고 최근에는 경제학자들도 이런 차이를 받아들이고 있다. 나아가 이런 차이가 한국과 동아시아에서 경제발전에 영향을 미쳤다.

③ **맥락주의와 총체주의:** 역시 경제학이 대변하듯이 인식의 방

식에 있어 서양은 분석적이다. 이에 비해 동아시아는 맥락을 중시하고 총체적이라는 것을 오랫동안 심리학자와 인류학자가 주장해 왔다. 서양인은 사물을 배경과 분리하고 분해해서 파악하는 데 비해 동아시아인은 사물을 배경 속에서 파악하고 전체적으로 파악하는 경향이 있다. 그리고 개인주의는 분석주의와 연관되어 있고, 관계주의 및 집단주의는 맥락주의 및 총체주의와 연관되어 있다.[35]

이들을 연결하면 수렵에 비해 농업은 집단적이고 총체적인 인식과 범용적 지식을 요구한다.[36] 또한 농업 중에서도 밭농사에 비해 논농사가 집단적이고 관계적이다.[37] 나아가 논농사에 필요한 관개는 협업과 공동노동을 요구하므로 밀농사나 밭농사보다 강력한 규범을 요구한다. 이에 더해 관개가 권위적인 국가를 요구한다는 주장도 되살아나고 있다. 나아가 관념, 문화, 언어가 상호작용한다는 점을 고려하면, 우리말도 집단적이고 관계적이며 총체적이고 맥락적일 것이라고 추정할 수 있다. 중국어나 일본어에 대해서도 동일한 예상이 가능하다.

지금까지의 논의를 바탕으로 이후의 장들에서는 한국어로부터 역사·사회·문화를 읽어 내서, 이것이 경제에 미치는 영향을 설명하

35 예를 들어, 경제학이 강조하는 개인의 선택은 분석적인 사고를 강화시킨다. Savani *et al.*(2017).
36 Peng and Nisbett(1999), Nisbett *et al.*(2001).
37 Talhelm *et al.*(2014), Talhelm and English(2020).

려고 시도하였다. 또한 행동경제학, 역사경제학, 그리고 심리학의 연구를 활용해 불완전하나마 이에 대한 이론적인 근거를 제시하려고 노력하였다.

chapter 02

대명사, 존댓말, 미래시제

1. 대명사 탈락: 어디 가세요?
2. 관계 · 집단주의의 경제적 함의: 나와 우리
3. 광고의 언어적인 표현: 개성과 조화
4. 존칭과 위계: 난형난제
5. 한글과 한문의 이중구조와 계급: 땅과 토지(土地)
6. 총체성: 현 위치
7. 장소와 배경의 중요성: 마포종점과 안동역에서
8. 미래시제: 내일 비가 옵니다

1. 대명사 탈락: 어디 가세요?

"어디 가세요?"와 "Where are you going?"을 비교하면, 한국어 표현에 2격 주어인 당신 혹은 너, 영어로 You가 생략되어 있다는 것을 확인할 수 있다. 이것이 학계에 이미 잘 알려진 대명사 탈락(pronoun drop)이다.[1] 대명사 탈락은 영어 등 서양 언어와 비교하였을 때 드러나는 동아시아 언어의 특징이다.

구체적으로 동아시아의 언어에는 주어 없이도 의사소통이 가능하지만 영어에서는 (명령문을 제외하고는) 반드시 주어가 있어야 한다. 특히, 주어가 대명사로 나타나는 경우 이런 차이가 두드러진다. 한국어에서는, 특히 가족, 친척, 친구와 같이 가까운 사이일수록 인칭대명사가 생략되는 경향이 강하다. 또한 한국어에는 목적어인 대명사도 흔히 생략되는데 영어에서는 그럴 수 없다. "점심 드셨나요? 네, 먹었어요"와 "Did you have lunch? Yes, I had it"의 차이이다. 'forget-me-not' 혹은 'Vergißmeinnicht'의 번역어인 물망초(勿忘草)에는 '나(를)'가 빠져 있다.

이같이 한국어에 주어와 목적어가 뚜렷하지 않다는 것은 관계, 집단, 맥락, 배경, 전체를 중시하며, 주체와 객체가 상황에 묻혀 있다는(embedded) 것을 뜻한다. '나'라는 말 대신 흔히 '우리'라는 말을

1 Kashima and Kashima(1998).

쓰고, 고유명사가 아니라 누구의 엄마나 형제나 부인과 같이 가족 관계나 인간관계에 의존한 호칭을 사용한다는 것이 관계성이나 집단성을 보여 준다.

사실 인간(人間)이라는 말 자체가 이미 관계를 담고 있을 정도로 한국어에서 사람은 이미 내적으로 관계적이다. 이에 따라 한국에서는 행위자 자신뿐만 아니라 인간관계와 소속 집단이 중요하다. 또한 한국인은 사물을 파악할 때 사물 자체뿐만 아니라 사물의 맥락과 배경을 포함한 전체를 함께 파악한다.[2]

여기서 집단과 맥락 및 전체는 출현적 속성(emergent properties)을 지닌다. 출현적 속성이란 개별 요소들이 원래 가지고 있지 않았지만 이들의 상호의존이나 상호작용으로 생겨나는 새로운 속성이다. 가령, 물(H_2O)의 구성요소인 수소(H)와 산소(O)는 물의 속성을 지니고 있지 않지만, 이들이 결합하면서 물의 속성이 출현한다. 기업, 군대, 축구팀과 같은 집단이나 조직도 구성원의 속성으로 환원되지 않는 독자적인 힘을 지닐 수 있다. 또한 모임의 분위기(雰圍氣)는 모임의 장소, 시간, 참여자 등 개별 구성요소들로 환원되지 않는 상황이나 전체를 표현한다.

한국어와 달리 영어에서 주어와 목적어가 뚜렷하고 대명사가 탈락하지 않는 것은 개인의 자율성을 중시하고, 인식에 있어서 사물을

2 Davis and Abdurazokzoda(2016), p. 544; 이채린 외(2019), p. 218.

|그림 2-1| 서양의 독립적인 자아와 동양의 상호의존적인 자아

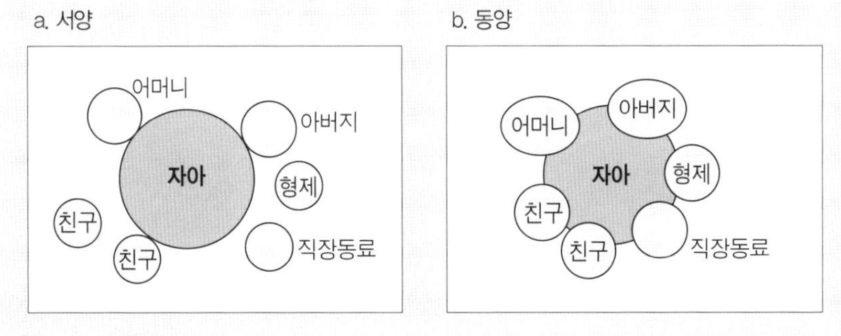

배경에서 떼어 내어 인지로 쪼개서 파악하기 때문이다. 그리고 영미철학에 의존하는 경제학이 이런 개인주의와 분석주의를 대변하고 있다. 이런 차이로 인해 한국, 중국, 일본 등 동아시아의 관계주의 및 집단주의가 서양의 개인주의와 대비되고, 맥락주의 및 총체주의가 서양의 분석주의와 대비된다.

언어와 무관하게 많은 연구를 통해 인류학과 심리학에는 미국 및 유럽에는 개인주의가 지배적이고 동아시아에는 관계 및 집단주의가 지배적이라는 관점이 형성되어 있다. 여기서 집단은 공동체, 기업 등 조직, 그리고 국가를 포괄한다. 또한 이런 차이를 자아 중심으로 개념화해 서구의 개인적(personal) 자아와 동아시아의 관계적(relational)이고 집단적인(collective) 자아를 대비시킨다. 혹은 서구의 독립적인 자아(independent self)와 동아시아의 상호의존적인 자아(interdependent self)를 대비시킨다.[3]

|그림 2-2| 개인주의와 집단주의의 분포

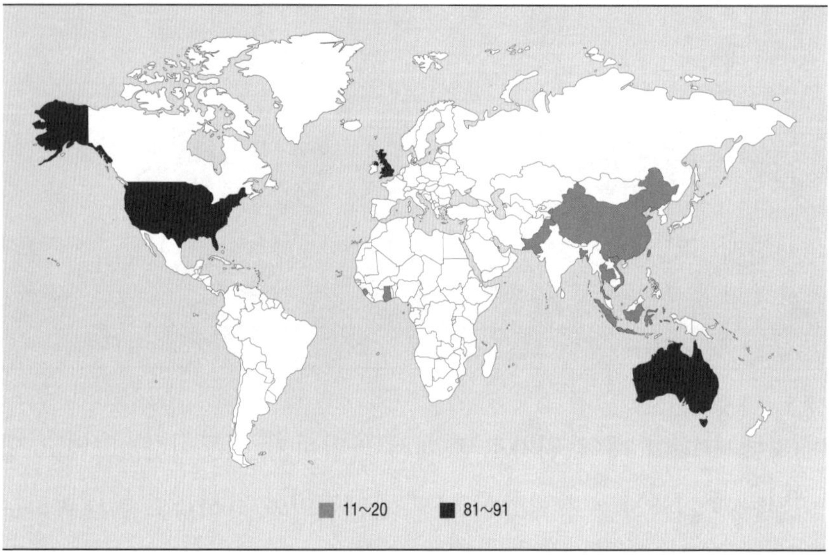

자료: Hofstede(2001), Roland and Gorodnichenko(2011)를 바탕으로 저자 재구성.

최근에는 서양의 개인주의가 불과 세계 인구의 5%에 적용되므로 보편적이지 않다는 주장이 대두되어 이런 대비를 강화하고 있다. 여기서 유럽인과 미국인은 'WEIRD'(Western educated industrialized rich democratic)로 불린다.[4] 〈그림 2-2〉는 전 세계적으로 개인주의가 유럽과 미국 등에, 집단주의가 주로 아시아에 분포되어 있다는 것을 보여 준다.

3 Triandis(1989); Triandis and Suh(2002); Markus and Kitayama(1991; 2010), p. 226; Snibbe and Markus(2005).

4 Henrich *et al.*(2010).

인간관계의 기원은 가족관계, 그중에서도 어머니와 자식 사이의 관계이다. 신경과학의 연구에 의하면, 미국인의 경우 자신의 취직을 걱정할 때와 어머니의 병환을 걱정할 때 자극을 받는 뇌의 부위가 달랐다. 반면 중국인의 경우 두 가지 고민이 자극하는 뇌의 부위가 동일하였다.[5] 이를 통해 독립적인 자아와 상호의존적인 자아의 차이를 확인할 수 있다.

언어적인 증거로 분수(分數, fractional number), 분모(分母, denominator), 분자(分子, numerator)라는 번역어는 영어와 달리 모체나 모태를 상정하고 있다. 이보다 약하지만 모집단(母集團, population)이나 모수(母數, parameter)라는 번역어도 영어와 달리 이런 요소가 담겨 있다.

'우리 나이'는 이미 태아가 생기면서 나이를 따지므로 생모와 자식의 관계를 중시하는데, '만 나이'는 엄마로부터 개체로 떨어져 세상에 나온 시점을 중시하므로 개체를 중시한다. 또한 전자는 기원이나 발생 혹은 과정이나 형성에 집착하는 데 비해 후자는 출생이라는 외적인 결과나 관찰된 것을 중시한다.

우리에게 가족관계나 친인척관계가 중요하므로 이 관계가 가정 내에서 촘촘한 내포를 지닐 뿐만 아니라 가정에 머물지 않고 친인척, 친구, 동료, 동창 등으로 확산된다. 이에 따라 기업이나 관료 같은 공식적인 조직도 가족으로 변형되거나 오인된다. 그리고 이를

5 Pöhlmann and Hannover(2006), Tang *et al.*(2014).

통해 한국인은 전면적으로 관계적인 자아와 집단적인 자아를 지니게 된다.

지연, 혈연, 학연은 이런 관계주의와 집단주의의 산물이다. 학연은 지연이나 혈연과 달리 근대성을 담고 있지만 근원적으로 이들과 비슷하다. 양반 가문이나 재벌 집에서 출생(出生)하였다는 표현과 어느 고등학교나 대학교 출신(出身)이라는 표현은 비슷하다. 주지하듯이, 한국의 경제발전 과정에서 이런 (유사)가족주의가 집단에 힘을 부여하면서 부패, 불공정, 차별, 그리고 비효율성을 낳기도 하였다.

최근에 다문화가정이 늘면서 등장한 공익 캠페인이 '우리는 우리'이다. 이것은 일견 'x=x'와 같이 동어반복으로 내용이 없는 것같이 보인다. 그렇지만 자세히 보면 앞의 '우리'는 관찰되는 바와 같이 피부색이 다른 우리이고, 뒤의 '우리'는 동질적인 집단으로서의 우리이다. 유럽연합과 같은 거대 단위와 혼동될 수 있어 부정확한 '경제공동체'라는 최근의 용어는 한국 사회에서 집단성이 손쉽게 등장할 수 있음을 보여 준다.

인류학자 데이비드 윌슨(David S. Wilson)은 사회생물학자 에드워드 윌슨(Edward O. Wilson)과 함께 집단을 행동의 단위로 복원시켰다. 그에 따르면 집단 내의 경쟁에서는 이기적일수록 개인이나 개체의 생존율이 높지만, 집단 사이의 경쟁에서는 이기적인 개체들이 많은 집단보다 이타적인 개체들이 많은 집단의 생존율이 높다.[6] 이렇게 보면 집단성이 그 자체로 특이한 것은 아니다. 그리고 이에 근거해 집단주의와 개인주의라는 동서양의 차이가 원초적이라기보다 근대에 들어 두드러지게 되었다고 추정할 수 있다.

*World Values Survey*에서 가족의 중요성, 부모의 의무, 부모에 대한 자식의 존경 및 애정 등을 물어서 얻은 자료에 따르면, 한국은 가족을 중시하는 국가에 속한다.[7] 이 때문에 가족이나 형제자매 등 인척관계에 대한 친족어도 다양하고 상세하다. 이에 비해 서양에는 형과 동생의 구분이 없고, 백부와 숙부나 처남과 시동생의 구분도 없다. 사위든 양자든 모두 'son-in-law'이고, 며느리든 양녀든 모두 'daughter-in-law'이다.[8]

형, 동생, 누나, 언니 등의 호칭에는 관계가 내재되어 있어 이들은 그 자체로 관계적이다. 예를 들어, (여)동생이 없는 형(언니)이 없고, 형(언니)이 없는 (여)동생도 없다. 다시 말해, 형은 동생을 내포하고 동생은 형을 내포한다. 낱말 자체가 관계를 담고 있다는 것은 이 관계가 근원적임을 의미한다. 언제나 내재적인 관계가 외재적인 관계보다 근원적이기 때문이다. 따라서 형제나 자매 등은 재화의 보완관계(냉면과 배)뿐만 아니라 편의점 점원과 손님의 관계, 모기업과 협력업체의 관계, 노사관계보다 더 긴밀한 관계를 담고 있다.

관계나 집단이 중요하면 사람들이 물체가 아니라 다른 사람을

6 Wilson and Wilson(2007).
7 Alesina and Guliano(2010), p. 96.
8 이채린 외(2019), p. 206.

먼저 떠올리게 되는 데 비해 개인이 중요하면 대상인 물체를 먼저 떠올리게 된다. 특히, 영미권에서 개인주의와 익명성을 전제로 발전한 경제학은 개인의 합리적인 선택을 중심에 놓고 개인과 선택의 대상인 재화에 초점을 맞춘다. 그리고 인간관계도 개인과 재화의 관계 혹은 개인과 물체의 관계라는 관점에서 파악한다.

동아시아의 교훈이 '친구를 잘 사귀어야 한다'라면, 경제학의 교훈은 '물건을 잘 골라야 한다'이다. 이런 차이가 발전하면 물건의 인격화와 사람의 물화로 이어질 것이다. 과거보다는 덜하지만 현대 한국에서도 수시로 물건이 인격화된다. (나중에 설명하는 바와 같이) 일상적인 예로 '착한 가격'이라는 표현에서 인격성이 극대화된다.

언어가 역사·사회·문화를 반영하고 있다면, 이런 것들이 유년기에 부모를 통해 자식에게 전수되었을 것이다. 2002~2009년의 시기에 한국어와 영어의 신(조)어를 비교한 결과 영어에 비해 한국어에는 사람에 대한 표현이 훨씬 더 많았다.[9] 신조어를 사람(예, 오포세대), 사회(예, 일자리절벽), 생활(예, 고급지다)로 구분해 조사한 결과 영어에서 사람에 대한 표현이 11%인 데 비해 한국어에서는 30% 내외로 나타났다. 한국어에서도 2002~2006년 기간에 비해 2011~2016년의 기간에 사람에 대한 신조어의 비중이 34%에서 28%로 줄었다. 그렇지만 전반적으로는 사람에 대한 표현이 영어에 비해 훨씬 많았다.

9 이진성(2017), pp. 94~95.

이것은 인간관계에 대한 관심이 높다는 증거이다.

200~300명을 표본으로 중국 아기의 첫마디와 미국 아기의 첫마디를 조사하였다. 그 결과 전자가 주로 엄마나 아빠 등 사람과 관련된 것이었다면, 후자는 주로 장난감 등 물체와 관련된 것이었다. 구체적으로 베이징 아기의 첫마디 중 사람에 대한 단어는 77.7%, 홍콩 아기의 경우 43.1%, 미국 아기의 경우 29.9%였다. 반면 미국 아기의 첫마디 중 29.5%가 소리에 관한 것이었고, 19.4%가 보통명사여서 물건과 더 많이 관련되어 있었다. 베이징 아기의 경우 소리 8.7%, 보통명사 3.2%였고, 홍콩 아기의 경우 각기 40.6%와 5.7%였다. 이 역시 중국인과 아시아인에게 관계가 중요하고 미국인에게는 물체가 중요하다는 것을 확인시켜 준다.[10]

한국어에서는 물체조차 인간과의 관계 속에서 파악하려는 경향이 있다. '물고(物故)를 낸다'는 어떤 사람들이 죽을 정도로 혼낸다는 의미이다. 사람이 죽으면 그 사람이 쓰던 물건이 옛것이 된다고 보기 때문이다. 또한 우리가 한 글자인 이름을 흔히 '외'자라고 부르는 것은 한 글자를 외로운 글자라고 보는 것이므로 글자조차 관계적으로 파악하는 것이 된다.[11]

한국어가 존재 중심의 언어라면 영어는 소유 중심의 언어이다.[12]

10 Tardiff *et al.*(2008), pp. 932~933.
11 저자의 경우 식당에 예약할 때 이름을 듣고는 외자(외로운 글자)냐고 확인하는 경우가 흔하다.
12 구본관 외(2021), p. 15.

이는 '저 책상의 다리는 네 개다'와 'The table has four legs'의 차이이다. 한국어에서는 소유(所有)라는 단어 자체도 '있는 바'로 존재(存在)로 표현된다. 누구는 '돈, 능력, 권력이 있(없)다'가 그런 예이다. 영어가 대상화하는 경향이 강한 데 비해 한국어는 그렇지 않기 때문에 이런 차이가 생긴다.[13]

우리말로는 "우리는 우산을 같이 썼다"로 족한데, 영어로는 "We share my(your) umbrella"라고 해야 한다. 영어의 소유격은 행위의 주체뿐만 아니라 재화나 물건 등에 대한 소유의 주체를 명확히해 주체와 객체를 명확히하는 데 활용된다. 소유격이 강한 영어는 개인주의에 부합되는 데 비해 소유격이 약한 한국어는 관계와 집단에 부합된다. 이같이 대명사 탈락이 관계·집단주의와 상호의존적인 자아를 표현하면서 동시에 이것을 강화시킨다.

관계가 강해지면 나와 당신이 구분되지 않을 수도 있다. 가까운 상대방에게 "자기가 알아서 해"나 "자기 왜 그래"라고 말하는 상황에서 나와 당신은 혼합된다. '사랑해!'라는 표현을 'I love you'라는 영어 표현과 비교하면, '나'도 '당신'도 없을 정도로 많은 것이 생략되어 있다. 그만큼 '남녀 사이'는 관계성이 높아서 너와 나를 식별해 내기 힘들다. 그리고 '사랑한다'는 감정조차 관계나 전체에 묻혀 표

13 프롬(E. Fromm)의 『소유냐 존재냐』(*To Have or to Be, Haben oder Sein*, 1976)라는 책의 제목에서 보듯이, 서양에서는 존재와 소유가 명확히 구분된다. 프롬은 괴테를 인용하면서 동양에서는 존재와 소유를 결합하려고 노력한다고 주장한다. 이에 대한 근거로 선불교(禪佛教)와 선불교의 사상가인 스즈키(D. T. Suzuki)를 동원한다.

현되지 않는다. 1970년대에 익숙하던 '당신 여자 생겼어?'라는 표현도 외견상 질문을 던지는 부인은 여자가 아니라고 전제하는 것 같다. 실은 부부관계의 긴밀성으로 부부를 남녀로 취급하지 않는 데서 나온 표현으로 생각된다.

사자성어 환과고독(鰥寡孤獨)은 각기 부인이 없는 늙은 남자, 남편이 없는 늙은 여자, 부모가 없는 아이, 자식이 없는 노인을 나타낸다. 이 사자성어는 누가 없느냐에 따라 그 표현을 조금씩 달리하면서도 (가족)관계를 잃은 어려움을 하나로 묶어 관계의 중요성을 나타낸다. 섬은 먹에 가까이 있으면 스스로 검게 된다는 근묵자흑(近墨者黑)도 관계가 미치는 나쁜 영향을 경계하고 있어 관계의 중요성을 말해 준다.

근대화가 진행되면서 영어의 영향으로 대부분의 언어에서 '나'라는 대명사가 더 빈번하게 쓰이며, 전반적으로 (적어도 외견상) 개인주의가 확산되고 있다.[14] 그렇지만 집단주의는 부인할 수 없는 사실이다. 예를 들어, 중국인의 언어에서 1950년과 1999년 사이에 직장이라는 공적인 영역에서 개인주의가 확대되지 않고 집단주의가 여전히 지배적이었다.[15] 여기서 개인주의는 독특함, 개성, 자기 등으로 표현되고, 집단주의는 일체성, 의무, 순응 등으로 표현된다.

반면 미국에서는 1960년과 2008년 사이에 노랫말, TV 방송의

14 Yu *et al.*(2016).
15 Hamamura *et al.*(2021).

대사, 책 등에서 '독특한'(unique), '개인화'(personalize), '자신'(self), '나의 모든 것'(all about me), '나는 특별해'(I am special), '내가 최상'(I'm the best) 등 개인주의적인 표현이 늘어났다.[16] 또한 1960년부터 2008년 사이에 발행된 766,513권의 책 속에서 '우리(의)'라는 대명사의 사용은 10% 줄어든 반면 '나(의)'와 '너(의)'라는 대명사의 사용은 42% 늘어났다.[17]

그렇다면 동아시아의 이런 특징은 어디에서 왔는가? 가장 오래된 설명은 유교이다. 그런데 최근 여러 학문은 다윈에 의존해 그 근거를 생계수단의 생산방식에서 찾고 있다.[18] 여기서 생산방식이란 쌀농사나 밭농사 등의 농업, 수렵, 어로 등을 말한다.

우선 수렵에 비해 농업이 집단적이고 관계적이다.[19] 진화를 중시하는 인류학자나 경제학자에 의하면 수렵이나 채취 혹은 유목에서 농업으로 이행하면서 인류가 집단적이 되었다. 가족적인 유대도 생계를 위해 농업(이나 목축)에 의존하느냐 수렵에 의존하느냐에 따라 결정된다. 또한 유럽을 보면 농사가 일찍 정착될수록 집단적이고 나중에 정착될수록 개인주의적이다.[20]

밭농사가 개인적인 자아를 낳고 논농사가 상호의존적인 자아를

16 Twenge *et al.*(2012a).
17 Twenge *et al.*(2013).
18 행동경제학과 역사경제학에 대해서는 홍훈 외(2024), 제2장과 제4장을 참조할 수 있다.
19 Peng and Nisbett(1999), Nisbett *et al.*(2001).
20 Pinhasi and Ammerman(2005), Ho *et al.*(2022).

낳는다는 탈헬름(T. Talhelm)의 가설이 더 설득력이 있다.[21] 동일한 중국이어서 여러 요인이 통제된 상황에서도, 밭농사(수수, 귀리) 지역인 화북은 개인주의적이고 논농사(쌀) 지역인 화남은 집단주의적이었다. 밭농사와 달리 논농사가 관개와 경작에 집약적인 노동이 필요해 가족과 공동체의 유대가 강화되기 때문이다.

이에 근거한 쌀문화이론(rice theory of culture)에 따르면, 생산방식이 문화를 낳고 다시 그 문화가 현재의 경제와 사회에 영향을 미친다. 또한 최근에는 관개가 전제적인 국가의 형성에 기여한다는 가설이 되살아나고 있다. 결과적으로 관개와 같은 공공재(公共財)는 수직적인(公) 국가뿐만 아니라 수평적인(共) 공동체가 생산하고 관리한다.[22] 이에 따라 전 세계적으로 관개를 필요로 하는 농업이 지배적인 지역일수록 국가가 권위적이고 사회가 집단적이라는 연구 결과가 나와 있다.

아전인수(我田引水)라는 사자성어는 농사일에서 논리적 사고의 유비를 찾고 있어 농사, 그것도 논농사가 한국의 물적인 기반임을 보여 준다. 또한 쌀농사에 필요한 관개가 공공재로서 집단성을 요구하며 이기주의와 무임승차를 단속하는 규범이 필요하다는 것을 시사한다. '사촌이 땅을 사면 배가 아프다'거나 '남의 떡이 커 보인다'는 한국의 속담은 시장의 경쟁이 아니라 관계성과 집단성이 높은 농

21 Talhelm *et al.*(2014).
22 Buggle(2020); Ang(2019), pp. 404~405; Zhang(2019).

촌사회의 친인척 사이에서 발생하는 경쟁을 시사한다.

이런 속담들은 행동경제학의 사회적 선호(social preference)와 사회적 비교(social comparison)에 준한다. 사회적 선호는 호불호와 선택에 있어 타인을 의식하는 것이고, 사회적 비교는 수확량, 실적, 소득 등에 있어서 타인과 자신을 비교하는 것이다. 그리고 사회적 선호와 비교는 한국의 과거시험과 입시경쟁에서 극대화된다. 그래서 한국인은, 행동경제학의 개념이 생기기 훨씬 전부터 농업, 과거시험, 입시 등을 통해 이런 것들에 익숙해져 있었다.

이같이 동아시아에서 가족관계는 유교뿐만 아니라 농업과 밀접하게 연관되어 있다. 그런데 농업이 생계와 관련된다면, 유교는 이념이나 윤리와 관련된다. 특히, 공맹의 유교가 강조하는 인의예지나 삼강오륜의 윤리는 사회 속에서의 위치와 이에 수반된 의무를 강조한다. 한국의 법률이 노동자와 소비자 등의 의무를 명시한 것은 이런 경향이 이어진 결과로 생각된다.[23]

2. 관계·집단주의의 경제적 함의: 나와 우리

이제 대명사 탈락 등 언어적인 특징이 관계·집단주의를 통해 경

23 헌법 제31조 ②항, 소비자기본법 제5조.

제에 미치는 영향을 검토해 보자. 서양에서 경제사회의 발전이 개인주의와 분석주의에 의존하였다면, 한국, 일본, 중국은 관계·집단주의 그리고 맥락·총체주의에 의존해 왔다.[24] 일단 개인주의와 집단주의의 차이에 집중하자.

우선, 원래 개인주의가 경제발전에 유리하다는 입장이 지배적이었으나 이제는 관계·집단주의를 역사문화적인 차이로 인정하는 견해가 강화되고 있다.[25] 이런 변화에는 일본과 한국에 이어 중국 등 동아시아가 높은 경제성장률을 보인 것이 영향을 미쳤다. 한국의 경우 1970년대에 정부 주도로 진행된 수출지향적 경제발전 과정을 움직인 것은 개인이라기보다 관계나 집단이었다.

구체적으로 청와대에서 수출진흥확대회의를 통해 수출목표가 확정되면, 이것이 재벌의 종합상사로 시달되고, 여러 부서의 목표로 할당되었다. 이같이 수출목표는 개인의 목표이기 이전에 국가나 집단의 목표였다. 또한 수출목표가 애국이나 애사로 서술되고 집단적인 가치로 포장되어 거룩해지면서 회사원과 노동자에게 내적인 동기를 형성해 이들을 동분서주하게 만들었다.

일반적으로 경제학이 강조하는 외적인 동기(extrinsic motivation)가 돈벌이나 승진 같은 유인과 결과에 집착한다면, 내적인 동기(intrinsic

24 Greif(1994), Gorodnichenko and Roland(2012), Greif and Tabellini(2017).
25 Greif(1994), Greif and Tabellini(2017), Roland and Gorodnichenko(2011), Roland (2020).

motivation)는 일 자체에 몰입하게 만들어 힘을 발휘한다. 수출목표는 행동경제학이 강조하는 준거이지만 개인이 아니라 집단 차원의 준거였기 때문에 내적인 동기를 형성하였다. 개인이 아니라 지역공동체가 단위였던 새마을운동도 이와 비슷하게 작동하였다.[26]

여기서 언어가 단순히 인식·역사·문화를 반영하거나 표현하는 데 그치지 않고 이것들을 강화하며 심지어 창출하였다. 그렇다면 대명사의 생략 여부 등 언어적인 현상이 개인주의와 집단주의의 차이를 재생산하고 강화해 경제발전의 과정에 영향을 미쳤을 것으로 추정할 수 있다.[27] 그런데 이에 대한 경험적인 증거는 아직 확정적이지 않다.

첫째, 경제학자들이 대명사의 탈락 여부가 법치주의, 부패 방지, 민주적인 책임이라는 공식적인 제도에 미치는 영향을 확인하였다. 대명사를 탈락시키는 언어권일수록 이 세 가지 제도에 소홀하였다.[28] 언어가 문화를 대변한다고 보면, 결과적으로 영어권이 다른 언어권에 비해 공식적인 제도가 작동하기 위한 문화적인 토양에 있어 우월한 것으로 나타난 것이다.

거의 50개 국가를 대상으로 실시한 또 다른 연구에서 인칭대명사가 명확하게 등장하는 언어권일수록 *World Values Survey*가 조사한

---

26 홍훈 외(2024), pp. 100~101.
27 Kashima and Kashima(2003).
28 Licht *et al.*(2007), pp. 672~679.

서로 간의 신뢰와 존중이 높았다.[29] 여기서 신뢰는 집단이나 조직 내의 제한적인 신뢰가 아니라 사회 전체의 일반적인 신뢰이다. 그리고 인칭대명사가 명확하고 (나중에 논의할 존칭이 약할수록) 신뢰가 높고, 신뢰가 높을수록 정부나 법에 대한 믿음이 커서, 경제성장을 촉진하고 민주적인 정치체제를 낳는 경향이 있었다. 그렇다면 언어와 신뢰는 상호작용하고, 신뢰는 경제·정치 발전에 영향을 미치므로, 언어가 경제·정치 발전에 영향을 미친다고 판단할 수 있다. 즉, 언어⇄신뢰→경제·정치 발전.

그런데 이런 연구 결과는 한국의 경제발전에 부합되지 않는다. 이에 대해 논의해 보자. 우선 서구의 전반적인 신뢰는 얇은 인간관계에 의존해 넓으면서도 얇은 데 비해 동아시아의 제한적인 신뢰는 깊은 인간관계에 근거해 좁으면서도 두텁다는 점을 지적할 필요가 있다. 서양의 민주주의와 시장경제는 익명성이나 추상성을 전제한다. 그래서 근대의 교환·계약·소송이 모두 익명성을 전제한다. 특히, 가족, 연인, 친구 같은 인간관계에 비해 시장의 거래는 비인격적이다. 이것이 대명사를 필요로 한다.

우리말에서 대명사의 활용이 빈번하지 않은 것은 한국의 민주주의와 시장경제에서는 여전히 인적인 관계가 중요하고 인격성이 높다는 것을 의미한다. 한국의 정치체제나 지배구조는 익명적인 제도

29 Tabellini(2008), pp. 269, 276.

보다 대통령, 국회의원, 기업 총수 등 지도자의 인격이나 사람됨에 의존하는 바가 크다.

언어의 형성과 관련된 애덤 스미스(A. Smith)의 논의를 통해 이것을 확인할 수 있다. 이에 따르면 고유명사나 보통명사에 비해 대명사는 추상적이어서 나중에 생겼다.[30] '나'나 '너'는 철수일 수도 있고 영희일 수도 있기 때문이다. 어린이가 자신을 '철수'나 '영희'라고 지칭하다가 '나'라고 지칭하기까지 상당한 시간이 걸린다. 이렇게 보면 영어에 비해 한국어에 사람과 물건에 대해 대명사가 많이 쓰이지 않는 것은 인격성이 강하고 익명성이 약하기 때문일 수 있다.

펑유란(馮友蘭, 1894~1990)은 중국과 그리스를 각기 농업과 해상무역으로 규정하면서, 구체적인 숫자에 근거한 직관과 추상적인 숫자에 근거한 연역으로 양자를 구분하였다.[31] 집 3채, 책 3권, 수저 3벌, 자동차 3대는 구체적인 숫자인 데 비해 3x로 규정되면 3이 구체적인 물체로부터 떨어져 나오면서 추상적인 숫자가 된다. 펑에 의하면 농업은 구체적인 숫자로 족한 데 비해 상업은 추상적인 숫자를 필요로 한다. 그리고 숫자의 구체성은 채, 권, 벌, 대 등 수량을 표현하는 동아시아 언어의 양사(量辭), 동양 사회에 존재하는 복잡한 품계나 직급, 제품의 품질 구분 등으로 나타난다.

서양의 민주주의와 자본주의는 전반적으로 가족주의(familism)와

30 홍훈(2008), pp. 114~115.
31 Fung(1958), pp. 24~25.

충돌한다. 이에 따르면, 가족주의는 친인척이라는 작은 집단 내의 강한 유대와 제한된 신뢰를 낳으면서 약한 유대와 일반적인 신뢰에 근거하는 시민사회의 형성과 추상적인 법의 적용을 저해한다. 또한 가정의 생산을 늘리면서 여성의 노동시장 참여와 정치적 참여를 낮추고, 가족기업의 비중을 늘리며, 노동의 이동성을 줄이면서 경제성장을 둔화시킨다.

그렇지만 가족주의가 한국에서는 지연, 혈연, 학연을 통해 기업의 내외로 사회자본을 낳았고 외적인 충격으로부터 안식과 복지를 제공해 주관적 인넝을 증진시켰다.[32] 또한 가족의 가치는 세대 간에 전달되어 문화의 지속성을 낳는다. 친인척관계를 표현하는 한국어 단어들은 이런 가치를 표현하면서 동시에 이것을 유지하고 강화시켰을 것으로 추정할 수 있다.

흔히 가훈(家訓)이나 이것의 연장인 사훈(社訓) 혹은 교훈(校訓)은 이런 가치를 간략하고 구체적인 지침으로 만든다. 이들은 '장고 끝에 악수 두는' 문제를 피하게 해 준다. 따라서 이들은 행동경제학과 기게렌저(G. Gigerenzer)가 강조하는 신속하고 절약적인 경험법칙(rule of thumb)인 휴리스틱(heuristic)에 가깝다.

둘째, 교육은 노동의 질을 개선해 경제발전에 공헌한다. 그런데 86개 언어를 포함해 103개 언어를 구사하는 1만 명 이상의 개인과

32 Alesina and Guliano(2014).

101개 국가를 대상으로 진행된 연구에 따르면, 대명사 탈락과 집단주의가 교육을 저해해 경제발전을 둔화시킨다는 결과가 나왔다. 대명사 탈락을 허용하는 언어의 사용자는 그렇지 않은 사람에 비해 중등교육과 고등교육을 받을 확률이 10% 정도 적었다.[33]

또한 교육이 개인주의를 육성해 '나'를 드러내게 만든다고 생각해 개인주의와 교육 수준이 함께 움직인다는 주장도 있다. 이에 의하면 집단주의에 부합되는 대명사 탈락이 교육, 특히 여성의 교육을 위축시키는 경향과 상관관계가 높다. 이로부터 집단주의가 '나'를 둔화시켜 교육을 저해하고 경제발전을 약화시킨다고 추론할 수 있다.

그런데 이런 주장들은 동아시아에 적용하기 힘들다. 유교, (한국과 중국의) 과거시험, 그리고 농업이 동아시아에서 강한 교육열과 치열한 입시경쟁을 낳았다. 그리고 교육이 학력과 개인주의를 낳으면서 동시에 (모순적으로) 학연이나 학벌을 형성해 관계·집단주의를 낳았다. 이에 따라 대부분의 한국인은 교육 수준을 나타내는 학력, 선후배와 동급생의 관계인 학연, 동창회라는 집단과 이에 대한 소속감을 표현하는 학벌을 가지고 있다. 여기서 학력, 학연, 학벌은 개인, 관계, 집단에 상응하고, 각기 개인적인 자아, 관계적인 자아, 집단적인 자아를 낳는다.

그리고 경제발전 과정에서 학력은 인적자본(human capital)이나 역

---

33 Feldmann(2019).

량(capability)으로 기능하였고, 학연은 연결망이나 네트워크(network)로, 그리고 학벌은 사회자본(social capital)으로 작용하였다. 한국의 학교 교육은 적어도 해방 이후 현재까지 이 모든 것을 형성하고 육성하는 엄청난 과정이다. 그리고 이것은 교육 과정일 뿐만 아니라 경제사회적 과정이다.

이같이 동아시아에서 교육은 개인주의와 함께 집단주의를 강화하면서 발전하였다. 따라서 언어에 있어 대명사가 탈락하면서 관계·집단주의가 강화되었지만, 이것이 동아시아에서는 교육과 경제의 발선을 저해하였다기보다 오히려 촉진하였다고 판단할 수 있다.

셋째, 교육만큼 경제발전에 중요한 저축과 관련된 실험 결과에 의하면, '나'라는 대명사를 약화시켜 자신과 거리를 두게 하면(self-distancing) 현재에 대한 집착이 줄어서 할인율이 줄고 저축이 늘어났다.[34] 이로부터 나에 대한 집착이 현재에 대한 집착과 관련이 있고, 관계나 집단에 대한 집착이 과거나 미래를 중시하는 경향을 낳는다고 판단할 수 있다. 이는 '나'라는 대명사의 탈락이 (나중에 설명하는 바와 같이) 미래시제가 약한 것과 함께 간다는 것을 뜻한다. 따라서 대명사가 탈락하고 미래시제가 약한 한국어는 적어도 1997년 이전까지 나타난 한국인의 높은 저축성향을 낳는 데 공헌해 경제발전에 도움을 주었을 것이다.

34 Chen and He(2021).

넷째, 이념은 생산요소가 아니지만 경제발전에 필수적인 요소이다. 한국에서는 경제발전의 이념을 형성하고 내적인 동기를 부여하는 데 집단적인 가치를 고양하는 구호들이 기여하였다. '조국건설', '민족중흥', '자립경제', '소득증대', '수출입국', '국민교육', '산림녹화', '산불조심', '간첩신고', '자연보호' 등 갖가지 집단적인 가치가 일상생활을 지배하였다. '잘 살아보세!', '둘만 낳아 잘 기르자', '자랑스런 나의 조국', '금수강산' 등 관계와 집단에 호소하는 구호가 반복되었다.

국민에게 내적인 동기와 함께 규율을 부과한 것도 시장의 경쟁이나 돈벌이나 승진 등 개인의 이익과 함께 이런 구호(口呼)에 담긴 집단적인 가치와 이념이었다.[35] 그런데 이런 구호들은 '나'나 '너'의 인칭대명사를 담고 있지 않다. 이것은 가령 환경보호를 위한 미국의 구호(Take care of the world that takes care of you)와 대비된다.

동아시아의 관계주의와 서양의 개인주의 사이의 차이는 시장의 거래로도 이어진다. 한국의 인격성이나 관계성이 교환·계약·소송을 관계적이고 장기적이며, 묵시적이고 심지어 불완전하게 만든다.[36] 이것은 영국과 미국의 거래가 개인의 이익에 따라 성립해 단기적인 것과 대비된다. 단골손님, 장기적인 고용관계, 모기업과 협력업체의 장기적인 거래관계, 간접금융인 주식시장보다 직접금융,

---

35 조태린(2019), pp. 260~261.
36 Board(2011), Gibbons and Henderson(2012), Ishiguro(2016), Kvaløy and Olsen(2009).

즉 은행에 의존한 금융, 헌신적인 자본이나 관계적인 금융이 이를 말해 준다.

시장교환보다 선물교환에 의존하거나 명시적인 계약만큼 묵시적인 계약이 중요한 것도 이에 상응한다. 이런 것들이 기업 지배구조의 차이를 낳고 영국과 미국, 독일과 일본, 혹은 동아시아로 구분되는 자본주의의 다양성으로 나타났다.

관계와 집단을 중시하는 동아시아에서는 물건을 사거나 투표를 하거나 매사에 타인을 의식하는 경향이 높다. 흔히 백화점에 친구와 함께 가서 자신이 사려는 물건이나 산 물건을 놓고 "이거 어떠냐?"고 집요하게 친구의 의견을 물어보는 한국 소비자의 행동이 이를 보여 준다. 우리말로 그냥 잘 사는 것이 아니라 '남보란 듯이 잘 사는 것'도 타인을 의식하고 있음을 보여 준다.

집단을 중시하는 동아시아에서는 집단의 규범과 이에 복종하는 의무가 강해진다. 집단주의가 낳는 강한 규범이나 의무는 다른 사람의 눈을 의식하게 만든다. '눈치'를 본다든지 '눈총'을 준다는 표현이 이를 말해 준다. 인간의 신체에서 눈이 가장 많이 진화되어 가장 복잡하고 가장 사회적인 기관이므로 다른 기관이 아니라 눈이 타인이나 사회와 연결되는 것은 당연해 보인다. 눈치나 눈총은 다른 사람이나 집단을 의식하거나 다른 사람에게 자신이나 집단을 의식하도록 만들어 규율을 낳는다.

이에 더해 눈치를 채거나 눈총을 주는 일이 빠른 속도로 진행된다는 점에서 눈치와 눈총은 행동경제학의 휴리스틱과 비슷하다.[37] 그렇지만 차이도 있다. 눈치는 타인뿐만 아니라 상황 전체, 즉 분위기와 관련되어 있다. 눈치 없는 사람은 분위기를 파악하지 못하는 사람이다. 그런데 분위기가 상황의 총체적인 모습이므로 눈치는 맥락적이거나 총체적인 인식을 전제로 한다. 이 점에서 눈치는 행동경제학의 휴리스틱과 차이가 있다. 동서양에 관계 없이 타인의 감정을 살피지만, 아마도 이런 이유로, 미국인이 입을 살핀다면 일본인은 눈을 살핀다.[38]

경제학은 합리적 선택을 강조해 경제행위자가 자신의 선택을 정당화하거나 후회하는 일이 없다고 주장한다. 이에 대해 행동경제학은 사람들이 수시로 자신의 선택을 정당화하거나 후회한다고 반박한다. 그런데 자신의 선택을 정당화하는 데 있어 동아시아인이 서양인보다 '사회의 눈'(social eyes)을 더 의식하였다. '사회의 눈'은 눈치나 눈총의 서양식 표현이다.

예를 들어, 20대를 대상으로 CD를 고르는 실험에서 동아시아인은 사회의 눈이 있을 때 선택한 CD와 거부한 CD에 대한 평가의 격

---

37 한때 유행하던 퀴즈가 '누구나 가지고 있는 무서운 무기는 무엇인가?'였다. 흔히 머리-칼이라고 하는데 머리칼이 다른 사람에게 위협이 되는 적은 없다. 정답은 '눈-총'인 것 같다. 적어도 한국 사회에서는 눈총이 실제로 타인을 위협하는 무기가 될 수 있다.

38 코비드 시기에 입을 가리는 마스크 착용에 대해 서양인보다 동아시아인이 덜 저항하였던 것이 우연이 아닐 수 있다. 입이 작은 일본 장난감 '헬로 키티'가 미국에서 인기를 끌지 못한 이유도 이런 차이 때문이라는 해석도 있다.

|그림 2-3| 사회의 눈

자료: Imada and Kitayama(2010), p. 596.

|그림 2-4| 선택을 정당화하는 정도

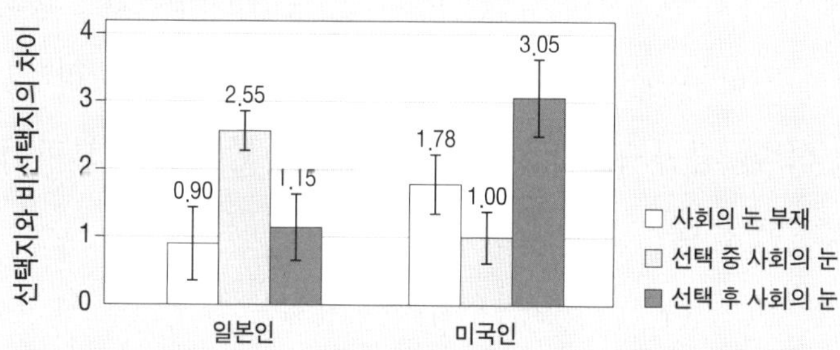

자료: Imada and Kitayama(2010), p. 596.

차가 더 커졌다. 이것은 다른 사람들이 보고 있다고 느낄 때 동아시아인이 자신이 선택한 것을 정당화하려는 경향이 강해졌음을 뜻한다.[39] 이에 비해 서양인은 타인이 중요치 않은 상황에서 선택을 정당

39 Imada and Kitayama(2010), p. 596.

화하는 경향이 더 강하였다. 이 역시 동아시아에서 관계나 집단의 영향력을 보여 준다.

3. 광고의 언어적인 표현: 개성과 조화

개인주의 사회에서 재화가 개인의 효용 극대화에 봉사한다면, 집단주의 사회에서는 타인과의 관계나 집단의 조화를 유지하는 관계재나 집단재 혹은 공용재화(club good)로 기능한다. 한국인의 회식과 이에 활용되는 음식이 그런 예이다. 공용재화(아파트 쉼터)는 경제학에서 말하는 공공재(인천공항)와 달리 정부가 아니라 지역사회가 제공하며, 공공재보다 수혜자의 범위는 좁지만 이보다 훨씬 더 많은 영역에 흩어져 있다.

또한 개인주의 사회에서는 재화가 자신을 표현하는 데 사용되지만, 집단주의 사회에서는 재화가 흔히 주변 사람에 대한 각자의 체면(體面)을 유지하는 데 활용된다. 이 때문에 개인주의에서는 재화의 내적인 속성에 집착하는 데 비해 집단주의에서는 재화의 외적인 모습에 집착한다.[40] 나아가 한국과 같이 관계에 위계가 결합된 사회에서는 재화가 자신의 신분이나 지위를 유지하는 데 상대적으로 더

40 Kim and Drolet(2009).

많이 활용된다.

이런 이유로 사치재인 유명 브랜드나 명품의 모조품에 대한 수요가 개인주의 사회보다 집단주의 사회에서 더 많다.[41] 전자에서는 명품의 내적인 가치에 의존해 자신을 표현하는 경향이 강하지만 후자에서는 명품의 외적인 형태에 근거해 사회 적응적 기능을 중시하기 때문이다. 베블런(T. B. Veblen)이 주장하였던 신분재(status good)나 프랭크(R. Frank)가 지적한 지위재(positional good)의 역할도 집단주의에서 더 크다.[42] 중국, 대만, 홍콩의 모조품 제조는 이런 관점에서 해명된다.[43]

새화에 대한 광고는 말과 글, 그림으로 표현된 의사소통이고, 자연언어는 특정 문화를 담고 있다. 이런 이유로 광고·보도·선전·홍보도 문화적인 맥락으로부터 자유로울 수 없다. 미국에서 통용되는 문구를 한국에서 직역해서 그대로 사용한다면 효과를 기대하기 힘들다. 동서양을 나누는 기준인 개인주의와 집단주의의 차이가 광고를 통해 표현되고 재생산되기 때문이다.

예를 들어, 시계에 대한 미국의 광고에는 자기표현을 강조하는 문구가 두드러진다. '당신을 표현하세요', '당신의 개성을 보여 줍니다', '당신의 가치를 전달하세요' 등이 그런 것이다. 이에 비해 한국

41 Wilcox *et al.*(2009), Grossman and Shapiro(1988), Nia and Zaichkowsky(2000). 2004년 현재 모조품의 시장 규모는 전 세계 무역의 7%에 이르며, 미국에서 연간 75만 개의 일자리를 소멸시키는 것으로 알려져 있다.

42 Frank(1985).

43 Lai and Zaichkowsky(1999).

의 광고에서는 사회적인 적응을 촉구하는 광고 문구가 주로 활용된다. '남의 눈에 띄게 하세요', '감탄을 낳으세요', '당신의 사회적 지위를 향상하세요' 등이 그런 예이다.[44]

개인주의는 '나에게 이익이 되는 것', '나 스스로 하는 것' 등으로 표현되고, 집단주의는 '사람들 사이의 대화', '여럿의 조화', '함께 일하는 것' 등으로 표현된다. 집단주의에서는 자연친화도 자연과의 조화로 표현된다. 한국에서 특정 제품을 두고 판매원이 흔히 '이것이 대세'라고 말하는 것은 집단성에 부합된다.

또한 개인주의 사회에서는 제품의 속성과 실용적인 필요를 강조하며, 주로 숫자를 활용해 가격/가치, 품질, 성능, 이용 가능성, 구성요소/내용, 특별 행사, 기호, 영양, 포장/모양, 보증서, 안전성, 독자적인 연구에 따른 평가, 회사 연구에 따른 평가 등의 정보를 제공한다. 개인주의 사회에서는 자신에 대한 소비자의 의식이 강해 명시적인 의사소통이 중요하고 맥락에 의존하지 않으므로 정보를 제공하는 것이 광고의 기능이다.

이에 비해 집단주의 사회에서는 감정과 기분을 강조하며, 비유와 미적인 표현을 많이 활용하면서, 소속감, 가족, 인기도, 전통 등과 관련된 집단적인 가치와 맥락을 부각시킨다. 집단주의 사회에서는 우리라는 의식이 강해 맥락에 의존한 묵시적인 의사소통이 지배

44 Wilcox *et al.*(2009), p. 258.

적이므로, 정보를 제공하기보다 소비자와 관계를 형성하는 것이 광고의 기능이다.[45]

구체적인 예로, 한국의 광고에서 가격/가치, 품질, 성능에 대한 언급이 2.1%, 10.6%, 18.1%인 데 비해, 미국의 광고에서는 이것이 각기 28.3%, 37.0%, 52.2%였다. 그리고 이런 차이는 상호의존적인 자아인가 독립적인 자아인가에 따라 달리 나타나는 소비자의 자기해석(self-construal)이 빚어낸 반응의 차이이다.[46] 미국 문화에서는 독립성과 자유가 독특함을 추구하게 만드는 데 비해 동아시아 문화에서는 관계성과 조화가 순응을 낳는다.[47] 이런 차이는 미국의 독립선언과 공자의 윤리로도 예시할 수 있다.

| 표 2-1 | 한국과 미국의 광고 언어

한국의 광고	우리의 인삼차는 5백 년 역사의 전통적인 방법으로 생산되었습니다. 집에 있는 당신의 부인에게 신선한 바람을 가져다주세요. 우리 회사는 조화로운 사회를 만들기 위해 일하고 있습니다. 10명 중 7명이 이 제품을 사용하고 있습니다. 봄에 예상되는 대세 파스텔 물감!
미국의 광고	이웃을 잊어라 공주의 꿈 소박한 꿈 근사한 꿈을 꿀 준비가 되어 있나요? 너 자신의 견해를 선택하라. 가능성은 무한하다. 보드카의 자유 영감은 근무 시간을 지키지 않는다. 개인화하라! 이 인터넷은 장삼이사를 위한 것이 아니다. 그런데 당신은 장삼이사가 아니다.

자료: Kim and Markus(1999), p. 793.

45 Cho *et al.*(1999); de Mooij and Hofstede(2010), pp. 86, 92~93, 96.
46 Choi and Miracle(2004), p. 78; Choi *et al.*(2005), pp. 94~95.
47 Kim and Markus(1999), pp. 793~794.

4. 존칭과 위계: 난형난제

한국어에는 존칭어 혹은 경어(敬語)와 평상어가 구분되어 있는 데 비해 영어에는 이런 구분이 없다. 인칭대명사로 보면 한국어에는 '당신'과 '너'가 공존하는데, 영어에서는 'you' 하나이다. '(당신은) 어디 가시나요?'와 '(너) 어디 가니?'가 공존하는 데 비해 영어에서는 'Where are you going?' 하나이다. 그리고 한국어에서는 주어가 반드시 등장할 필요가 없으므로 존칭과 하대의 차이가 상대방에 대한 지칭뿐만 아니라 문장의 어미에서도 나타난다.[48]

물론 존칭은 한국어에 고유하지 않다. 프랑스어(tu vous)나 독일어(du Sie)에도 있고, 69개 어족의 207개 언어를 조사한 결과 34%에서 존칭이 확인되었다.[49] 그렇더라도 존칭은 한국의 특징 중 하나이다. 존댓말과 반말의 사용은 나이, 격식, 친밀도, 그리고 신분이나 직분에 따라 결정된다.[50] 따라서 이 구분은 한국 사회가 위계적이고 서열을 중시한다는 것을 의미한다.

동아시아의 사람과 사회가 위계적이라는 것은 주지의 사실이다.[51] 유교와 농업이 모두 관계와 집단뿐만 아니라 위계를 중시한다. 위계가 인간을 개인이 아니라 가족이나 국가의 일원으로 규정하는

48 원해영(2021), pp. 27~42.
49 Helmbrecht(2013).
50 신지영(2022).
51 Boisot and Child(1996).

유교의 관념뿐만 아니라 집단노동의 근거인 가족관계에 부합되기 때문이다.[52] 그래서 인사조직이론에서는 위계가 기업의 지배구조를 결정하는 기본 요인 중 하나로 간주한다.[53] 그리고 경제학자들도 동아시아의 위계적인 성격을 이미 고려하고 있다.[54]

이런 상황에서 'one of the best'라는 영어의 표현과 '최고들 중의 하나'라는 번역어가 모두 우리에게 어색하게 다가온다. 한국 사회가 위계적이고 (고착된) 서열에 의존해 사람이든 물건이든 기업이든 직위든 한국어에서 최고는 대부분 하나이거나 하나여야 한다고 생각하기 때문이다. 달리 말해, 우리 사회에서는 권력이든 경제력이든 학력이나 학벌이든 모두 수직적인 서열과 위계를 형성해 수평적인 다양성을 별로 허용하지 않는다.

그리고 한국 사회에는 애당초 다양하였던 것들도 시간이 지나면서 곧 집중되고 갈라져 수직적인 서열로 변하는 경향도 있다. 이런 경향이 조직들 사이에 서열을 낳고 조직의 내부에 위계와 권위주의를 가져온다. 그래서 '권력은 나눌 수 없다'는 위험스러운 발언이 공공연히 나돌고 있다. 권력을 나눌 수 없다면 삼권분립 등 민주주의는 불가능하다.

대통령 중심의 권력, 재벌 중심의 경제력, 주요 언론의 영향력,

52 Renwu(2014), pp. 110~111.
53 Hofstede(1984), Hofstede and Crae(2004). 다만, 통계적으로 일본은 한국이나 중국보다 개인주의적이고 동등성을 강조해 때때로 위계를 경시하는 것으로 나타난다.
54 Mokyr and Tabellini(2024), pp. 359, 366.

대학교와 병원의 서열 등이 모두 이와 같다. 그리고 청와대, 검찰, 기업, 언론, 학교, 군대, 병원, 종교단체의 내부에는 조직의 장을 정점으로 하는 수직적인 위계가 자리 잡고 있다. 선거나 선발의 공정한 절차는 그 자체로 중요하지만, 한국 사회에서는 이것이 조직의 장 등 선발된 사람의 견제받지 않는 재량을 정당화한다. 선거나 입시로 뽑혔으니 뭐든지 해도 된다는 식이다.

존칭어와 평상어가 관계 및 집단 안에 있는 사람과 바깥에 있는 사람을 구별하는 데도 사용된다. 친하지 않은 사람에게는 존댓말을 쓰고 친한 사람에게는 반말을 한다. 이것은 한국 사회에서 관계와 집단이 위계와 결합되어 있음을 시사한다. 이런 이유로 한국어에는 관계와 함께 위계를 담고 있는 호칭이 발달해 있다. 형, 동생, 누나, 언니 등의 용어에는 관계적인 위계가 내재되어 있다. 이것은 한국 사회에서 관계뿐만 아니라 위계가 근원적임을 말해 준다.

난형난제(難兄難弟)라는 사자성어는 형제라는 관계와 우열이나 승부를 나타내는 위계를 함께 담고 있다. 삼국지에서 유비는 관우보다 나이가 적었지만 형이 되었다. 한국에서는 동시에 태어난 쌍둥이에 대해서조차 형과 동생을 가려낼 정도로 형제관계의 우열을 중시한다. 이에 비해 서양의 아리스토텔레스는 중요한 인간관계로 통치자와 피통치자, 부모자식, 부부, 교우 등의 관계 등을 지적하였지만 형제관계에는 관심을 두지 않았다.

서양에도 위계는 있다. 그런데 서양의 위계는 단순한 차등이라기보다 동등과 차등의 결합 혹은 수평과 수직의 결합에 가깝다. 아리스토텔레스의 통치관계는 동등한 시민들 사이의 지배관계이고, 마르크스의 착취관계는 동등한 교환관계와 결합된 차등적인 계급관계이다.[55] 이에 비해 친인척관계의 위계나 서열은 동등함에 근거하지 않은 차등으로 볼 수 있다.

영어로 'brother'도 형제라는 관계를 표현하지만 형인지 동생인지를 구분하지 않는다.[56] 미국인은 서슴지 않고 자신의 형(언니)을 'He(She) is my brother(sister), John(Jane)'이라고 자기 친구에게 소개한다. 한국인이 형(언니)을 이같이 호명하면서 자기 친구에게 소개하는 일은 상상할 수 없다.

위계적인 관계는 가족이나 친인척을 넘어서 사회로 확장된다. 거래에서 갑을관계, 모기업과 협력업체의 관계, 노사관계, 조직 구성원들 사이의 관계 등도 흔히 당사자들의 선후배관계 등 호형호제(呼兄呼弟)를 통해 위계적으로 변한다. 이같이 위계적인 사회에서는 거래도 위계적으로 인식되고 재생산된다.

연암(燕巖) 박지원(朴趾源, 1737~1805)이 『허생전』에서 돈을 숭배하는 것을 돈을 형이라고 부르는 '호전위형'(呼錢爲兄)으로 표현한 것이 이에 상응한다. 서양이라면 돈을 주인으로 삼는다고 하지 형으로 삼는다거나 원수로 여긴다고 하지 않을 것이다. 또한 경제학은 시장

55 홍훈(2006); 홍훈(2022), p. 8.
56 구본관 외(2021).

참여자들 사이에 동등성을 전제한다.

인간들 사이의 위계나 서열이 재화들 사이의 위계나 서열로 이어진다. 1980년대까지 국민소득의 증가에 따라 새로 나오는 담배는 언제나 더 비싼 가격의 상급 담배였다. 무궁화(1940년대)→아리랑(1950년대)→신탄진(1960년대 전반)→청자(1960년대 후반)→한산도(1970년대 전반)→거북선(1970년대 후반)→한라산(1980년대)이 그런 순서였다.

재화에 대한 상등품, 중등품, 하등품의 구분이나 고가품, 중저가품, 저가품의 구분은 아직도 우리에게 친숙하다. 이런 구분은 연속적인 수량으로서 가격을 등수나 석차로 전환한 것이다. 이같이 한국에서 질적인 구분은 수평적인 다양성보다 수직적인 위계를 표현한다. 광고도 경쟁이나 성취뿐만 아니라 지위나 위계를 강조한다.

이것은 서양의 경제사상으로 제도학파의 베블런이 지적한 과시적 소비(conspicuous consumption), 사회학자 부르디외(P. Bourdieu)의 구분(la distinction), 그리고 경제학자 프랭크의 사회적 비교(social comparison)에 가깝다. 그런데 이들은 한국 사회에서와 같이 관계나 집단을 강조하지는 않는다.

경제학자들의 연구에서 존칭의 존재가 법치주의, 부패 방지, 민주적인 책임 등 공식적인 제도에 유의미한 영향을 미치는 것으로 나타나지 않았다.[57] 그렇지만 거의 50개 국가를 대상으로 실시한 연구에서는 존칭이 등장하면 사회 전체의 일반적인 신뢰가 낮았다.[58] 또한 존댓말이 없으면 위계보다 동등성을 강조하고 집단의 내외를 가르지 않는 경우가 많다. 이에 근거해 존댓말의 존재 여부가 도덕이나 신뢰가 집단 내에 머무느냐 집단의 밖에까지 확산되느냐를 결정한다고 해석할 수 있다. 다만, 이런 연구들도 아직 서구 중심의 관점에 머물고 있다.

5. 한글과 한문의 이중구조와 계급: 땅과 토지(土地)

한국어는 오랫동안 한문과 한글이 상하를 이루는 이중구조 속에서 진화하면서 반상의 계급구조에 근거한 경제사회를 유지해 왔다. 그리고 20세기 들어서는 일본어, 그리고 특히 영어를 수용해 이중구조나 다층구조를 이루면서 경제사회를 재생산해 왔다.

우선 한문과 한글이 각기 특정의 사물을 표현하는 소리와 문자를 갖추고 있어 우리말은 이중적이다. 쌀(米), 밥(飯), 땅(土地), 집(堂), 돈(貨幣), 술(酒)이 그런 예이다. 한문이 주로 추상적이고 추상적인 관념을 고상하게 표현한다면, 한글은 구체적인 행위나 경험적인 현상을 실감(實感)나게 표현한다.[59] 예를 들어, 고용(雇傭)이나 직

57 Licht *et al.*(2007), pp. 672~679.
58 Tabellini(2008), pp. 269, 276.
59 이것은 마르크스가 『자본론』에서 지적한 추상적인 라틴적인 표현(value valoir)과 구체적인 게르만적인 표현(worth Wert)의 자이와 비슷하다.

장(職場)보다 '일자리'가 실감나고, '경제적으로 어렵다'보다 '돈이 없다'가 실감난다.

조선시대에는 양반계급이 한문을 사용하고 평민이 한글을 사용해 한문과 한글이 사회의 계급구조와 위계를 재생산하였다. 한글 창제에 대한 사대부의 반대와 유교적인 윤리나 도덕을 담고 있는 규범이 모두 한문으로 표현되었다는 것이 이를 말해 준다. 물론 양반은 한글도 함께 사용해 이중언어적이고 이중적이었다.

이에 따라 유교와 한문은 양반과 사대부로 이어지고, 농업과 한글은 평민으로 이어져, 조선 사회의 계급을 구성하였다. 따라서 동아시아의 관념적 기반인 유교(삼강오륜)와 경제적 기반인 농업(쌀)이 서로 영향을 주고받으면서, 이것이 지배층의 한문과 피지배층의 한글이라는 이중구조를 지닌 한국어를 통해 재생산되었다고 볼 수 있다. 존칭어와 평상어의 구분이 친인척관계에 의존한 위계나 서열을 재생산하였다면, 한문과 한글의 이중구조는 사회의 계급이나 계층을 형성하고 재생산하였다. 그리고 이런 경향은 20세기로 이어져 식자층은 한글과 함께 한문을 사용하는 경향이 강하였다.

양반이 사대부이자 과거시험을 통해 관료가 되었으므로 한문은 관료, 권위, 법, 행정의 언어이다. 이 때문에 한문이 일상의 규범이나 윤리뿐만 아니라 법이나 행정을 대변하였다. 현재도 법령이나 정부의 정책이나 시책은 대부분 한문으로 표현되는데, 권위를 싣기 위해 일부러 그렇게 하는 경우도 적지 않다.

하자(瑕疵)라는 어려운 말을 흔히 사용하고 '머리깎기'를 굳이 '제모'(除毛)라고 부르는 것이 그런 예이다. 복잡한 형법이나 세법뿐만 아니라 일상에서도 한문이 권위를 구가한다. '입산금지(入山禁止), 맹견주의(猛犬注意), 소변금지(小便禁止), 주인 백(主人 白)'은 과거의 예이다. 요사이의 예는 공원의 '현 위치'(現 位置), 버스의 '개문발차 금지'(開門發車 禁止) 등이다.

그런데 일제 강점기에는 일본식 한문이 한문의 자리를 잠식하였다가, 해방 이후로는 영어 등 서양 언어와 외래어가 끼어들어 한문이 차지하였던 자리를 분점하고 있다. 일제 강점기의 총칼 앞에서 한글을 지키겠다는 의지가 조선어학회 사건을 낳았다. 그렇지만 총칼의 폭력에 맞서는 것보다 화폐와 자본의 폭력에 맞서는 것이 더 힘들다. 자본주의와 함께 가는 영어의 범람은 우리에게 한글과 한국어를 스스로 경시하게 만들고 있다.

현대의 전문용어에 일본인이 한문으로 번역한 서양어가 많다는 것이 상황을 더욱 복잡하게 만든다. 자유, 정의, 진리, 효용, 효율, 균형, 무차별곡선 등 인문·사회과학과 경제학의 기본 개념들이 모두 이와 같다. 위법성 조각사유(違法性阻却事由)라는 법률용어나 대상포진, 포도상구균 등 의학용어도 그리스어나 라틴어로 된 원어의 번역어이다.

일본식의 토막을 친 영어도 적지 않다. 병원에서 내시경(endoscopy)을 표현하는 '엔도', 정비소에서 트랜스미션(transmission)을 나타내는

'미숑', 아파트(apartment), 공동작업을 뜻하는 콜라보(collabo)가 그런 예이다. 코비드(COrona VIrus Disease)를 토막 친 코로나도 이와 비슷하다. 이런 토막치기는 단어의 앞머리에 집중하므로 행동경제학이 내세우는 정박효과(anchoring)로 해석할 수 있다. 정박효과는, 가령 기다란 숫자의 앞머리에 집착해 뒤의 숫자를 고려하지 않는 것이다.

영어가 아니라 유럽어, 특히 독일어를 번역한 일상어도 적지 않다. 빵(pão)은 포르투갈어의 번역어이다. 반도(半島, Halb-insel pen-insula), 철도(鐵道, Eisenbahn railroad), 연필(鉛筆, Bleistift pencil), 문장과 같은 악장(樂章, Satz movement), 기브스(Gips cast)는 영어가 아니라 독일어의 번역이나 음역이다. 철로 만든 길인 철도, 흑연(黑鉛)을 담은 연필, 기브스는 모두 원료를 강조해, 결과와 외양을 강조하는 영어와 대비된다. 독일어에서 악장은 문장(文章)과 같은데, 번역어에는 음악의 '악'을 넣었다. '악장'은 베토벤이나 브람스 등 고전음악의 게르만적인 전통에 대한 한국과 일본의 애정을 담고 있다.

이같이 한문과 영어가 뒤섞이면서 한문과 한글의 이분법 대신에 한글, 한문, 일본식 한문, 영어의 다층적인 구조가 현대 한국의 언어와 사회에 영향을 미치고 있다. 이에 따라 우선 한문과 함께 영어가 추상적인 관념이나 학술과 전문성을 자임한다. 동시에 영어는 국제적이고 보편적인 것을 대표한다. 특히, 세계화와 시장경제의 확산과 더불어 영어가 경제, 주식, 마케팅 등에서 압도적인 언어가 되었다. 예를 들어, '복덕방'(福德房)이 '부동산'(不動産)이 되었다가 다시

'Real Estate'로 변하였다. 더구나 최근 몇십 년 동안에는 컴퓨터, 인터넷, SNS, AI 등으로 영어로 된 외국어와 외래어가 더욱 늘어났다.

이같이 현대 한국에서는 유교에 기독교가 더해지고, 한문에 영어가 더해졌고, 농업은 제조업과 IT 등 서비스업을 중심으로 삼는 시장경제로 바뀌었다.

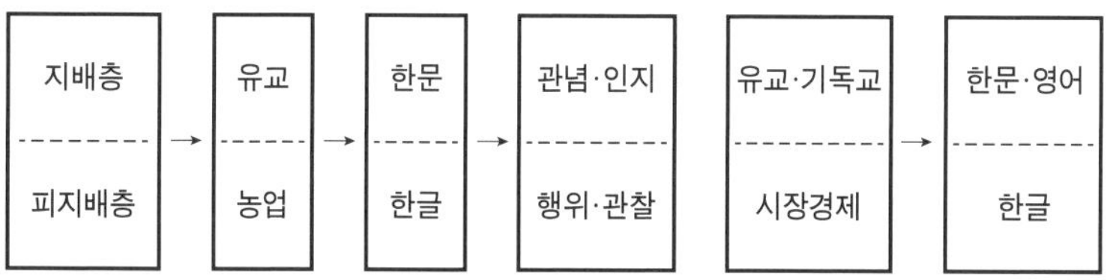

예를 들어, 한국 사회에서 '성'(性)뿐만 아니라 '돈'은 오랫동안 피하고 싶은 주제였다. 그렇다고 한국 사회에서 성이나 돈이 중요치 않은 것은 아니므로 이에 대해 언급을 회피할 수 없는 경우에는 방정식도 아닌데 미지수(그거)로 전환되거나 '관계'나 '경제 문제' 등으로 고상하게 표현된다. 주로 한문으로 된 이런 고상한 표현과 함께 정반대로 대중적이거나 비속한 한글어 표현이 공존한다. 이렇게 보면 '성'과 '돈'은 무관심의 대상이 아니라 억압과 폭발의 이중성을 지닌 복잡한 존재이다.[60]

60 이와 관련해 'sex'와 'money'가 헤겔, 마르크스, 프로이트, 프랑크푸르트학파 그리고 하이에크를 관통하는 주제임을 주목할 필요가 있다.

다른 각도에서 보면 해방 이후 한글과 한문이 맥락적이고 총체적인 사고와 관계적이고 집단적인 행위를 대변하고, 영어가 분석적인 사고와 개인주의적인 행위를 대변하면서, 한국인들이 이중적인 사고와 행위의 구조 속에 살아왔다고 추정할 수 있다. 이에 따라 행동경제학이 제시하는 두 체계와 비슷한 이중언어 체계를 상정할 필요가 있다. 같은 이유로 적어도 한국의 지식인들은 대부분 이중언어적이거나 다중언어적이다. 다만, 과거에는 한문이나 영어의 구사력이 노골적인 자랑거리였으나, 현재는 이것을 감추는 것이 예의가 되었을 뿐이다.

6. 총체성: 현 위치

관계주의와 집단주의는 인식에 있어 맥락주의와 총체주의로 이어진다. 이에 따라 한국인을 위시한 동아시아인은 사물을 파악하는 인식이나 관념에서 맥락을 중시하고 전체를 조망하는 총체주의를 지향한다. 이것은 영미철학과 경제학이 지향하는 분석주의와 대비된다. 이를 배경으로 한국인의 인식이 지닌 특징을 일상적인 어구에서 확인해 보자.

공원 등의 안내지도에서 방문자의 출발점을 알려주는 표현이 우리말로는 '현 위치'(現 位置)이다. 영어로는 'You are here'가 이에 해

|그림 2-5| 한국의 공원 안내판

당한다. 영어 안내문은 행위자를 명시해 행위의 주체 혹은 개인을 부각시킨다. 이에 비해 한국어 안내문은 주어를 생략하면서 방문자를 중시하기보다 배경을 고려해 행위자가 전체에서 차지하는 위치를 규정한다. 이것은 대명사의 탈락으로 확인된 바를 강화시켜 준다. 또한 한문으로 표시된 이 안내문은 영어 안내문에 비해 인간을 질서 속에 배치하는 관료적인 권위를 시사한다. 앞서 지적한 바와 같이 이와 관련해 한국어의 법규나 규정이 한문으로 표현되어 있음을 주목할 필요가 있다.

다른 예로 요새 한국에서는 황톳길 걷기나 맨발 걷기가 유행이다. 맨발 걷기는 발바닥이 신체 전체와 연결되어 있어 발바닥을 자극하는 것이 신체 전체를 자극한다는 한의학의 생각에 근거하고 있다. 수지침도 이와 비슷한 원리에 근거한다. 얼마나 과학적인지를

|그림 2-6| 황톳길 안내판

떠나서 이것은 부분에서 전체를 확인하는 총체적인 사고방식에 근거한다.

분석적인 서양의학에서는 발은 발이고 장기는 장기인 데 비해 총체적인 인식에서는 발이나 손이 몸 전체를 반영할 수 있다. 총체적인 인식에 따르면, 출현적 속성으로 인해 전체가 부분들의 합을 넘어설 뿐만 아니라 전체의 출현적 속성이나 구조가 각 부분에 스며들어 기반을 구성할 수 있기 때문이다. 이렇게 되면 부분에서 전체를 읽어 낼 수 있다.

서양에서 총체적인 사고를 제시한 사람은 마르크스이다. 그에 의하면, 가치가 상품, 화폐, 자본을 관통하고 있기 때문에 자본주의 사회구조를 상품, 화폐 등 자본주의의 부분에서 확인할 수 있다. 이 때문에 『자본론』의 장들은 서로 긴밀하게 연결되어 있다. 가령, 상품과 화폐에 관한 논의는 이미 자본축적에 관한 논의를 상당 부분 담고 있다. 이 때문에 『자본론』의 특정 부분을 파악하는 것은 상당 부분 『자본론』 전체를 파악하는 일이기도 하다.[61] 한의학도 발이나 손을 이와 비슷하게 파악한다.

이에 비해 현대의 경제학 교과서는 말할 것도 없고, 영국의 고전은 독일의 고전보다 분석적이다. 스미스의 『국부론』이나 리카도의 『정치경제학과 과세의 원리』에는 장들이 서로 긴밀하게 연결되어 있지 않으므로 뒷장을 파악하기 위해 반드시 앞장을 파악할 필요가 없다. 가령, 화폐에 대한 스미스의 논의는 자본축적에 대한 이후의 논의와 긴밀하게 연결되어 있지 않다. 이 때문에 『국부론』의 특정 부분은 대체로 전체의 토막에 지나지 않는다.

심리학의 실험으로 호수가 아닌 숲을 배경으로 물고기를 보여 주었더니 일본 학생들은 이것을 물고기로 인식하는 데 어려움을 겪었다. 이와 달리 미국 학생들은 숲이라는 배경과 무관하게 이것을 쉽게 물고기로 인식하였다.[62] 이는 동아시아인이 사물을 파악할 때 배경을 함께 고려하는 데 비해 서양인은 사물을 배경으로부터 분리해서 파악한다는 것을 보여 준다.

수어지교(水魚之交)라는 고사성어는 이를 표현하고 있다. 자식이

61 물론 각 부분은 전체를 각기 고유한 모습으로 드러내기 때문에 부분이 곧 전체는 아니며 부분들 사이에 차이도 있다. 이 점에서 상품, 화폐, 자본은 서로 다르다.

62 Masuda and Nisbett(2001).

'노는 물'을 고려한 맹모삼천(孟母三遷)도 이와 통한다. 그런데 경제학도 최근에는 동급생뿐만 아니라 이웃이 어린이의 학습에 미치는 영향을 인정하기 시작하였다.[63] 한국 방송의 일기예보를 보면 보도하는 사람이 어김없이 미인인 데 비해 BBC 등 외국 방송을 보면 반드시 그렇지 않다. 왜일까? 서양인들은 일기에 관한 정보를 그것을 전달하는 사람이나 배경과 분리하는 데 비해 우리는 그렇지 않기 때문으로 추정된다.

농사에서 장소와 시간이 중요하듯이, 공간뿐만 아니라 시간도 배경을 구성한다. 'Good Morning'이라는 영어 인사는 '당신에게 좋은 아침이 되기를 바란다'(I wish you a good morning)는 문장을 줄인 것이다. 우리도 이것을 '좋은 아침'으로 번역해 인사말로 쓴다. 'I'나 'you'가 생략되어 있어 대명사 탈락에 익숙한 한국인이 이 인사말을 수용하기 쉬웠을 것이다. 그렇지만 미국인의 'Good Morning'과 한국인의 '좋은 아침'은 같지 않다. 'Good Morning'에서는 화자가 청자에게 아침을 대상화하는 데 비해 '좋은 아침'에서 한국인은 아침을 화자와 청자의 시간적인 배경으로 상정하고 있다.

동아시아인이 사물의 배경이나 맥락을 의식하는 것은 서양의 분석주의와 대비되는 맥락주의와 총체주의 때문이다. 동아시아인이 인식에 있어 맥락이나 관련성을 중시한다는 것도 익히 알려져 있다.

63 Chetty and Hendren(2018).

[원숭이, 사자, 바나나]를 분류하라고 하면, 서양인은 동물인 [원숭이, 사자]를 하나로 묶고, 식물인 [바나나]는 별도로 취급한다. 이에 비해 동아시아인은 바나나가 원숭이의 먹이라는 관련성을 의식해, [원숭이, 바나나]를 하나로 묶고, [사자]는 별도로 취급한다.

혹은 [버스, 기차, 철도]를 분류하라고 하면, 서양인은 교통수단인 [버스, 기차]를 하나로 묶고 [철도]를 떼어 놓는 데 비해, 동아시아인은 관련성을 중시해 [기차, 철도]를 하나로 묶고, [버스]를 떼어 놓는다. '바늘 가는 데 실 간다'는 속담은 한국인의 인식이 사물들의 관련성을 중시한다는 것을 보여 준다. '물고(物故)를 낸다'는 말도 인간과 소유물의 관련을 보여 준다.

인간과 사물의 관계에 대한 이런 집착이 때때로 표현상의 오류를 낳기도 한다. 〈그림 2-7〉에서 어떤 식당은 식탁마다 비빔밥에 넣는 고추장에 '비빔밥'이라고 써 놓았다. 이것은 형식논리로 보면 오류지만 비빔밥과 고추장의 연관성이 강해 발생한 현상이다. 이같이 음식을 통해서 관계성과 총체성을 확인할 수 있다.

샌드위치는 소비할 때 구성요소(베이컨, 토마토)의 개별성이 유지되어 요소들의 대체가 손쉽다. 이에 비해 비빔밥(혹은 매운탕)은 적어도 소비될 시점에는 요소들(콩나물, 시금치)이 일체를 이루어 보완성이 강하므로 대체의 여지가 별로 없다. 쓰시는 샌드위치와 같이 요소들(참치, 새우)의 대체가 쉽지만, 밥의 덩어리가 기본을 이루어 양자의 중간에 놓여 있다. 이같이 총체주의의 관점보다 개체주의의

|그림 2-7| 비빔밥과 고추장의 밀접한 관계

나 분석주의의 관점에서 재화에 대한 분할이나 다른 재화와의 대체나 결합이 더 쉽다. 따라서 분석주의에 근거한 경제학이 한계대체율 등의 개념을 통해 보완보다 재화와 자원의 대체를 강조하는 것은 당연하다.

패키지 관광, 코스 메뉴나 세트 메뉴, 코스워크 등 패키지 상품

은 소비자가 구성요소를 하나하나 고르지 않고 통째로 구입한다는 점에서 분석적인 인식보다 총체적인 인식에 부합된다.[64] 우선 행동 경제학은 이것을 선택의 고통과 지불의 고통으로 설명한다. 너무 많은 대상을 놓고 고르거나 너무 자주 선택하라고 하면 사람들이 힘들어하고 쉽게 고르지 못하는 것이 선택의 고통이다. 이 상황을 'More is less'로 표현한다. 또한 소득을 소비항목별로 쪼개서 지출을 관리하는 정신적 회계(mental accounting)로 인해 사람들이 돈을 지불할 때 고통을 느껴 같은 액수라도 지불하는 횟수를 줄이려고 노력한다.

그런데 동아시아에서는 선택이나 지불의 고통이 총체적인 사고로 인해 발생할 수 있다. 여러 활동으로 구성된 유럽 여행이나 여러 음식으로 구성된 저녁 식사를 한 덩어리로 인식하는 데 익숙하기 때문이다. 영어의 'More is less'가 우리에게는 넘치면 모자란 것과 같다는 과유불급(過猶不及)이다. 그런데 전자가 선택의 대상에 국한된다면, 후자는 선택의 대상이나 경제활동뿐만 아니라 다른 사람의 관계, 즉 윤리나 도덕과 관련된 총체적인 사고에서 비롯된다.

식사 내용에 대한 선택을 주방장에게 일임하는 일본의 오마카세(お任せ)도 식사의 구성요소를 하나씩 선택하지 않는다는 점에서 총체주의에 부합된다. 현재 한국에서 오마카세라는 용어는 일본식의 음식뿐만 아니라 '한우 오마카세'나 '중식 오마카세' 등으로 이런저

64 이와 반대로 한국에서는 콘도를 공동으로 소유하면서 날짜별로 쪼개서 이용하는 상황은 분석적이고 개체주의적이지만 그 사례가 많지 않다.

런 음식에 달라붙는 유행어가 되었다.[65] 외래어 명칭이 주는 신비감이 높은 품질을 연상시킴으로써 이런 유행에 가세한 것으로 보인다.

분석적인 인식은 경험주의의 전통에 따라 말하거나 써서 밖으로 드러난 것에 집중한다. 이에 비해 총체적인 인식은 특정 낱말이나 텍스트가 말하는 것뿐만 아니라 말하지 않는 것을 포괄해 웅변의 침묵이나 침묵의 웅변까지 고려한다. 앞서 언급한 색, 색깔, 학벌, color 등에 대한 침묵과 웅변이 이를 예시한다. 일상적으로도 직장이나 모임의 분위기를 파악하려면 이런 수준의 총체적인 인식이 필요하다.

총체적인 인식은 덩어리와 통하고 분석적인 인식은 조각과 통한다. 미국인들은 특정인에 대해 시장, 직장, 토론장 등 현장에서 매번 나타나는 결과들을 확인하고, 이런 결과들을 누적하거나 적분해 그 사람의 능력으로 삼는다. 여러 측면을 모아서 구성하는 몽타주(montage)도 이에 부합되는 표현이다. 이와 달리 우리는 어떤 사람의 능력이나 함량을 먼저 확인한 후, 이에 근거해 현장에서 그 사람이 보여 주는 결과들이 이에 부합되는지 맞추어 보고 가감한다. 기업의 브랜드, 학벌, 직위, 연령이나 연륜 등이 이런 관념을 재생산한다.

전체와 부분에 대한 이런 관념의 차이는 가장 시장적이어서 이런 것을 기대하기 힘든 주식시장에서도 확인되었다. 1990~2010년

65 김윤희(2022).

의 기간에 미국보다 아시아에서 여러 주식의 수익률이 함께 움직이는 정도가 훨씬 더 크게 나타났다.[66] 사람들이 상호의존적이듯이, 주식들로 상대적으로 더 상호의존적인 셈이다.

그렇다면 이런 인식의 차이는 어디에서 생기는가? 관계·집단주의뿐만 아니라 맥락·총체주의도 유교와 농사, 특히 논농사와 관련이 있다. 우선 수렵에서는 목표물인 동물 자체에 집중할 뿐 초원 등 배경에 신경을 쓰지 않기 때문에 사람들이 분석적으로 변한다. 이에 비해 농사에서는 자연환경(공간)과 절기(시간)를 모두 고려해야 하므로 사람들이 총체적으로 변한다.[67]

총체적인 인식은 사물 자체보다 사물의 배경과 함께 다른 사물과의 관계를 중시하므로 맥락을 중시하게 된다. 사상적으로 노장이 대표하는 동양의 도교뿐만 아니라 도교를 수용한 주희의 성리학은 전체를 조망해 변증법적이므로 모순에 관대하다.[68] 이것은 서양의 형식논리와 경제학의 분석주의가 변증법이나 모순을 수용할 수 없는 것과 대비된다.

최근에는 밭농사보다 관개와 협업을 필요로 하는 논농사가 총체적인 사고를 낳는다는 가설이 등장하였다. 가령, 중국에서 밭농사 지역인 화북의 사고방식은 분석적이고, 논농사 지역인 화남의 사고

66 Jin and Myers(2006), Eun *et al.*(2015).
67 Peng and Nisbett(1999).
68 Fung(1958), chapter 25, 펑유란(1999a; 1999b).

방식은 총체적이었다. 특히, 시장경제가 가장 많이 도입되었음에도 불구하고 상해 지역이 (집단적이고) 총체적이었다.[69]

여기서 사고방식의 차이는 이미 지적한 바와 같이 [버스, 기차, 철도]에 대한 분류방식 등으로 측정되었다. 여러 국가가 아니라 중국이라는 동일한 국가의 여러 지역을 대상으로 삼은 이유는 다른 요인들을 통제해 논농사와 밭농사의 차이가 인식방식의 차이를 낳았

|그림 2-8| 논농사와 총체적 사고의 연관성

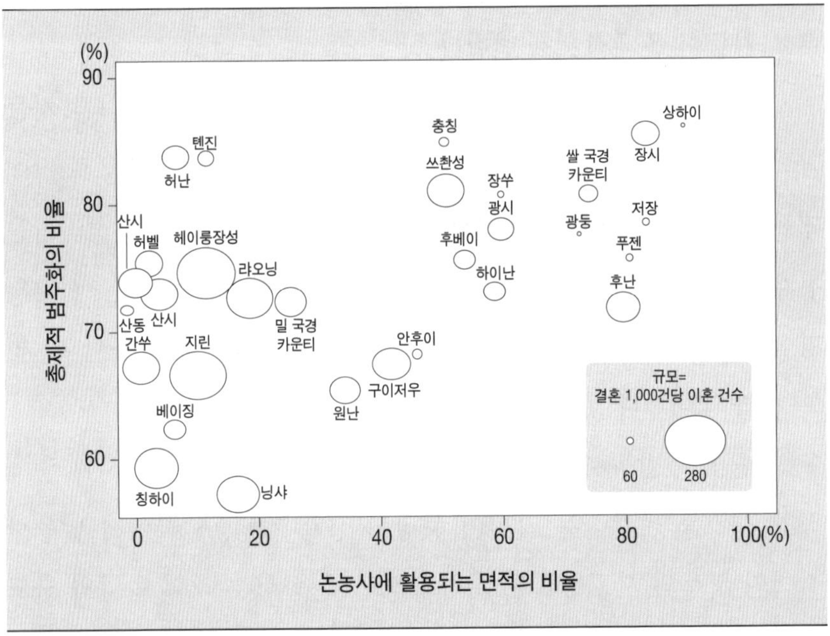

자료: Talhelm *et al.*(2014), p. 605.

69 Talhelm *et al.*(2014).

다는 인과관계를 명확히 하기 위해서였다.

유교와 농업의 터전은 가족과 집이다. 아리스토텔레스에서 도시국가(폴리스)가 안팎을 나누는 기준이고, 경제학자에게 시장이 그런 기준이라면, 한국 사회에서는 집이 그런 기준이었다. 그래서 전통적으로 남편은 바깥사람이고 부인은 안사람이며 집사람이다. 나아가 동아시아에서는 총체적인 사고에 따라 집이나 부동산을 그것의 배경과 분리하지 않는 풍수지리(風水地理)가 아직도 남아 있다. 무엇보다 집이 사람의 배경이므로 집을 사람과 떼어 놓을 수 없다.

먼저 집이 중요하므로 그것을 표현하는 호칭 등의 낱말이 다양해진다. 가(家), 옥(屋), 댁(宅), 당(堂), 헌(軒), 루(樓), 각(閣), 궁(宮), 전(殿) 등이 그런 예이다. 이것은 집이나 가정이 한국인에게 국가나 시장을 능가할 정도로 중요하다는 것을 의미한다. 또한 집의 외연이 넓어 식당(食堂)이나 주점(酒店)도 밥집이나 술집으로 일종의 집이 된다.

등용문(登龍門)도 집을 시사하고 있다. 국가(國家)라는 말을 보면 나라의 핵심이 가정으로 되어 있다. 자본이득과 귀속임대소득을 고려한 부동산 수입이 국민소득에서 차지하는 비중이 2007~2015년에 30%를 넘을 정도로 높아 소득의 불평등이 높다는 최근의 연구는 집에 대한 집착과 무관하지 않아 보인다.[70]

70 남기업 외(2017).

무엇보다 그 중요성으로 인해 집이 사람과 붙어 다니고, 사람을 대신하거나, 거꾸로 사람으로 의인화한다. 전문가(專門家), 작가(作家), 소설가(小說家), 화가(畫家), 음악가(音樂家)가 모두 집인데 사람이다. 일가(一家)를 이루었다거나 일가견(一家見)은 집이나 가족이 아니라 어떤 사람의 전문적인 역량을 표현한다. 동궁(東宮), 별당(別堂), 서방(書房), 소실(小室)은 집이나 방이 사람이 되었다. 매월당(梅月堂)은 김시습(金時習)이고, 여유당(與猶堂)은 정약용(丁若鏞)이다.

그리고 집을 사람과 동일시하는 것은 양반이나 남자에 국한되지 않는다. 신사임당(申師任堂)은 율곡의 어머니이며, 마산댁이나 광주댁 등도 사람을 가르킨다. 집의 중요성은 한문과 한글도 가리지 않는다. 부인은 집사람이다. 1970년대의 용어로 애처가(愛妻家)와 공처가(恐妻家)는 집사람을 아끼거나 두려워하는 사람이다.

7. 장소와 배경의 중요성: 마포종점과 안동역에서

동서양을 막론하고 대중가요의 흔한 주제는 남녀의 사랑이다. 그런데 한국 대중가요의 가사에서는 당사자들이 공간과 시간의 배경에 묻혀 있다. 특히, 이별의 정거장인 기차역이나 공항이 장소가 되고 농사와 밀접한 태양, 구름, 비 등 날씨가 시간적인 배경을 이루면서 연가를 애절하게 만든다.

- 저 멀리 당인리에 발전소도 잠든 밤 하나둘씩 불을 끄고 깊어 가는 마포종점 여의도 비행장엔 불빛만 쓸쓸한데 돌아오지 않는 사람 생각한들 무엇하나 궂은 비 내리는 종점 마포는 서글퍼라(은방울자매, 「마포종점」, 1968).
- 안개낀 장충단공원 누구를 찾아 왔나 … 삼각지 로타리에 궂은 비는 오는데(배호, 「안개낀 장충단공원」, 「돌아가는 삼각지」, 1967).
- 님이 오시나 보다 밤비 내리는 소리 님 발자욱 소리 밤비 내리는 소리 … 님이 가시나 보다 밤비 그치는 소리 님 발자욱 소리 밤비 그치는 소리(송창식, 「비의 나그네」, 1983).
- 밤비 내리는 영동교를 홀로 걷는 이 마음 …(주현미, 「비내리는 영동교」, 1985).
- 첫눈이 내리는 날 안동역 앞에서 만나자고 약속한 한 사람 새벽부터 오는 눈이 무릎까지 덮는데 안 오는 건지 못 오는 건지 오지 않는 사람아(진성, 「안동역에서」, 2012).

이에 비해 미국 팝송의 가사에는 당사자인 연인들이 부각되어 배경은 뒤로 숨는다. 더구나 사랑을 구하는 대중가요에 이미 1960년대부터 수량주의와 분석주의가 두드러진다. 이것은 미국이 주도해 온 시장경제와 경제학이 미국 사회와 밀접한 연관 속에 있음을 보여 준다.

- 말로 표현할 수 있는 것보다 더 너를 사랑한다. 내일은 오늘 너를 사랑한 것보다 두 배 사랑할게(I'll love you twice as much tomorrow)(Leo Sayer, *I Love You More than I can Say*, 1961). 영미권에서는 미래의 사랑이 할인되어 현재의 사랑보다 못하므로 절대량으로는 커야 한다. 이에 비해 한국인은 사랑을 말로 표현하기 힘들어하므로 말로 표현할 수 있는 것보다 더 사랑한다고 말할 수 없다. 물론 오늘 사랑한 양과 내일 사랑한 양을 비교할 수도 없다. 기껏해야 '말로 표현할 수 없을 정도로 사랑한다'거나 심지어 말로 표현할 수 있는 것과 그 이상의 것을 구분할 수도 없다.
- 네가 내게 한 번 키스해 줄 때마다 나는 너에게 세 번 키스해 줄게(For every

kiss you give me, I'll give you three)(The Ronettes, *Be My Baby*, 1963). 키스를 하는 것이 무언가 주는 것이어서 다시 돌려받아야 한다. 여기서 키스하는 관계가 아니라 키스하는 행위가 중요하고 이 행위는 이미 노동으로 간주되고 있다. 이것은 키스하고 싶다는 것과 다르고, 키스해 주겠다든지 키스해달라는 것과도 차이가 있다. 돈이나 다른 물건으로 받는 것은 아니니 물물교환이거나 선물교환이다. 그리고 1:30이라는 교환비율까지 제시하니 계산적이고 수량적이며 확연히 교환을 연상시킨다.

- *Singing in the rain*(G. Kelley, 1952)에서 중요한 것은 비가 아니라 내가 노래하고 있다는 것이다. *Who'll stop the rain? Have you ever seen the rain?*(Credence Clearwater Revival, 1970)에서는 비가 대상화되어 있어 당사자의 배경이 아니며 당사자와 일체화되지도 않는다. 이 점에서 CCR의 비는 송창식이나 주현미의 비와 다르다.
- 네가 떠나갈 때마다 너는 나의 일부분을 함께 가지고 간다(Every time you go away, you take a piece of me with you.)(Paul Young, *Every time You Go Away*, 1980). 이것은 자신의 부분을 잘라 갔다고 말하니 분석적이다. 또한 겨우 부분을 앗아 갔으니 원래 두 사람은 완전히 하나가 아니라 서로 부분집합을 공유하고 있었을 뿐이다. 두 개인이 선택해서 어느 정도를 공유하였다가 다시 원상으로 돌아갔다는 점에서 개인주의적이다. 이것은 당신이 떠나서 삶의 의미를 모르겠다든지 더 이상 살 수 없다든지 하는 것과 다르다.

- **솔로몬과 베니스의 상인**

  아이의 어머니가 누구인지 가려내는 솔로몬의 지혜는 아이가 쪼개질 가능성을 상상하고 있으니 분석적이다. 『베니스의 상인』에 나오는 계약의 실행 방법으로 살을 도려낸다는 발상도 분석적이지 않았다면 애당초 등장하지 않았을 것이다. 동아시아인의 계약은 이같이 분석적이지 않고 총체적이며 심지어 묵시적이다. 쇼팽은 조국 폴란드에 대한 애정 때문에 죽으면서 몸은 파리에 묻고 심장은 폴란드의 바르샤바에 묻어달라고 유언하였다고 한다. 이같이 쇼팽은 애정을 표현하기 위해 몸을 쪼갰고 마음이나 애정을 신체의 일부분인 심장(heart)과 동일시하였다. 동아시아인은 조국에 대한 애정을 이같이 분석적으로 표현하지 않았을 것이다.

한국 대중가요에서는 1980년대에 이르기까지 간절하지만 이룰 수 없는 사랑이 주류를 이루면서, 추상적이고 관념적인 상태에 머물러, 교환은 물론이고 수량에도 다가가지 않는다. 「꿈속의 사랑」(1956), 「한동안 뜸했었지」(1978), 「어쩌다 마주친 그대」(1982)가 그런 예이다. 한정된 숫자가 아니라 '영원히', '끝없이' 등 무한이 등장한다. 이것은 무한대의 '대체비율'을 낳는다. 또한 떠나간 연인이 가져가는 것은 자신의 전체이지 일부분일 수 없다. 이런 이유로 양적 비유보다 질적인 비유가 지배적이다.

> 우리 동네 담배가게에는 아가씨가 예쁘다네. 지금은 그때보다도 백 배는 예쁘다네(송창식, 「담배가게 아가씨」, 1986).

두 배나 세 배를 말할 때는 수량이나 비율의 차이를 뜻하지만, 백 배나 심지어 열 배를 말할 때는 수량이나 비율의 차이가 질적인 차이로 전환된다.[71] '말 한마디로 천 냥 빚을 갚는다'에서 '천 냥 빚'은 많은 빚일 수도 있지만 돈으로 환산할 수 없을 정도로 무거운 비

71 이문구(2004), p. 262.

금전적 빚을 뜻하기도 한다. 이 역시 질적인 규정이다. 천군만마(千軍萬馬)도 마찬가지이다. 이같이 우리말에는 양적인 표현 안에 질적인 차이를 담고 있는 경우가 많다.

당송팔대가(唐宋八大家)와 같이 탁월한 전문가인 대가(大家), 양반집을 뜻하는 대가(大家), 소인(小人)이 범접할 수 없는 대인(大人), 소어(小魚)에 비해 체중적으로 가격이 오르는 대어(大魚), 대물(大物) 등에서 '대'(大)가 그런 경우이다. 대선(大選)도, 당선된 사람의 숫자로 따지는 총선(總選)과 달리, 질적인 차이를 담고 있다. 동네 병원에서 치료가 안되면 '큰 병원'에 가라고 할 때, 크다는 것은 양적인 크기라기보다 질적인 차이를 뜻한다. 이 모든 경우 양적인 변동에 질적인 변동이나 범주의 차이가 수반되거나 양이 질로 변형된다.

『맹자』(孟子)에 나오는 오십보백보(五十步百步)는 전쟁에서 백 보를 도망치든 오십 보를 도망치든 싸우지 않고 도망치기는 마찬가지라고 보아 수량들을 하나의 범주로 분류한다. 여기서 (+)인가 (−)인가가 중요할 뿐 −100인지 −50인지는 중요하지 않다. 이는 싸우느냐 도망치느냐의 이분법을 전제한다. 이것은 가격 등이 오르느냐 내리느냐만 중요할 뿐 얼마나 오르거나 내리느냐는 중요치 않은 상황에 적합한 논리이다. '물가, 세금, 보험료가 또 올랐어?'

수량과 비율을 강조하는 미국의 노래는 신고전학파에 부합되고, 범주를 강조하는 한국의 노래는 행동경제학에 가깝다. 질적인 차이나 범주의 차이 혹은 임계치를 설정할 때 대체비율이나 교환비율은 영이나 무한대가 된다. 예를 들어, 질적으로 다른 인간의 자유를 돈으로 환산하거나 환경주의자의 관점에서 경제성장률로 환경을 대신하려면 상당히 커다란 숫자가 나올 것이다. 또한 40점이라는 과목낙제가 있는 시험에서 한 과목이 39점이라면 다른 과목의 점수가 아무리 높더라도 이 모자라는 1점을 대신할 수 없다.

8. 미래시제: 내일 비가 옵니다

총체주의는 공간뿐만 아니라 시간에도 적용된다. 시간에 대한 총체적인 인식은 과거, 현재, 미래가 서로 의존적이라고 본다. 이런 이유로 한국어를 위시한 동아시아의 언어는 현재시제와 미래시제를 명확히 구분하지 않는다. 따라서 한국어는 현재가 미래를 대신하는 약한 미래시제(weak future tense)를 특징으로 삼는다.

이에 비해 영어나 불어는 강한 미래시제(strong future tense)를 가지고 있다. 영어는 조동사를 통해, 불어는 동사의 미래형을 통해 미래시제를 현재시제와 명확히 구분한다. 분석적인 영미철학도 시간을 과거, 현재, 미래로 명확하게 구분한다. 나아가 영미철학에 근거한 경제학은 미래시제를 명확히 구분할 뿐만 아니라 미래를 $[t_0\ t_1\ t_2 \ldots t_n]$으로 분해한다. 반면 서양 언어로는 독일어도 미래형이 약하다.

한국어: 내일 비가 옵니다.
영어: 내일 비가 올 것입니다(It will rain tomorrow).
독일어: 내일 비가 옵니다(Morgen regnet es).

이런 차이는 재화와 화폐에 대한 현재와 미래의 시간선호로 이어진다. 현재와 미래를 명확히 구분하게 되면 미래가 멀리 떨어진 것으로 느끼게 되어, 현재의 소비에 집착하고 미래의 소비를 상당히 낮게 평가하고 크게 할인하게 된다. 이같이 미래가치보다 현재가치를 크게 선호하므로 저축에 많은 이자를 요구해 저축률이 낮아진다. 반면 미래를 현재와 명확히 구분하지 않으면 미래가 가까이 있다고 느끼게 되어, 미래가치를 크게 할인하지 않으므로, 이자율이 낮아지고 저축률이 높아진다.[72] 결국 강한 미래시제는 낮은 저축률로 이어지고 약한 미래시제는 높은 저축률로 이어지는 '언어적인 저축가설'(linguistic savings hypothesis)이 나온다.

일기예보에 나오는 미래형 동사와 미래형 문장의 비율을 따진 대표적인 연구에 의하면, 중국어와 일본어는 모두 미래시제가 약하므로 미래에 대한 선호가 높아서 저축률이 높았다. 서양에서는 독일어가 중국어나 일본어와 같은 수준으로 미래시제가 약하였다. 이에 따라 OECD 국가에 대해 1980년부터 2010년까지 확인한 결과 일본은 1980~2010년의 저축률이 상위에 있다. 또한 강한 미래시제를

72 Chen(2013), p. 715; Roberts *et al.*(2015), p. 30.

|그림 2-9| OECD 국가의 미래시제와 저축률(1980~2010)의 관계

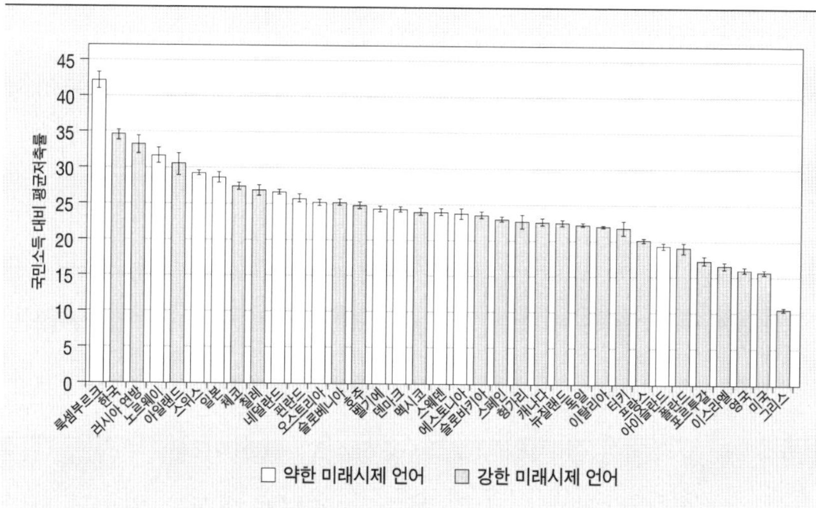

주: 평균적으로 강한 미래시제 언어를 사용하는 국가는 4.75% 더 적게 저축함(t=2.77, p=0.009).
자료: Chen(2013), p. 715.

지니는 영어를 구사하는 영국과 미국의 저축률은 하위에 머물렀다. 다만, 약한 미래시제의 독일은 생각보다 저축률이 높지 않았다.[73]

이 연구에서 한국은 일본보다 더 높은 저축률을 보였으면서도 미래시제가 영국이나 미국보다 강하거나 비슷하게 나왔다. 그렇지만 한국어 시제의 불명확함, 높은 저축률, 교육열을 위시한 동아시아 3개국의 여러 유사성, 한국어와 일본어의 유사성, 1970년대를 풍

73 프레슬리(E. Presley)가 1960년에 부른 미국의 유행가 *It's now or never*는 상당히 미국인들이 현재지향적이거나 현재 편향을 가진 것을 보여 준다. It's now or never. Come, hold me tight. Kiss me, my darling. Be mine tonight. Tomorrow will be too late. It's now or never. My love won't wait.

미하였던 '은근과 끈기'라는 구호가 보여 주는 한국의 미래지향성(미래를 위한 참을성) 등에 비추어 볼 때 이 결과는 재고해야 한다.

국어학자들의 연구에 따르면, 한국어에는 미래시제가 확고하지 않아 과거와 비과거의 두 가지 구분이 있을 뿐이다.[74] 예를 들어, '철수는 논문을 발표한다'는 문장의 시제는 현재일 수도 있고 미래일 수도 있다. 한국어에 과거, 현재, 미래의 세 가지 시제가 있다고 주장하는 학자도 이것을 확신한다기보다 일관성에 근거해 이래야 한다고 주장한다.[75] 그리고 '오늘 비가 오겠습니다'라는 한국 일기예보의 표현은 일상적인 표현이라기보다 공식적인 표현이라고 판단된다.[76] 이에 따라 한국어의 약한 미래시제와 1997년까지 높은 저축률 사이의 상관관계를 유지하는 것이 타당해 보인다.

경제학에서 미래에 대한 시간선호는 선호의 일부분이지만, 미래지향성이나 인내심과 거의 동의어로 쓰인다. 그리고 시간선호는 저축률뿐만 아니라 다양한 미래지향적인 행위와 관련된다. 내일을 위해 저축하는 것, 오늘 쉬고 싶은데 참고 부지런히 일하는 것, 주말에 놀지 않고 공부하는 것, 시간을 들여 기술을 개발하는 것, 투자하고

74 이재성(2001), pp. 46~51.
75 구본관 외(2021), p. 174.
76 해당 연구에서 미래형을 확인한 일기예보 방송의 언어는 공식적이고 형식적인 성격이 강해 한국인의 일상어에서 벗어났을 수 있다. 해방 이후 본격적으로 상륙한 영어의 영향으로 일상적인 표현인 '내일 비가 옵니다'가 일기예보에서는 '내일 비가 오겠습니다' 또는 '내일 비가 올 것으로 예상됩니다'로 변하였다. 이와 달리 중국어나 일본어는 영어의 영향에도 불구하고 적어도 일기예보에서는 우리와 같이 언어의 이중성을 겪고 있지 않다고 추정한다.

나서 기다리는 것, 당장 술 마시고 싶은데 참고 운동하는 것 등이 모두 미래시제와 관련된다.

이같이 미래시제와 미래지향성은 저축, 노동, 교육, 혁신, 투자, 보건 등에 차이를 가져와 생산함수를 통해 경제발전에 영향을 미친다. 저축과 투자는 자본의 크기를 결정하고 노동은 일하는 시간의 양을 결정한다. 교육은 인적자본의 형성을 통해 노동의 질을 결정하고 경제발전의 이념에 호응하게 만든다. 건강은 노동, 공부, 삶 등 인간의 기본 조건에 영향을 미친다. 혁신은 생산함수 자체를 이동시킨다. 특히, 한국을 위시한 동아시아는 일본, 한국, 중국으로 이어지는 경제발전 과정에서 참을성이 강해서 경제성장률도 높았다. 한국에서 회자되던 '은근과 끈기'가 이것을 말해 준다.[77]

이같이 미래시제라는 언어상의 차이가 경제사회에 미치는 영향이 확인되면서 최근 경제학자들은 미래시제의 기원이나 형성에 대해 가설을 제시하였다. 이에 따르면 동서양 관계없이 과거 역사 속에서 지리적 조건 등으로 농사에 대한 수확이 높았던 지역에서 미래지향성 혹은 참을성이 높게 나타났다. 농업이라는 시간이 필요한 생산으로부터 수확이 많을수록 미래에 대한 할인이 낮아져 장기지향성이 형성되었다는 것이다.[78] 그리고 이것이 언어에 있어 미래시제에 차이를 가져오면서 사람들의 미래지향을 재생산하고 강화시켰

77 홍훈 외(2024), pp. 105~107.
78 Galor and Özak(2016).

다는 것이다.

한국, 중국, 일본은 모두 높은 단위면적당 수확량과 강한 장기적인 지향성을 보인다. 그리고 시간선호나 저축성향은 가족을 통해 전달되었다.[79] 이렇게 형성된 미래시제의 차이가 저축, 교육, 건강에 영향을 미쳐서 다시 국가별로 일인당 국민소득에 차이를 가져왔다. 즉, 지리적 조건→농업→미래지향→미래시제→미래지향의 강화→저축·교육·건강→경제발전.

이와 관련된 경험 연구로 두 가지 언어, 가령 영어와 독일어, 영어와 만다린 중국어를 구사하는 사람들을 대상으로 한 실험에서 미래시제를 강화하거나 약화하는 자극이 미래지향성을 변화시킨다는 것이 확인되었다.[80] 그리고 장기지향성이 높을수록 수학과 독해 능력이 높게 나타났다. 이 점에서 한국은 미국뿐만 아니라 중국과 일본을 능가하였다. 끝으로 76개국을 대상으로 한 연구에 의하면 참을성이 높을수록 최근의 일인당 소득이 높았다.[81]

이렇게 보면 저축성향은 현재에 개인의 차원에서 규정하기보다 과거의 역사와 문화 속에서 규정하는 것이 더 타당하다. 1997년 이전까지 높았던 한국의 저축성향이나 중국 및 일본의 높은 저축성향은 근원적으로 이런 과거의 상황에 뿌리를 두고 있다고 추정할 수

79 Galor and Özak(2016), pp. 3071, 3084.
80 Ayres *et al.*(2023).
81 Fogli *et al.*(2019), Hanushek *et al.*(2022), Sunde *et al.*(2022).

있다.[82]

한국에 국한된 것은 아니지만 미래시제가 기업의 행동에도 영향을 미쳤다. 우선 1993년부터 2007년까지 31개국의 56,243개의 관찰치를 대상으로 조세회피를 조사한 결과 사용하는 언어의 미래시제가 강할수록 조세회피(tax avoidance)가 더 많았다. 미래시제가 강할수록 할인율이 높아서 조세회피가 기업의 명성이나 주가 등에 미치는 영향을 경시하고 현재의 비용 감축을 중시하였기 때문이다.[83]

또한 1999년부터 2011년 사이에 59개국의 1,000개 이상의 기업

|그림 2-10| 우리나라 가계저축률* 추이

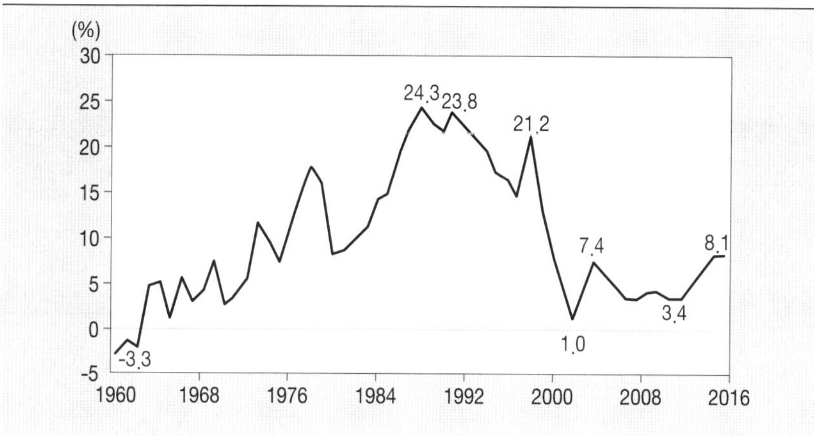

주: *는 국민계정의 개인순저축/국민총처분가능소득.
자료: 한국은행.

82 김순미(2011), p. 95; 김형석 외(2018), pp. 17~18.
83 Cheng *et al.*(2022). 다만, 이 연구에서도 한국어의 미래시제가 강하다고 전제하였는데 이것은 재고할 필요가 있다.

|그림 2-11| 주요국 가계저축률* 추이

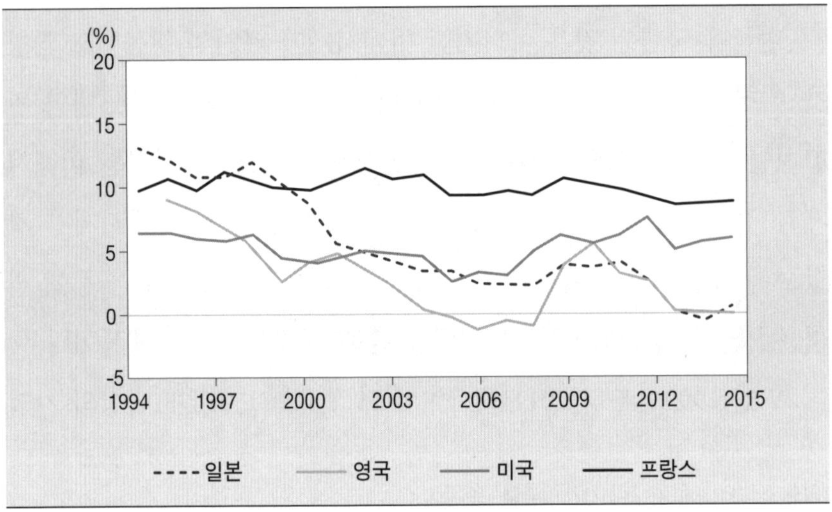

주: *는 가계저축/가계가처분소득.
자료: OECD.

을 대상으로 조사한 결과 사용하는 언어의 미래시제가 강할수록 사회적 책임에 취약한 것으로 나타났다.[84] 그뿐만 아니라 강한 미래형을 사용하는 사람들보다 약한 미래형을 사용하는 사람들이 환경보호에 우호적이었다. 나아가 미래형이 있는 언어의 사용자들보다 미래형 변화가 없는 언어의 사용자들이 기도나 교회 참석 등으로 비교해서 더 종교적이었다.[85] 이같이 미래시제의 강약이 기업의 사회적 책임, 환경보호, 종교적 의식 등 미래지향성에 영향을 미쳤다.

이제 지금까지 등장한 대명사, 존칭, 미래시제와 관련된 주요 언

84 Liang *et al.*(2014).
85 Mavisakalyan *et al.*(2018; 2022).

| 표 2-2 | 대명사, 존칭, 미래시제와 관련된 주요 언어의 차이점과 유사성

	한국어	중국어	일본어	영어	불어	독일어
대명사	탈락	탈락	탈락	등장	등장	등장
존칭	존재	존재	존재	부재	존재	존재
미래시제	약함	약함	약함	강함	강함	약함

어들 사이의 차이점들과 이들에 담긴 경제사회적 함의를 정리해 보자. 우선 주요 언어들 사이의 차이점은 〈표 2-2〉와 같다.

이런 언어적인 특징이 관계와 집단의 중시, 맥락적이고 총체적인 인식, 위계의 존재, 그리고 미래지향성을 형성하고 유지하는 데 기여하였다고 볼 수 있다. 또한 가족과 집을 중요하게 만들며, 사회 속에서 유사 가족을 낳고, 규범과 의무를 강화시키며, 질적인 규정과 범주를 중요하게 만드는 데 공헌하였다. 그리고 이런 것들의 기원은 유교와 함께 농업, 특히 논농사였다.

이런 언어적인 특징과 문화적인 특징이 상호작용해 높은 저축성향, 근면, 교육열이 형성되었고, 이를 통해 인적자본, 연결망, 사회자본이 육성되어, 경제발전과 정치발전에 공헌하였다. 특히, 조국건설이나 수출입국 등의 구호가 집단적인 가치를 고양시켜 노동자와 회사원에게 내적인 동기를 부여하였다. 그리고 동일한 특징들로 인간관계와 거래관계가 위계적이 되고, 모든 조직에 위계적인 지배구조가 생겼다. 전반적으로 이에 수반된 긍정적인 효과들이 이에 수반된 부패나 성경유착을 능가하였다.

chapter 03

우리 일상어 속의 경제사회

이 장에서는 지금까지의 논의를 바탕으로 우리말의 일상적인 구절 몇 가지를 해석해 우리의 언어가 우리의 관념과 행위, 그리고 경제사회에 영향을 미친다는 것을 보이려고 시도하였다. 여기서 영향을 미친다는 것은 상관관계, 상호작용, 그리고 인과관계를 구분 없이 포괄하고 있다. 이를 위해 일단 일상적인 어귀가 경제학 및 사회과학의 개념과 만나는 지점을 찾고, 이 개념들로 포착되지 않는 우리의 관념을 드러내려고 노력하였다. 여기서 분석적인 접근보다는 맥락과 전체를 중시하는 총체주의적인 접근을 활용하였다. 논의의 산만함을 보완하기 위해 각 구절마다 그 구절에 담긴 핵심적인 내용을 압축해서 〈부제〉로 함께 제시하였다.

1. 개고기만 빼고 다 잘 먹어요: 〈선호보다 능력〉

한국에서는 두 사람, 특히 두 남자가 만나서 식사할 때 한 사람이 다른 사람에게 "무엇을 드시겠어요?"라고 물어보면, 상대방이 흔히 "개고기만 빼놓고 뭐든지 다 잘 먹어요"라고 대답한다. 이 대화에서 답변이 질문에 부합하지 않는다. **먹고 싶은 것을** 물었는데, 비빔밥, 설농탕, 피자 등 어떤 것을 **먹고 싶다고** 답하지 않고, 뭐든 다 **먹을 수 있다고** 답하였기 때문이다.

먼저 경제학에서 출발하자. 소비자 선택에서 선호는 소비자마다 주관적으로 다르고, 가격은 (가격차별이 없는 한) 모든 소비자가 동일하게 지불하며, 소득은 소비자마다 객관적으로 다르다. 해당 질문은 이 중에서 선호를 물었는데 선호로 답하지 않았다. 더구나 답변은 가격이나 소득과도 무관하다. 이 때문에 경제학의 관점에서 이 답변은 오류이다.

그렇지만 이런 답변이 반복되면서도 의사소통이나 인간관계에 지장을 주지 않는 것을 보면, 이 답변이 단순한 오류라고 판단할 수 없다. 이것은 동문서답(東問西答)일 수 있다. 동과 서를 포괄하는 사방을 맥락으로 찾을 수 있다면 동문서답은 단순한 오류와 다르다. 국회의 청문회에서 장관이나 후보자가 내놓는 엉뚱한 답은 단순한 오류가 아니다.

이로부터 더 파고들어 가면 이 답변이 선호와 이에 근거한 수요와 관련된 근원적인 어려움에서 비롯된 것이라는 판단에 이르게 된다. 이 점을 논증하기 위해 먼저 문제의 답변을 검토해서 몇 가지 해석을 끌어내 보자.

① 상대방에게 선택권이나 선택의 즐거움을 주려는 양보나 배려이다.
② 자신이 무엇을 먹을지 결정하기 힘들어서 선택의 의무나 선택의 괴로움을 상대방에게 떠넘기려는 노력이다.
③ 상대방이 원하는 것이면 뭐든지 자신이 돈을 지불하겠다는

의사의 표명이다.

④ 선택권을 발휘하면 식사비용을 지불해야 할 것 같아서 상대방에게 선택권을 양보함으로써 상대방이 지불하게 만들려는 전략이다.

⑤ 뭐든지 다 먹을 수 있다는 능력과 자신감의 표현이다.

⑥ 상대방이 먹고 싶은 것을 함께 먹을 준비되어 있다는 규범이나 의무의 표현이다.

①과 ②가 선호 및 선택과 관련된다면, ③과 ④는 소득제약 및 지불과 관련되어 있다. ⑤는 선호나 소득제약과 구분되는 신체적이거나 문화적인 능력과 관련된다. 경제학은 선호와 소득제약을 강조할 뿐 능력을 강조하지 않으므로 ⑤는 전통적인 경제학에서 벗어난다. ⑥의 규범이나 의무도 경제학이 경시한다. 이후의 논의에 따르면 여섯 가지 중 ⑤와 ⑥이 해당 맥락에 가장 부합되고, ②가 부분적으로 관련된다.

첫째, ①과 ②와 관련해 한국에서는 인간관계를 위해 상대방을 배려하거나 의식하게 되면 자신의 선호를 억제하거나 표현하지 않게 된다. 자신의 선호를 내세우면 튀는 것이 될 수 있기 때문이다. 이런 이유로 흔히 자신의 선호와 선택을 포괄적으로 포기하거나 양도한다고 선언해 상대방에게 선택의 권리를 양보한다.

경제학이 전제하는 미국과 같은 개인주의 사회에서도 서로의 선호를 존중해야 한다. 그렇지만 개인주의 사회에서는 서로의 선호를 조정할 뿐 자신의 선호와 선택을 포괄적으로 포기하지는 않는다. 행동경제학이 내세우는 개념으로 다른 사람의 선호를 고려하는 사회적 선호도 포괄적인 선언을 낳지는 않는다.

둘째, 한국에서는 인간관계로 인해 각자 지불하는 것이 일상화되어 있지 않다. 이 때문에 두 사람 이상이 함께 하는 식사에서 지불하는 데 불편함이 있다. 지불의 불편함이나 불확실성을 우회적으로 해소하려는 노력이 ③과 ④이다. 물론 이 상황에는 호탕함과 무임승차가 공존할 수 있다.

기존 경제학과 달리 행동경제학은 소득을 소비항목별로 쪼개서 지출을 관리하는 정신적 회계를 내세우며, 돈을 지불할 때 사람들이 고통을 느낀다는 점을 강조한다. 그런데 행동경제학도 경제학과 비슷하게 개인이라는 단위에 중점을 두기 때문에 지출의 고통이나 선택의 고통도 개인 수준에서 설정한다. 이에 비해 한국 사회에서는 지출의 고통이 무엇보다 관계나 집단 속에서 경비를 처리하는 상황에서 중요해진다.

셋째, ⑤는 선호가 아니라 제약과 관련되는데, 제약 중에서도 인간과 분리가 가능한 소득이 아니라 개인의 정신이나 육체와 불가분의 관계에 있는 능력과 관련된다. 이런 능력은 거친 음식도 잘 **먹을 수 있는** 식성이나 건강함, 그리고 다양한 음식을 **먹을 줄 아는** 문화적 소양을 포괄한다. 이것은 어떤 음식을 **먹고 싶어 한다는** 선호뿐만 아니라 그것을 **사서 먹을 수 있다는** 소득제약과도 구분된다.

여기서 핵심은 한국인이 무엇을 먹고 싶은지를 말하기보다 무엇을 먹을 수 있는지를 말하는 데 더 익숙하다는 점이다. 이것은 한국의 대학 진학에 가장 잘 적용된다. 어느 대학에서 어떤 것을 공부하고 싶은지 혹은 어느 대학의 어떤 전공을 **선택하고 싶은지**가 아니라 자신의 수학능력이나 수능성적으로 어떤 대학의 어떤 전공까지 진학할 수 있는지 혹은 **선택할 수 있는지**가 누구에게나 관심사이다. 의과대학에 가고 싶은 것보다 의과대학까지 갈 수 있는 것이 중요하다. 의과대학까지 갈 수 있는 것이 '뭐든지 다 잘 먹어요'에 상응한다.

대학에 가고 싶은데 학비가 없어서 못 갈 수도 있고, 수능성적이 부족해서 못 갈 수도 있다. 이 점에서 수학능력도 소득과 마찬가지로 제약조건이다. 그렇더라도 소득의 제약과 능력의 제약은 동일하지 않다. 자동차를 운전하려면 선호와 소득 이외에 운전능력이 필요하고, 책을 읽으려면 독서능력이 필요하다. 따라서 수학능력뿐만 아니라 독서, 음악이나 미술 감상, 운전, 운동, 사교, 의사소통, 음주 등의 능력, 인내심, 지구력이나 설득력은 선호뿐만 아니라 소득의 제약과도 구분된다. 이같이 능력은 선호와 예산제약의 중간에 놓여 있다.

능력이나 역량은 지식을 요구하고 역량의 배양은 교육이나 훈련을 필요로 한다. 지식은 책을 통해서 배우는 추상적이고 명시적인 지식과 경험을 통해 체화된 암묵적인 지식(tacit knowledge)을 포함한다. 또한 교육은 학교뿐만 아니라 현장에서 이루어지거나 타인에 의존하지 않고 스스로에게 수행할 수도 있다. 나아가 능력은 (체화된) 지식뿐만 아니라 문화적 다양성에 바탕을 두고 있다.

이렇게 되면 ⑤는 먹을 수 있는 것과 먹을 줄 아는 것을 포함한다. 순대국밥을 먹을 수 있는 것과 달팽이 요리를 먹을 줄 아는 것이 그런 예이다. 일반적으로 글은 '읽고 싶다'보다 '읽을 줄 안다'가 자연스럽고, 생선회는 '먹을 줄 안다'보다 '먹고 싶다'가 자연스럽다. 그런데 문제의 대화에서는 생선회에 대해서도 '먹을 줄 안다'로 답한 것이다. 이는 선호보다 역량과 이를 위한 지식과 문화적 소양을 우선시하는 것이다.

전통적으로 경제학은 선호(무차별곡선)와 소득제약(가격선)을 강조할 뿐 능력을 부각시키지 않는다. 좋아서 자주 사서 소비하다 보면 소비할 수 있는 능력은 저절로 생긴다고 생각하기 때문이다. 포도주를 마시다 보면 이것을 마실 수 있게 되고, 고전음악을 듣다 보면 이것을 들을 줄 알게 된다는 것이다.

이에 비해 센(A. K. Sen)과 누스바움(M. Nussbaum)이나 기업이론은 능력(capability)이나 (동태적) 역량(competence)을 중시한다. 기존 경제이론에서는 베커(G. S. Becker)의 인적자본(human capital)이 이에 가깝다. 역량은 시장에서의 선택과 교환 전후로 진행되는 가정이나 개인의 소비 과정이나 기업의 생산 과정에서 발휘된다.

동아시아와 같이 관계적이고 집단적이면 사회적 선호가 중요할 뿐만 아니라 개인 차원의 선호가 모호하므로 소득제약이나 능력이 부각될 수 있다. 또한 소득제약이나 능력에 있어 우위를 표현하는 것이 한국 사회의 위계적인 성격에도 부합된다. 선호가 수평적이라면 소득뿐만 아니라 역량은 선호와 달리 순서나 우열을 낳아 수직적이기 때문이다.

넷째, 한국 사회에서는 자신의 선호뿐만 아니라 타인의 선호를 중시해야 하므로, 개인적 선호뿐만 아니라 사회적 선호가 중요하다. 그런데 사회적 선호가 확산되면 집단의 규범이나 의무로 정착될 수 있다. 그렇게 되면 무엇을 '먹고 싶다(먹기 싫다)'가 '먹어야 한다(먹지 않아야 한다)'로 변형된다. 회식에서 술을 마시고 싶지 않지만 마셔야 한다. 본인은 원치 않지만 자식을 위해 사야 하는 물건도 있다. 이것은 사회적 선호나 타인의 평가를 의식하는 규범이나 분위기를 반영한다.

'먹는 것'을 '하는 것'으로 일반화하면, ⑥은 일상적으로 눈치 보는 것부터 가족, 소속 집단이나 조직, 국가를 위한 희생이나 헌신을 포함한다. 노동이든 공부든 운동이든 하기 싫지만 가족, 회사, 국가를 위해 해야 하는 것이 그런 예이다. 이순신의 전쟁이나 항일운동 등 나라를 위한 희생이나 헌신도 이에 포함된다. 그리고 해야 하는 것이 강해지면 '해야 한다'가 '하고 싶다'를 대신하게 된다. 이렇게 되면 ②에서와 같이 선택을 어려워할 수 있다.

예전과 달리 개고기를 먹어서는 안된다는 사회적 규범이 형성되어 개고기는 많은 사람들의 선택 대상에서 제외되어 있다. '개고기만 빼놓고'라는 조건은 집단의 규범을 따르고 있음을 선언하고 있다.

다섯째, 일반화해 모든 활동이 선택의 대상이 되면 (사회구조를 논외로 하더라도) 활동의 근거로 내적인 동기(intrinsic motivation)와 외적인 동기(extrinsic motivation)를 구분하고 이에 따라 선호를 다시 규정할 필요가 있다. 행동경제학에 따르면, 내적인 동기는 노동이나 활동 자체나 그 과정이 좋아서 하는 것이고, 외적인 동기는 그것의 결과와 이에 부여되는 유인 때문에 하는 것이다.

모차르트의 작곡은 내적인 동기이고, 생계나 돈벌이를 위한 노동이나 활동은 외적인 동기이다. 좋아서 공부를 하면 전자이고, 점수나 등수 혹은 입시 때문에 공부하면 후자이다. 내적인 동기에 따른 활동은 우리말로 '보람'을 느끼게 할 것이다. 이 때문에 동일한 활동으로 동일한 액수의 돈을 벌더라도 동기의 차이가 얼마나 창조적인지 그리고 얼마나 행복한지에 영향을 미친다.

기존 경제학은 공리주의와 시장주의로 인해 시장에서 나타나는 결과에 초점을 맞추면서 소득이나 성적 등 외적인 유인에 중점을 둔다. 그렇지만 두 가지 동기를 모두 수용하는 행동경제학이 더 타당해 보인다. 그렇다면 선호를 내적인 동기에 따른 선호와 외적인 동기에 따른 선호로 구분해야 한다.

그런데 관계적이고 집단적인 한국 사회에서는 외적인 동기가 관계나 집단과 결합되면 내적인 동기와 비슷해질 수 있다. 다 같은 수출 증대이고 돈벌이이지만 나 자신이 아니라 집단을 위한 것이면 거룩해져서 내적인 동기를 형성할 수 있다. 한국의 경제발전 과정에서 수출목표는 자신의 생계나 승진뿐만 아니라 가족, 기업, 국가를 위한 목표였다. 그래서 그것이 (포장이나 이념일 수 있지만) 종합상사의 사원들에게 내적인 동기를 부여하였고 이에 근거한 선호를 형성하였다. 이것은 관계적이고 집단적인 한국 사회에서 아직도 흔히 나타나는 현상이다.

지금까지의 논의를 정리하면, ⓐ 먹고 싶은 것, ⓑ 소득으로 가격을 지불하고 사서 먹을 수 있는 것, ⓒ 신체적으로나 정신적으로 먹을 수 있는 것과 먹을 줄 아는 것, ⓓ 먹어야 하는 것을 구분할 필요가 있다. 그리고 ⓒ는 (체화된) 지식과 문화적 다양성에 근거한 능력을 포함한다.

식사를 넘어서 일반화하면 이것은 ⓐ 선호에 따라 하고 싶은 것, ⓑ 소득으로 가격을 지불하고 할 수 있는 것, ⓒ 능력과 지식으로 할 수 있는 것이나 할 줄 아는 것, ⓓ 사회적 규범에 따라 해야 하는 것이 된다. 이에 더해 ⓐ에서는 내적인 동기와 외적인 동기에 의한 선호를 구분해야 한다.

소비자 선택이론은 ⓐ를 무차별곡선으로, ⓑ를 소득제약은 가격선으로 표현하나, ⓒ와 ⓓ는 경시한다. 또한 ⓐ에서도 내적인 동기를 중시하지 않는다. 물론 모든 재화나 서비스 혹은 활동에서 이 모든 것을 고려해야 하는 것은 아니다. 그렇지만 많은 경우 선호, 가격, 소득만으로는 선택이나 행위를 설명하는 데 충분치 않다.

이런 논의에 근거하면 한국인에게는 하고 싶은 것(ⓐ)보다 할 수 있는 것(ⓒ)이 더 중요한 경우가 많다. 또한 타인과의 관계나 집단을 위해 해야 하는 것(ⓓ)이 하고 싶은 것(ⓐ)을 결정하기도 한다. 심지어 관계나 집단을 위해 하는 일이 거룩해져 내적인 동기가 부분적으로 ⓐ를 구성한다. 이같이 선호보다 소득이라는 제약조건과 능력이나 역량이 더 중요하고, 규범이나 분위기 혹은 사회구조가 이 모든 것을 압도하기도 한다.

이같이 할 수 있는 것과 해야 하는 것에 중점을 두면서 개인 차원에서 하고 싶은 것은 억압되거나 육성되지 않는다. 이렇게 되면 '무엇을 드시고 싶으세요?'는 대답하기 어려운 질문이 된다. 그래서 이 질문을 '무엇을 드실 수 있으세요?'로 스스로 바꾸어 답한 것이다. 따라서 문제의 답변은 단순한 오류가 아니고 동문서답보다 속성대체(attribute substitution)에 가깝다. 행동경제학의 개념인 속성대체는 어려운 질문이 나오면 쉬운 질문으로 바꾸어서 답하는 경향이다. 다만, 어떤 개인이 아니라 한국인에게 흔한 습관적이고 관습적인 속성대체이다.

그 결과 '개고기만 빼놓고 뭐든지 다 잘 먹어요'라는 답변에는 먹을 수 있는 것과 먹어야 하는 것(ⓑ, ⓒ, ⓓ)이 먹고 싶은 것(ⓐ)을 압도하고 있다. 특히, 소화능력과 문화적인 역량(ⓒ)이 선호(ⓐ)뿐만 아니라 소득제약(ⓑ)을 압도하고 있다. 만약 '무엇을 드시고 싶으세요?'가 아니라 '우리 뭐 먹을래요?'라고 물었다면 대답하기 쉬웠을 것이다.

이같이 개인 수준에서 선호와 수요에 예민하지 않은 것은 물건을 고를 때 남을 의식하거나 행동하는 데 있어 규범을 중시하는 것, 상대적으로 현재보다 미래를 중시하는 것, 궁극적으로는 개인의 선택을 중시하지 않는 관습과 이런 관습을 형성하고 재생산하는 사회경제적인 조건과 연결되어 있다.

구체적으로 관계나 집단이 중요한 한국 사회에서는 개인보다는 관계나 집단의 수준에서 선호, 수요, 욕망이 표출될 수 있다. 서양인은 자긍심이나 일관된 자기 정체성을 중시하는 데 비해, 동아시아인은 타인들과의 관계를 유지하기 위해 상황과 맥락에 따라 자신을 융통성 있게 적응시킨다.[1] '모난 돌이 정 맞기' 때문이다. 따라서 아시아인에게 선택은 개인의 일이 아니라 관련 당사자 모두의 일이 될 수 있다.

남의 시선을 의식하므로 한국인은 개인의 욕구를 잘 표현하지 않는다. 동아시아인이나 동아시아계 미국인은 유럽계 미국인보다 물건을 선택할 때 자신의 개성을 드러내는 경향이 적다. 그리고 개

1 Zamagni(2005), Kim and Sherman(2007).

성 대신 사회적 지위를 의식하기 때문에 선택 시 유럽계 미국인과 비교해 동아시아계 미국인은 가격보다 품질이나 상표를 중시한다.[2] 한국인도 '사람들이 많이 사는 제품' 혹은 '요새 많이 나가는 것'을 원한다. 반면 구입한 제품에 대해 종업원이 '요새 많이 나가는 것'이라고 말하면 미국인은 자신의 개성이 손상당하였다고 느낀다.

또한 규범과 의무를 강조해 '해야 하는 것'과 '하지 말아야 하는 것'이 하고 싶은 것, 즉 개인 수준의 선호 혹은 '욕망'과 내적인 동기를 위축시켰을 것이다. 한국 사회에서는 내적인 동기가 형성되더라도 규범이나 의무와 통하는 방식으로 형성된다. 개인 수준이 아니라 관계나 집단의 가치 및 목표에 공헌하거나 공헌한다고 제시되고 선전될 때 내적인 동기가 형성된다.

이런 관점에서 한반도의 경제학 교실에서 지난 80년 동안 수억 번 그렸을 수요곡선의 배후로 들어가 볼 필요가 있다. 이와 관련해 과거 일본인들이 19세기 말에 서양의 경제학 개념을 번역할 때 찾기 힘들었던 용어가 'demand', 즉 수요(需要)였음을 주목할 필요가 있다.[3]

구체적으로 관계성에 의한 개인의 선호가 상호의존적이라면 개별 수요를 단순히 합한 것이 시장수요라고 단정할 수 없다. 또한 집단성으로 개인들 사이에 선호의 차이가 크지 않으면 고전학파에서

2 Kim and Drolet(2003; 2009), Kim and Sherman(2007).
3 Morris-Suzuki(1989), pp. 50~51.

생각한 것과 비슷하게 특정 용도의 재화에 대한 수요가 주어진 소득에서 어느 정도 정해져 있다고 볼 수도 있다. 여기에 위계성이 결합되면 여러 사람이 공유하는 선호가 사전표기식(lexicographic ordering)으로 나타날 수 있다. 재벌, 대기업, 대학, 언론, 병원, 호텔 등의 서열이 이에 부합된다.

이로 인해 재화나 서비스에 등급이 생기면 경쟁과 가격의 역할도 제한된다. 가격의 역할이 제한되면 수요가 서서히 조정되지 않으므로 수요의 폭주가 나타날 수 있다. 이것이 여름에 수시로 1,000만 명을 돌파하는 한국 영화에 대한 수요의 쏠림에 대한 설명일 수 있다. 축구 경기 응원을 위해 시청에 모여 '대한민국'을 외치는 인파도 이에 준한다.

한국에서 정부가 산업정책을 통해 경제발전을 주도하면서 소비자의 수요를 경시할 수 있었다는 점이 개인 차원의 선호의 모호성에 부합된다. 최근에 한국 정부가 산업정책과 비슷하게 환경산업을 육성하는 방식으로 환경 문제에 대응해 에너지 소비 등 수요 측면보다 공급 측면에 중점을 두고 있다는 것에서도 이런 경향을 확인할 수 있다.[4]

소비자가 안정되고 일관된 선호를 지니며, 다른 누구보다 자신의 선호를 잘 알고 있다는 것이 시장원리의 전제이다. 이 관점에서

4 Kalinowski(2015).

|그림 3-1| 각국 재정지출의 구성비율

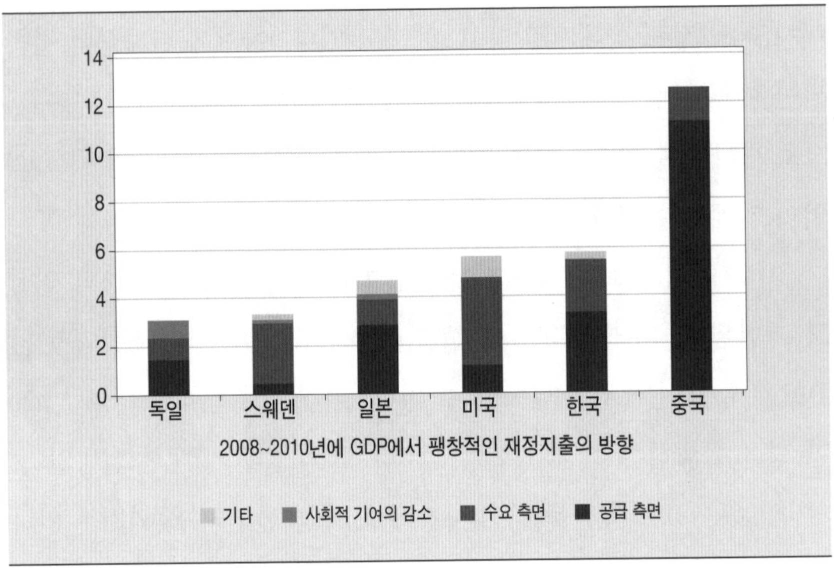

자료: Kalinowski(2015), pp. 250, 256.

보면 한국인은 각자 안정되고 일관된 선호를 갖고 있지 않으며 자신의 선호에 대해 잘 모르는 것이 된다. 그렇지만 서양에서도 1871년 한계효용학파가 등장하면서 비로소 수요가 본격적으로 부각되기 시작하였다. 무엇보다 최근에 행동경제학은 선호의 안정성과 일관성, 그리고 선호에 대한 각자의 지식과 합리성에 대해 포괄적으로 의문을 제기하고 있다. 이에 따르면, 선호의 안정성, 일관성, 자신의 선호에 대한 지식, 합리성 등은 서양과 동아시아를 구분하는 질적인 차이가 아니라 상대적인 차이일 수 있다.

2. 행복이 무엇인지 알 수는 없잖아요: 〈한국인의 행복의 모호성〉

현재 한국인은 행복하지 않다. 경제가 발전하고 민주주의를 달성하였지만, 한국은 20여 년 동안 OECD 최고의 자살률, 최저의 출산율을 기록하고 있다.[5] 개인적 선호, 특히 내적인 동기에 근거한 개인적 선호에 예민하지 않은 것이 한국인에게 불행의 씨앗일 수 있다. 항상 하고 싶은 것이 아니라 할 수 있는 것이나 해야 하는 것에 따라 살아온 것이 이런 상황에 기여하였을 것으로 보인다.

이것은 공간적으로 한국인의 관계성 및 집단성과 관련되고, 시간적으로 한국인의 높은 미래지향성과 관련된 것으로 보인다. 역량과 규범은 유교와 함께 농업에서 형성된 장기지향성 혹은 참을성과 근면함에 기반을 두고 있다. 그리고 이런 참을성과 근면함이 교육열, 높은 저축성향, 성실한 노동을 통해 경제성장을 이루고 민주주의의 기반을 제공하였다.[6]

그런데 하고 싶은 것(선호)보다 할 수 있는 것(역량)과 해야 하는 것(규범)에 무게를 두는 것은 양날의 칼이다. 해방 이후 최근까지 많은 한국인은 무엇을 해야 하는지 그리고 무엇을 할 수 있는지는 많이 생각하면서 살아왔지만, 무엇을 하고 싶은지는 별로 생각하지 않

5 Diener *et al.*(2010).
6 Fogli *et al.*(2019), Hanushek *et al.*(2022), Sunde *et al.*(2022).

으면서 살아왔다. 그 결과 여가 시간이나 은퇴 후에 무엇을 하고 싶은지 물어보면 답변이 궁색하다. 이것이 현재 한국인을 불행하게 만드는 요인일 수 있다.

대표적으로 입시경쟁을 위한 학교 교육이 한국인들의 행복을 저해하는 요인이다. 최근 연구에 따르면 이민사회인 미국에서 아시아계 학생들은 공부는 탁월하지만, 친구가 별로 없고, 엄마와 사이가 좋지 않으며, 가끔 우울하다. 그중에서도 한국계 학생들이 가장 극단적인 수준에 있다.[7]

집단주의 사회에서는 개인적인 선호나 선택보다 관계가 중요하다. 이 때문에 아동교육과 관련해 미국 사회의 아시아계는 개입적인 극성 엄마(Tiger Mother)를 내세우는 데 비해 유럽계는 이에 반대한다. 아시아계는 모자관계에 근거한 상호의존적인 자아에 의존하므로 학생에게 가족과 주변에 대한 의무를 강조한다.[8]

같은 이유로 백인 학생과 아시아 학생의 동기도 다르게 형성된다. 백인에게는 타인이 선택해 주는 것이 자율성을 손상시켜 동기를 약화시키므로 자율적인 선택이 중요하다. 이에 비해 아시아계에게는 엄마가 선택해 주는 것이 오히려 내적인 동기를 부여할 수 있다. 문제는 성인이 되어서도 이것이 자기표현을 위한 선택과 '관계적인' 선택의 차이로 이어진다는 점이다.

7 Hsin and Xie(2014).
8 Fu and Markus(2014).

이런 이유로 한국에서는 배우는 학생뿐만 아니라 연구하는 학자도 선호가 모호하다. 학자에게 선호나 수요는 (가격과 소득이라는 요인을 잠시 접어 두면) 학문적인 관심이다. 외국 학술지에 논문을 보내면 심사평에 '심사위원들이 논문을 좋아하였다'라는 구절이 흔히 등장한다. 이것이 학문적인 관심이나 선호이다. 그리고 학술지마다 이런 관심사가 다르다. 그런데 한국 학자 중에는 이런 선호나 관심이 취약한 사람이 적지 않다. 한국 학자의 학문적 관심은 얼마나 안정적인가? 혹은 한국의 학자 중 애정을 가지고 있고 필사적으로 매달리고 싶은 주제가 있는 사람이 얼마나 될까?

한국의 학자는 자신이 다루고 싶은 주제보다 자신이 다룰 수 있는 주제나 서양학계가 요구하는 주제에 더 이끌린다. 그래서 진정한 열정이나 보람을 느끼지 못할 수 있다. 한국의 학회에 가면 모두 열심히 하지만 '열정'과 '감동'이 부족해 보인다. 구조적으로 한국에 학문공동체가 취약해 한국의 학자가 내면적으로 '표류와 방황'을 겪기 때문이다. 같은 이유로 내적인 동기에 따라 진정으로 좋아서 하는 주제를 따르기보다 채용, 승진, 급여, 연구비 등 외적인 동기에 따른다. 한국의 경제학계에도 진정한 선호나 관심보다 능력이 더 중요하다. 여기서 능력은 박사학위, 외국 박사학위, 졸업한 대학의 순위, 규격화된 (SSCI) 논문의 질과 양으로 측정된다.

개인주의 사회보다 관계·집단주의 사회에서는 감정 표현을 자제한다. 3살 전후의 어린 시절에 대한 기억을 조사하면 미국인은 자아와 자기감정을 중시하는 데 비해, 중국인은 자신의 감정을 억제하고 관계를 중시하는 경향을 보인다.[9] 집단주의 사회에서는, 특히 두려움이나 구역질 등 부정적인 감정을 억압하고, 행복이나 놀라움도 별로 표시하지 않는다.

이것이 동아시아인에게 좋은 감정과 나쁜 감정을 명확히 구분하지 않는 경향을 낳는다. 한국인의 인식도 맥락적이고 총체주의적이므로 개인 수준에서는 좋은 감정과 나쁜 감정이 명확히 구분되지 않고 변증법적으로 공존한다.[10] 그래서 행복에 대한 동아시아의 관념이 서양과 다르다는 주장이 나온다.

이 관념에서는 복(福)과 화(禍)가 서로 이어진다. 새옹지마(塞翁之馬), 전화위복(轉禍爲福), 고진감래(苦盡甘來), 호사다마(好事多魔), 길흉화복(吉凶禍福), 흥진비래(興振悲來) 등이 이것을 표현하고 있다. 우리말 속담으로는 '비 온 뒤에 땅이 굳어진다.' 이런 구절들은 고통과 쾌락, 비용과 편익, 손실과 이익 혹은 음(陰)과 양(陽)이 명확하게 구분되지 않고 상당 부분 공존하며 서로 연결되어 있음을 뜻한다.

여기서 새옹지마 등은 (–)와 (+)의 방향이 반대인 변동에 대한 반응이나 적응을 말하고 있다. 이런 관념에서는 사랑이 미움으로 변할 것을 예상하므로 한국인에게 '뜨거운' 사랑이나 '달콤한' 사랑은 모

9 Wang(2006).
10 Schimmack *et al.*(2002), Lu(2001), Lu and Gilmour(2004), Uchida and Kitayama(2009), Shiota *et al.*(2010), Hitokoto and Uchida(2015).

두 과장일 수 있다. 경제학의 한계효용 체감뿐만 아니라 행동경제학도 쾌락과 고통의 음양이 교차하는 상황이 아니라 같은 방향의 변동에 대한 반응이나 적응에 중점을 두므로 이와 구분된다.

이런 이유로 한국인은 자기감정을 잘 표현하지 않으며 행복한 감정조차 쉽게 표현하지 않는다. 그래서 '당신은 행복합니까?'가 부적절한 질문일 수 있다. 행복한지를 묻기보다 불행한지를 묻는 것이 나을 것이다. '행복이 무엇인지 알 수는 없잖아요. 당신 없는 행복이란 있을 수 없잖아요'(조경수, 「행복이란」, 1978)라는 노래 구절이 진실을 담고 있는 것 같다. 이 노래에는 행복을 잘 표현할 수 없다는 것과 불행해지지 않는 조건으로 관계를 말한다.

결과적으로 한국 사회에 개인주의와 신자유주의가 확산되고 있지만, 여전히 관계, 집단이 중요하므로 개인의 일상에서 선호와 이익에 따라 움직이는 개인적 자아, 사회적 선호를 낳는 관계적 자아, 규범을 담고 있는 집단적 자아의 조화가 요구된다. 제도적으로도 개인, 관계, 집단의 새로운 조합을 모색할 필요가 있다.

3. 계산해 주세요: 〈돈에 대한 강박〉

저자가 중학교 3학년이던 1969년에 법주사로 수학여행을 갔을 때의 일화이다. 식당에서 점심 식사로 국수를 시켜서 먹고 있는데,

종업원이 다가와서 “계산해 주세요”라고 나에게 말하였다. 나는 순간 ‘수학(修學)여행이 아니라 수학(數學)여행이었나? 수학 시간도 아닌데 무슨 계산?’이라고 생각하면서 화들짝 놀랐다. 외국인도 아니면서 한국의 시장과 처음으로 충돌한 것이었다.

이제 수학여행이라는 행사는 소멸하였어도 ‘계산’(計算)이라는 말은 여전히 남아 있다. 한국인은 식당 등에서 비용을 지불할 때 이 단어를 사용한다. 또한 내야 할 돈의 액수를 적은 종이는 ‘계산서’이고, 돈을 지불하는 곳은 ‘계산대’이다. 여기서 식사 항목을 더하고 곱해서 실제로 계산하는 사람은 식당 주인이지 손님이 아니므로, ‘계산’은 화폐 지불을 대신하는 단어에 불과하다. 그렇다면 왜 화폐를 지불한다거나 돈을 낸다고 말하지 않고 계산한다고 말할까?

돈이라는 단어, 돈을 내는 행위, 그리고 이와 관련된 언어를 불편해하기 때문에 식당에서 돈 내는 것을 ‘계산’이라고 표현하는 것으로 보인다. ‘계산’이라는 표현은 거래를 위해 돈을 내는 세속적인 일을 이와 무관한 가감승제(加減乘除)의 산수 문제로 중화시키고, 심지어 고상하게 만들어, 우리의 정서를 안정시키는 데 기여한다.

구체적으로 돈의 ‘지불’이 [1만 원+3만 원+5만 원=9만 원]이라면, 숫자의 ‘계산’은 [1만+3만+5만=9만]으로 돈이라는 단위로부터 독립적이다. 또한 지불은 주는 사람과 받는 사람, 그리고 이들의 관계를 드러내지만, 계산은 당사자나 관계를 덮어 둔다. ‘누가 누구에게’ 계산한다는 것은 어법에 어긋나기 때문에 계산이라는 표현은 돈이 개입되는 물적인 관계로부터 인적인 관계를 격리시킨다. 나아가 '셈'이라는 한글이 아니라 '계산'이라는 한문을 사용해 이 행위가 고상해진다.

현재는 식당 등에서 '계산'할 때 카운터에서 숫자를 보고 지불하므로 돈을 지불하는 부담이 줄었다. 그렇지만 오랫동안 '계산서'를 들고 가서 '계산대'에서 '계산'하였다. 이 경우 종업원이 식사가 끝날 즈음에 계산서를 식탁에 가져다 놓는데 반드시 뒤집어 놓는 것이 관행이었다. 돈의 액수가 보이지 않게 하기 위해서였다. 이런 행위는 앞서 설명한 '계산'이라는 표현에 담긴 저의와 서로 통한다.

일본의 식당에서는 계산서를 뒤집어 놓지 않고 졸업장처럼 돌돌 말아서 연필통 같이 생긴 식탁의 장식물에 꽂아 넣는데 이것도 한국의 상황과 비슷하다. 서양에서 계산(서)에 가까운 것은 영어 'bill, cheque'가 아니라 독일어 'die Rechnung'이나 프랑스어 'l'addition'이다. 그렇지만 독일어의 'rechnen'은 우리말과 달리 계산한다는 의미로 쓰이지 않는다. 또한 합산이라는 의미를 지닌 프랑스어 표현에는 우리말과 달리 돈에 대한 회피가 수반되지 않는 것 같다.

비슷한 상황에서 쓰이는 '결제'(決濟)라는 말도 돈 내는 것을 모호하면서도 거창하게 만든다. 개념적으로 모든 것이 가벼워야 할 편의점에서도 이 말을 쓰고 있어 모순적이다. 돈 내는 것을 이보다 더 무겁게 만드는 것은 조세 납부, 즉 납세(納稅)이다. 병원에서 경비지불을 뜻하는 '수납'(收納)이나[11] 학교의 등록금 납입(納入)도 이와 비슷한 성격을 지닌다.

'결제', '납부', '수납', '납입'은 모두 화폐(지불)와 거리를 두고 있다는 점에서 '계산'과 같다. 그렇지만 '계산'과 달리 한문으로 된 이 용어들은 모두 정부의 공공재, 병원의 치료, 학교의 교육이 통상적인 재화나 서비스와 다르다는 함의를 담고 있다. 동시에 돈 내는 사람이 아니라 돈을 받는 사람이 우위에 있는 권위적인 관계를 재생산하고 있다.

구체적으로 '납세'는 정부에 대한 국민의 의무와 국민에 대한 정부의 권위를, '수납'은 환자에 대한 병원이나 의사의 권위를 담고 있다. '납입'도 대학교나 교수가 학생이나 학부모에 대해 지니는 권위를 시사한다. 서양의 경제사상은 화폐를 가지고 서비스를 사는 사람이 이것들을 파는 사람보다 우위에 있거나, 최소한 양자가 동등하다고 생각해 이와 대비된다.

행동경제학의 정신적 회계에 의하면 재화를 사고 돈을 낼 때 사람들은 고통을 겪는다. 그렇다면 '계산'은 손님에게 지불의 고통을 덜어 주기 위해 활용되는 표현법일 수 있다. 그런데 정신적 회계가 손님에게 국한된다면, '계산'은 손님과 주인 모두가 화폐지불을 포괄적으로 회피하는 표현이다. 그리고 한국에서 '계산' 등 화폐지불에 대한 완곡한 어법은 성행위에 대한 완곡한 어법과 거의 같은 수

11 이건범(2018).

준에 있다. 무엇보다 정신적 회계는 화폐지불의 어려움을 개인 수준에서 설정하는 데 비해 한국에서 화폐지불과의 거리두기는 회식 등 공동의 비용을 지불하는 상황에서 두드러진다.

여러 사람이 함께 한 식사의 비용을 지불하는 방법은 세 가지이다. 돌아가면서 총액을 한 사람이 지불하는 일괄지불 방식은 집단적이다. 총액을 균등하게 나누어 형평을 추구하는 균등지불 방식, 즉 '1/N'의 방식은 관계적이다. 상습적인 무임승차자가 없다면 돌아가면서 전액을 지불하는 방법과 (1/N)의 방법 사이에 장기적으로 큰 차이가 없다. 그렇지만 일괄지불이 (1/N)보다 십난석이면서 총체적이다. (1/N)에서는 전체 지불액과 개별 지불액의 구분이 있는데 비해 알괄지불에서는 총액만 있을 뿐 개별 지불액이 없기 때문이다.

반면 각자가 먹은 것을 각자 지불하는 '더치페이'는 개인주의적이다. '1/N'은 나누기는 해도 총액을 의식하고 있지만, 더치페이는 그렇지 않기 때문이다. 또한 더치페이는 일괄지불이나 (1/N)의 방법보다 분석적이다. (1/N)에서 각자의 지불액은 전체 지불액의 부분인 데 비해, 더치페이에서는 거꾸로 전체 지불액이 개별 지불액의 합이다. 이것은 분수를 8분의 1로 표현하느냐 'one over eight'으로 표현하느냐의 차이와 같다.

한국은 일괄지불이나 균등지불의 방식을 취한다. 시장경제가 지배적이면서도 한국에서는 아직도 일괄지불이 사라지지 않았고, (1/N)은 흔하지만 더치페이는 흔치 않다. 미국과 일본은 더치페이의 방식을 취한다. 이 점에서 일본은 한국보다 개인주의적이다. 이같이 회식비용을 지불하는 방식에서도 개인주의와 관계·집단주의가 드러난다.

일괄지불에서는 누가 지불할지가 문제되고 무임승차도 나타난다. 많이 지불하는 사람은 돈을 잃으면서 덕을 얻는다. '오늘 내가 낸다'고 할 때 다른 사람들이 편해질 뿐만 아니라 모두를 위해 돈을 내니 돈 내는 일이지만 승화되어 본인도 고양된다. 반면 무임승차자는 돈을 얻으면서 덕을 잃는다. 물론 무임승차자는 눈치를 보아야 하고 눈총도 받는다.

이보다 상황이 복잡할 수도 있다. 돈을 많이 내는 사람이 다른 사람보다 권력이나 명예가 부족해 돈으로 그 부족함을 메우는 경우가 있다. 청탁을 위한 접대가 그런 예이다. 혹은 그와 반대로 우위에 있는 사람이 자신의 우위를 돈으로 표시해 열위에 있는 사람을 대접할 수도 있다. 혹은 관계를 유지해야 하는 측이 누구인지에 따라 관계를 유지하는 비용을 누가 지불하느냐가 결정되기도 한다. 과거 한국의 연인관계에서는 자신이 관계를 중시한다는 것을 보여 주기 위해 남자가 일괄지불하는 경향이 강하였다.

계산, 납세, 수납과 마찬가지로 1/N과 더치페이도 돈과의 거리두기를 깔고 있다. 그런데 '납세'나 '수납'과 달리 '1/N'과 '더치페이'에는 권위가 개입되어 있지 않은 반면 관계적이고 집단적인 사회에서 여러 명이 경비를 나누는 데 수반된 추가적인 어려움이 담겨 있다. 특히, 산수를 연상시키는 '1/N'(균등지불)과 영어로 된 '더치페이'(각자 지불)라는 특이한 명칭을 주목할 필요가 있다. 이 역시 화폐지불에 수반된 거북함을 중화시키려는 의도를 담고 있다.

우선 '1/N'은 '계산'과 마찬가지로 돈 내는 것을 나누기 계산처럼 기계적으로 표현하고 구성원들 사이의 동등함을 내세워 화폐지불을 중립적으로 만든다. 더치페이라는 외래어도 화폐지불을 멀리하거나 이것을 고상하게 만들고 각자 지불하는 행위에 수반된 야박함을 덮어 준다. 이와 관련해 일반적으로 한국어에는 돈이나 성 등 세속적이거나 성적인 것 등을 회피하려고 할 때, 한문이나 영어나 일본어에서 온 외래어를 사용하는 경향이 있음을 기억할 필요가 있다.

이와 관련해 일괄지불에 수반된 가벼운 실랑이를 빼놓을 수 없다. 식사 후 계산대 앞에서 다른 참석자들이 지켜보는 가운데 참석자 중 두 명이 서로 식사비용을 내겠다고 밀고 당기는 상황이다. 1/N이나 더치페이였다면 생기지 않았을 일이다. 몇십 년 동안 여기저기서 반복된 일이지만 이에 대해 누구도 대책을 마련하려고 하지 않았으므로 무언가 사회적 기능이 있는 행위라고 보아야 한다. 모임이 'N'명의 개체를 단순히 모아놓은 것이 아니라 하나라는 것, 혹은 각자가 'N'의 '1'이 아니라 '1'의 '1/N'이라는 소속감을 확인하는 행위로 추정된다. 여기서 전체를 위해 돈을 지불하는 것이 돈 내는 것을 고상하게 만든다는 점을 상기할 필요가 있다.

한국에서 가족적인 공동체는 '화목'이나 '조화'를 강조한다. 한국의 법규에 흔히 등장하는 '균형'(발전)도 경제학의 균형이 아니라 이에 가깝다. 이런 것들은 행동경제학의 (1/N) 휴리스틱(social heuristic)과 통한다. 원래 이 휴리스틱은 개인이 여러 재화나 자산을 구입하는 데 자신의 주어진 소득을 균등하게 배분하거나 주어진 시간이나 노력을 여러 작업에 균등하게 배분하는 것을 뜻한다. 그런데 이것을 여러 사람 사이에 적용되는 사회적 휴리스틱으로 만들면 형평을 추구하는 것이 되므로 '조화'라는 가치에 가까워진다.[12]

개인적 자아, 관계적 자아, 집단적 자아가 혼재하는 한국 사회에서는 여러 사람이 함께 식사할 때 식사비용을 지불하는 방식이 정해져 있지 않은 경우가 많다. 이런 상황에서 금전 처리 혹은 재화와 화폐의 관계가 인간관계에 영향을 미칠까 우려가 커진다. 그렇다고 남한의 한국인이 돈에 의존하는 자본주의를 거부하거나 돈을 싫어한다고 볼 수도 없다. 현재 한국인과 돈의 관계는 애증(愛憎)이다.

4. 착한 가격: 〈가격의 인격성〉

주로 법에 의존하는 민주주의뿐만 아니라 주로 가격에 의존하는 시장경제도 사람의 구체적인 성격을 배제한다는 점에서 비인격적이

12 Hertwig and Herzog(2009), pp. 688~689.

다. 그런데 인간관계를 중시하는 한국인은 민주주의뿐만 아니라 시장경제에도 수시로 인격성을 부여한다. 전·현직을 가리지 않는 장관님, 원장님, 총장님 같은 호칭은 직책을 사람으로 만들고 사람을 직책으로 만든다. 그래도 직책은 사람을 쉽게 연상시킨다. 이에 비해 가격은 사람을 연상시키지 않는다. 이 점을 고려하면 '착한 가격'이라는 표현은 인격성을 극대화한다.

가격은 시장에서 출현하는 현상으로 특정인에게 귀속시킬 수 없어 가장 비인격적이고 가장 추상적이다. 경제학뿐만 아니라 마르크스주의의 관점에서도 가격은 이와 같다. 그리고 우리말에서 '착하다'라는 형용사는 사람이나 동물에 적용된다. 그런데 가격에 대해 '착하다'고 말하고, '가격이 착한 계란'과 같이 재화에 대해 착하다고 말한다. 그리고 비인격적인 시장의 가격과 충돌을 일으키는 이 표현을 우리는 자연스럽게 받아들이고 있다. 더구나 1970년대의 경제발전과 1997년의 동아시아 금융위기를 거치면서 시장경제가 정착되고, 더구나 금융자본과 돈의 힘이 더없이 확고해지고 소득불평등이 심화된 한국 사회에서, '착한 가격'이라는 말이 일상적으로 쓰이고 있다는 것은 거의 모순적이다.

일단 인격성과 도덕성을 내포하므로 '착한 가격'이라는 표현은 '싼 가격'이라는 표현과 다르고, 경제학이 강조하는 균형가격이나 시장가격과도 다르다. 역사학파 등 과거 경제학은 가격에 대한 시장의 자율적인 결정을 제한하면서 공정하거나 정의로운 가격이라는 용어를 사용하였다. 법적인 성격이 강하지만 정의로운 가격도 균형가격과 마찬가지로 비인격적이라는 점에서 착한 가격과 구분된다. 일상적인 영어에도 '좋은'(good) 가격이나 '합당한'(reasonable) 가격이라는 표현은 있어도, '착한 가격'이라는 표현은 없다.

따져 보면 가격이 '착하다'고 부를 때 거기에는 경제학이나 시장주의에 부합되지 않는 몇 가지 요소가 담겨 있다. 가격과 재화에 대한 인격화, 가격의 강제성에 대한 둔화, 빈부에 대한 은폐, 질적인 성격과 범주에 대한 강조, 그리고 가격의 정당성 등이 그런 것이다.

첫째, 가격은 재화의 속성이므로 가격이 착해지려면 먼저 재화가 착해져야 한다. 그리고 재화가 사람과 같이 착해지려면 사람과 관계를 맺어야 한다. 그리고 사람과 재화의 관계가 인간관계와 비슷해질 때 가격이 착해질 수 있다. 결국 착한 가격은 인간과 재화의 관계를 인간관계와 비슷하게 생각하는 (앞서 지적한) 한국인의 관념에서 나올 수 있는 표현이다.

싸다고 말하지 않고 한문을 사용해 '저렴'(低廉)하다고 말할 때 이런 측면이 개입된 것으로 보인다. '저렴'에서 '렴'(廉)은 청렴(淸廉)이나 검소(儉素) 등 사람의 덕성이므로 가격을 인격화하고 있다.[13] 다만, 착하다고 말할 때보다 저렴하다고 말할 때 구체성이 떨어져 인격성이 덜하다.

13 이 표현은 중국어와 일본어에서도 쓰이고 있다.

착한 가격은 박지원이 돈을 쫓아다니는 무리를 두고 돈을 형이라고 부른다고 비난한 것과 통한다.[14] 돈과 호형호제하는 것을 배금주의로 비난하면서도 돈을 가족으로 인격화한다는 점에서 이것은 '착한 가격'과 비슷하다. 이렇게 보면 박지원의 비판은 돈에 노예가 되는 수전노(守錢奴)나 돈에 대한 물신숭배 등 서양의 비판과는 차이가 있다.

이런 관념은 재화를 자아의 연장(extended self)으로 파악하는 인류학이나 마케팅의 관점에 가깝다.[15] 이에 비해 신고전학파의 관점에서 사람은 소비의 주체이고, 재화는 소비의 대상이므로 양자 사이에 관계를 상정하기 힘들고 재화나 재화의 속성을 인격화할 수 없다. 이와 달리 마르크스의 자본주의에서는 (재화들에 해당되는) 상품들이 교환관계를 맺으면서 비로소 인간들이 사회관계를 맺는다. 상품관계가 인간관계를 주도하므로 상품들이 외견상 인격화되고 인간들이 물상화된다. 그렇지만 이런 전도된 사회에서는 구조적으로 상품이 진정한 의미에서 인격화될 수 없고 상품이든 사람이든 착할 수 없다.

둘째, 시장경제에서는 재화를 얻으려면 누구나 가격을 지불해야 한다. 그래서 가난한 사람에게 가격은 폭력적이다. 착한 가격은 착한 강아지에서와 같이 말을 잘 듣거나 길들여진 것을 연상시킨다.

---

14 박지원(2003).
15 Belk(1988).

그렇다면 착한 가격은 주어진 시점에서 낮은 가격일 뿐만 아니라 시간이 지나면서 급격하게 변동하거나 지속적으로 치솟지 않는 가격이다. 그렇다면 가격이 착하다는 표현은 심리적인 진정이나 소망 혹은 가격에 대한 저항을 표현한 것일 수 있다.

셋째, '착한 가격'은 인색함이나 빈곤함을 숨기려는 의도를 담고 있다. '싼 가격'이라고 하면 돈독이 올라 싼 것만을 찾는 인색함이나 싼 것을 찾아야 하는 빈곤함이 노출될 수 있다. 각박하지 않은 사람이나 부유한 사람은 싼 것을 찾아다니지 않기 때문이다. 인색함이나 빈곤함이 모두 약점이고, 그중에서도 돈과 관련된 약점이므로, 화자는 그것을 감추려고 한다. 특히, 행동경제학의 용어로 사회적 선호나 사회적 비교가 강한 한국 사회에서는 예산제약을 타인에게 드러내지 않으려고 노력한다.

그런데 '싼 가격'을 '착한 가격'이라고 하면 이것을 숨길 수 있다. 싸다는 **속성**은 각박하지 않은 사람이나 부유한 사람은 별로 찾아다닐 것이 아니지만 착하다는 **덕성**은 누구나 추구할 만하다. 이런 측면은 행위자와 더욱 긴밀하게 연결되고 가격뿐만 아니라 화폐나 소득과도 관련된다.

넷째, '착한 가격'은 가격을 질적으로 만든다. 10만 원이라는 가격이나 화폐는 언제나 연속적인 수량으로 나타나는 데 비해 사람의 덕성(정직, 성실, 관용, 인내)은 불연속적인 질로 나타난다. 양자를 가깝게 만들려면 가격이나 화폐라는 양을 질로 격상시키거나 반대로 덕성이라는 질을 양으로 격하시켜야 한다. 한국과 한국어에는 양을 질로 전환하는 경향이 강해서 10만 원이 '싸다' 혹은 '비싸다'로 바뀌고, 여기서 다시 인격화되어 '저렴하다', 그리고 '착하다'로 바뀌었다고 추정할 수 있다.

이같이 한국에서는 양이 질로 격상되는 데 비해 서양에서는 질이 양으로 격하된다. 서양에서 이런 격하의 일차적인 대상은 덕성이나 윤리였다. 우선 벤담(J. Bentham)은 윤리나 도덕을 쾌락이나 고통으로 격하시켜 철학적 급진주의로 불리는 공리주의를 주창하였다. 애덤 스미스는 이보다 복잡하다. 스미스는 한편으로『도덕감정론』에서 윤리나 도덕을 세속화해 감성과 연결시키면서, 다른 한편으로『국부론』에서는 '보이지 않는 손'을 통해 가격을 격상시켰다.

다섯째, '착한 가격'이라는 표현은 가격을 효율성이나 유용성이 아니라 시장 밖의 기준에 근거한 정당성이나 공정성으로 판정하는 경향에 부합된다. 사람이 착하다는 성격이 그의 행위를 정당화하듯이, 가격이 착하다는 것은 가격이 정당하거나 공정하다는 판정을 조성한다. '싼 가격'이라는 표현은 이런 정당성이나 공정성을 조성하지 않는다.

경제학이 내세우는 균형가격도 효율성에 집중하면서 가격을 시장 내에서 정당화하므로, 시장 밖의 척도를 필요로 하지 않는다. 시장경제는 시장에서, 그리고 현재 시점에서, 모든 것을 평가한다. 예를 들어, 재고로 있는 포도주는 과거에 얼마에 구입하였든 현재의

시장가격으로 평가된다.[16]

이에 비해 '착한 가격'은 시장 외적인 기준에 따른 정당성을 함축하고 있다. 그리고 정당성은 결과보다 시작이나 과정을 중시한다. 이에 따라 '착한 가격'은 그 제품의 생산 과정이나 소비 과정과 연결될 수 있다. 착취가 없고 아동노동에 의존하지 않으며 환경을 파괴하지 않는 생산 과정이나 윤리적인 소비가 착한 가격과 함께 간다.

위의 논의에 따르면 '착한 가격'은 인간과 사회에 친화적인 가격을 의미한다. 이런 의미에서 가격을 착하게 만들려면 가격을 관리할 수 있어야 한다. 그렇다면 과연 가격을 착하게 만들 수 있을까? 또한 어떻게 하면 가격을 착하게 만들 수 있을까? 이를 논의하려면 가치와 가격에 대한 경제사상을 다시 한번 검토할 필요가 있다.

우선 서양의 경제사상과 이론은 대부분 가격을 자생적이고 통제 가능하지 않다고 보기 때문에 가격을 인격화한다는 생각에 동의하지 않는다. 노동가치론, 생산비론, 효용가치론 등이 서로 다른 가치론과 가격론을 제시하지만, 스미스부터 마르크스를 거쳐 신고전학파에 이르기까지 모두 가격이 시장에서 등장하는 비인격적인 현상이라고 본다. 이들에게 자본주의의 가격은 자연발생적인 현상이나 자연현상과 비슷해 길들일 수 없으므로 가격을 착하다고 말하는 것은 환상적이거나 비과학적이다.

16 역사적 비용과 갱신비용 혹은 선입선출(FIFO)과 후입선출(LIFO) 등 이견이 있어 회계 관행은 반드시 시장주의에 부합되지 않는다.

이에 비해 가치론과 가격론에서 소수파인 케인스(J. M. Keynes)나 후기 케인스학파는 가치나 가격이 이같이 자연발생적이라고 보지 않는다. 이 때문에 가격을 관리할 수 있고 관리해야 하며, 현실 경제에서 실제로 관리하고 있다고 생각한다. 이 입장에서는 노동조합과 기업집단이 임금 결정에서 중요한 세력이고, 최저임금 등을 통한 정부의 개입도 필요하다. 또한 명목가격으로 명시된 계약이 재화의 가격을 안정시키는 제도이다. 독일의 역사학파나 사회적 시장경제도 이런 생각에 부합된다.

착한 가격은 이에 부합된다. 현실에서도 가격상한제와 가격하한제가 몇 가지 영역에서 활용되고 있다. 착한 가격을 자연친화적인 경제활동이나 윤리적 생산이나 소비와 연결시키려면, 정부의 조세정책을 활용해야 한다. 가령, 에너지 소비를 줄이기 위해 높은 소비세를 부과하되 소득에 따라 이것을 차등화하는 것 등을 고려해야 한다.

5. 이름값을 한다: 〈이름의 중요성〉

경제학에 의하면 경제행위자는 합리적이어서 오로지 제품, 기업, 금융상품의 실질적인 내용에 따라 선택하므로 이것들의 이름에 현혹되지 않는다. 경제행위자들이 이같이 합리적으로 선택하므로 시장에서 제품의 이름이 내용과 무관하게 독자적인 가치를 낳지 않는다. 또한 일시적으로 내용과 이름 혹은 실질과 명목 사이에 괴리가 생기더라도, 시장에서 합리적인 선택들이 모여 이를 교정하므로 균형 상태에서는 그런 괴리가 없어진다.

이 입장에서 가령, 소니나 삼성 등 기업의 브랜드 가치는 그 기업이 생산해서 공급해 온 제품의 가격과 품질이 누적(累積)되어 형성된 명성(名聲, reputation)을 반영한다. 따라서 기업의 이름은 기업의 실질적인 여건과 내용을 반영할 뿐 기업의 가치에 독자적으로 영향을 미치지 않는다.

이에 대해 행동경제학은 언어, 이름, 그리고 화폐의 명목적인 크기나 단위 등이 가격과 선택에 독자적인 영향력을 지닌다고 반박한다. 사실 사물에 언어로 된 이름을 붙이는 것이 인식의 시작이고, 이런 이름이 제품을 규정한다. 과거 중국에는 이름을 숭상하는 명교(名教)가 있었고 작명소(作名所)가 흔한 한국에서는 아직도 이름에 대한 집착이 강하다. 이런 이유로 행동경제학의 주장을 고려할 만하다.

만약 이름이나 상표가 명목적이라면, 기업, 연예인, 예술가가 왜 작명에 그렇게 신경을 쓰는지 이해할 수 없다. 또한 한국의 공인중개업이 왜 '복덕방'에서 '부동산'으로, 그리고 다시 '리얼 이스테이트'로 이름을 바꾸었는지 설명할 수 없다.[17] 나아가 유럽이나 미국의 정당과 달리 한국의 정당들이 왜 수시로 이름을 바꾸는지도 해명할 수 없다.

현실에서는 언어로 된 이름이나 명칭(名稱)은 정체성이나 사회성을 함축하고 있다. 한국인의 이름에 많이 사용되는 '어리석을 우(愚)'자는 관계적이고 집단적인 사회에서는 '튀지 말라'는 부모의 당부를 담고 있다. 인류학자들이 지적한 바와 같이, 동아시아에서는 '모난 돌이 정 맞는다.' 낭중지추(囊中之錐)나 군계일학(群鷄一鶴)도 잘났으면 가만히 있어도 드러나게 되어 있으니 잘난 척하지 말라고 말한다.

시장경제에서도 이름이 상품이나 기업의 가치에 영향을 미친다. 대표적으로 한국의 아파트 단지들이 복잡하고 알 수도 없는 이름을 건물마다 큰 글자로 써서 내걸고 있다는 것이 이름이 아파트의 가치에 영향을 미친다는 증거이다. 아파트 이름으로 1990년 이후 영어가 크게 늘었고, 2000년 이후로는 더욱 복잡한 외국어가 사용되고 있다. 이에는 신비감 조장, 사회적 지위 향상, 자연친화의 이미지, 지적인 허영 등이 개입된 것으로 보인다.[18]

조흥은행 등 12개 회사의 상장으로 1956년에 시작된 한국의 주식시장에도 1980년 이후로 상장된 회사의 이름에 영어나 외국어가 늘어났다. 그래서 2014년 현재 상장된 772개 기업 중 45.9%만이 한국어 이름을 지니고 있다. 그리고 1990년 이후로는 혼란스러울 정도

17 홍훈 외(2024), p. 329.
18 채완(2004).

로 이름이 자주 바뀌었다.[19] 특히, 다른 국가에서보다 한국에서는 제품이나 기업의 이름을 정하는 데 영어가 더 많이 활용된다.

'이름값을 (못)한다'는 표현은 이름이 가치를 지닌다는 것을 웅변하고 있다. 명가(집), 명판관, 명가수, 명배우 등의 한국어에서 명(名), 즉 이름이 훌륭함과 동일시되는 데서 이름값을 확인할 수 있다. 영어의 'fame'과 'reputation'에 해당되는 유명(有名)이나 명성(名聲)이라는 단어도 영어보다 한국에서 이름이 중요하다는 것을 보여 준다.

한국에서는 함자(銜字)를 담은 명함(名銜)을 유난히 많이 사용한다. 이에 비해 서양에서는 명함의 명칭(business card, carte de visite, Visitenkarte)이 다르고 별로 사용하지도 않는다. 1980년대 미국의 인기 드라마 "Cheers"의 주제곡은 '때때로 당신은 모두가 당신의 이름을 아는 곳에 가고 싶어진다'(Sometimes you want to go where everybody knows your name)고 읊어 댄다. 이는 오히려 익명적인 미국 사회에서는 이름이 중요치 않음을 보여 준다.

대학의 이름을 딴 학원이나 개인 병원의 상호는 한국에서 교육과 입시가 지니는 중요성을 반영하면서 동시에 이것을 활용하고 있다. 명실상부(名實相符)나 명불허전(名不虛傳)이 내용과 이름이 함께 움직인다고 보아 경제학의 관점에 부합된다면, 허명(虛名)은 내용과 이름이 일치하지 않을 가능성을 열어 놓는다.

19 문현희(2017).

최근의 예로 '코로나19'라는 잘못된 명칭을 '코비드19'로 정정해야 한다는 주장에 대해 정부에서 명칭 고치기를 거부하였다. 사람들이 또 다른 병이 다가오는 것으로 착각할 것을 우려해서였다. 이 역시 이름이 지니는 독자적인 영향력을 보여 준다. 또한 치사율(致死率)이 아니라 치명률(致命率)이라는 표현은 상황을 긍정적으로 만드는 프레이밍이다. 앞서 언급한 예로, 태풍의 이름을 남성으로 정하였을 때보다 여성으로 정하였을 때 피해가 더 컸다는 것도 이름의 영향력을 보여 준다.

이같이 이름이나 명목이 독자적인 가치를 낳는다면, 실질과 명목의 괴리가 수정되지 않을 수 있다. 특히, 사회구조나 문화적인 차이가 이런 괴리를 지속시킬 수 있다. 물론 경제행위자가 완전하지는 않더라도 어느 정도 합리적이므로, 이런 괴리가 모든 영역에서 무한히 지속될 수는 없다. 다만, 한국어가 영어보다 이름을 중시하므로 한국 사회에서 상대적으로 이런 괴리가 더 크고 오래갈 수 있다고 판단할 수 있다.

그런데 기업이나 제품뿐만 아니라 주장, 논문, 이념 등의 명칭이나 언론 기사의 제목 등이 모두 언어로 표현되어 있어서 이름은 생각보다 근원적이다. 새마을운동, 창조경제, 소득주도성장이라는 명칭, '고용' 창출이 아니라 '일자리' 창출이라는 표현, 기업의 미션 스테이트먼트, 학교의 교훈, 가정의 가훈도 이런 관점에서 재고할 필요가 있다.

일반적으로 이름이 붙으면서 존재가 확인되므로 이름이나 명칭이 많아질수록 존재가 강화된다. 조선시대 양반은 이름이 여럿이고, 하인은 이름이 없다시피 하였다. 정약용(丁若鏞)의 이름은 다산(茶山), 여유당(與猶堂) 등 여럿이지만, 하인의 이름은 돌쇠나 유월이로 다른 집 하인과 구분되지 않는다. 문자 그대로 양반은 유명(有名)하고 하인은 무명(無名)하다. 짐, 과인, 전하, 세종, 이도와 같이 왕의 명칭은 여럿이고, 근현대에도 독재자의 명칭은 여럿이다.

명태, 생태, 동태, 북어 등의 여러 이름을 지닌 생선이나 두견새, 귀촉도(歸蜀道), 접동새, 자규 등의 여러 이름을 지닌 새도 그만큼 우리에게 중요하였다. 반면 소와 쇠고기(beef), 돼지와 돼지고기(pork), 그리고 닭과 닭고기(poultry)를 우리는 구분하지 않으며, 쇠고기와 돼지고기와 닭고기도 구분하지 않는다. 심지어 고기는 육류뿐만 아니라 어류, 즉 '물고기'를 포함할 정도여서 이 영역의 단어들이 우리말에서는 진화하지 않았다. 이것은 여러 고기를 구분해 여러 명칭을 부여한 영어와 대비된다. 그런데 경제성장 이후 육류의 소비가 늘면서 이에 대한 명칭이 분화되고 쇠고기는 안심, 등심 등 부위별로 세분화되면서 중요해졌다. 영어권에서도 중요치 않은 개고기는 'dog meat'이다.

언어와 이름이 범주를 낳는다.[20] 그리고 한국인은 일상에서 범

20 Capraro *et al.*(2024), pp. 139~145.

주화하고 위계를 부여해 이름을 붙이는 경향이 강하다.[21] 이에 따라 일상생활에서 수량적인 사고보다 범주적인 사고에 더 능하다. 숫자보다 이름은 정체성이나 차별성을 강화시킨다. 또한 숫자를 이름으로 바꾸면 연속적인 수량이 질적으로 분류되고 범주가 되면서 중요해진다.

유명과 무명의 구분은 불연속적이고 질적이다. '돈이 있(없)다'는 표현도 불연속적이고 질적이다. '돈을 많이(적게) 가지고 있다'는 영어식 표현과 비교하면, 이 표현은 수량적이고 연속적인 돈을 범주적이고 불연속적으로 바꾼다. '유전무죄'(有錢無罪)와 '무전유죄'(無錢有罪)도 죄와 비슷하게 돈을 모두 유무의 이분법으로 표현한다. 서양의 시장경제와 법경제학은 돈뿐만 아니라 죄와 벌도 수량적이고 연속적인 것으로 만들어 이와 대조적이다.

사람과 제품에 대한 품계도 이에 준한다. 연속적인 가격이나 품질의 차이를 상등, 중등, 하등으로 나누거나 크기도 대형, 중형, 소형으로 나눈다. 대학이나 학교에 대해 최고가 어디이고, 몇 등인지 서열을 따지는 것도 이에 상응한다. 1990년대 이전에 세분화되어 있던 기업이나 관료조직 내부의 복잡한 직책이나 직위의 명칭, 즉 [사원, 계장, 과장, 차장, 부장, 이사]가 또 다른 증거이다.

21 Mullainathan *et al.*(2008), de Langhe and Fernbach(2019).

• 사마의와 필립 2세

역사가 사마천(司馬遷)이나 공명에 쫓기던 삼국지의 사마의(司馬懿) 등 중국의 사마(司馬)라는 성과 서양의 필립(Philip Phil-ippos)이라는 흔한 성에서 '마'(馬)와 'hippo'는 모두 말을 나타낸다. 하마(河馬, hippopotamus)는 강에 사는 말이다. 사마는 말을 관리하는 벼슬에서 나온 성이고,[22] 필립은 고대 그리스에서 말을 가까이할 수 있었던 귀족 계급의 성이다. 소크라테스의 부인 크산티페의 '히페'도 이와 같다. 그런데 '사'(司)가 말을 관리하는 직무에 중점을 두는 데 비해, '필'(Phil)은 말을 좋아한다는 데에 중점을 둔다. 사령관(司令官)과 필하모니(phil-harmony)나 필라델피아(Phil-adelphia, 형제애)의 차이이다. 이는 동양에서는 직무나 직책이 중요하였지만 서양에서는 좋아하고 싫어하는 욕망이나 선호를 중요하였다는 차이를 보여 준다. 그리고 이름에 담긴 이런 차이는 현재까지도 지속되고 있다.

전통적인 경제학과 달리 행동경제학은 한국의 이런 상황에 가까운 것을 찾아내고 있다. 소비자는 4.99달러와 5.00달러의 차이를 4.98달러와 4.99달러의 차이보다 더 크게 생각한다. 이 때문에 소비자에게 '싸다'는 신호를 보내기 위해 상인은 가격을 애써서 5.00달러가 아니라 4.99달러로 표시한다. 이것이 머리 숫자에 집착하는 '좌측숫자편향'(left-digit bias)인데 마케팅에서는 80년 이상된 현상이자 관행이다.

구체적으로 같은 1센트 차이지만, 제품의 가격이 4.99달러에서 5.00달러로 오를 때, 4.98달러에서 4.99달러로 오를 때와 달리 수

22 이 점을 알려준 정진배 교수께 감사드린다.

요가 불연속적으로 변한다. 여기서 소비자들이 가격을 '아주 (비)싸다', '상당히 (비)싸다' 등 범주화하면서 숫자가 언어에 가까워진다.[23] 이런 것이 식사와 관련해 1만 원대, 2만 원대, 3만 원대와 같이 가격에 따른 분류와 범주를 낳는다. 따라서 범주화 경향에 대한 동서양의 차이는 정도의 문제라고 생각된다.

이 편향은 가격뿐만 아니라 자동차의 주행거리, 확률, 다우존스 지수, 신장 등에서도 확인되어 선택 주체의 비합리성으로 간주되고 있다. 미국에서 주행거리와 관련해 1만 마일과 9,000마일의 차이는 9,000마일과 8,000마일의 차이보다 중고차 수요에 더 큰 차이를 낳는다. 또한 주가지수가 9,800에서 9,900으로 오를 때보다 9,900에서 10,000으로 오를 때 사람들은 더 열광한다. 나아가 100%라는 확률과 90%라는 확률의 차이는 90%와 80%의 차이보다 더 크게 인식되고, 0%와 10%의 차이는 10%와 20%의 차이보다 더 크게 인식된다.

비슷한 이유로 한국인은 비교급에 예민하지 않다. '더 높다(낮다)'가 아니라 '높다(낮다)'. 가격이 '더 (비)싸다'가 아니라 '(비)싸다'. '학벌이 더 좋다(나쁘다)'가 아니라 '학벌이 좋다(나쁘다)'. 'sooner or later'와 달리 '조만간'(早晩間)에는 비교급이 없다. 정도상의 차이보다 순위나 등급에 익숙하고 신분이나 지위에 더 친숙하기 때문이다.

23 Strulov-Shlain(2023); Capraro *et al.*(2024), pp. 139~142.

|그림 3-2| 달러 단위의 가격변동에 따른 37개 제품의 불연속적 수요변동

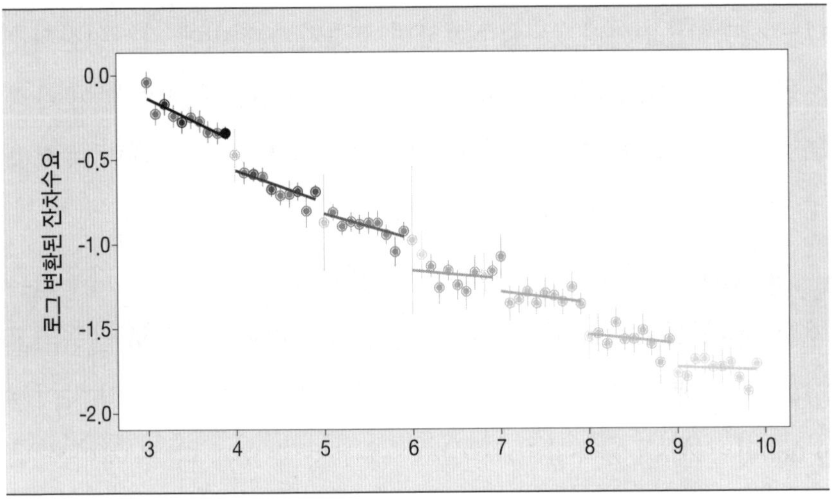

자료: Strulov-Shlain(2023), p. 2620.

3살이 더 많거나 적다는 표현보다 형제나 선후배라는 표현을 친근하게 생각한다.

물론 거리를 을지로나 퇴계로와 같이 이름으로 표시할 수도 있고, 종로 1가나 2가와 같이 숫자로 표시할 수도 있다. 학교도 한국에서와 같이 이름으로 구분할 수도 있고, 프랑스에서처럼 파리 1대학이나 2대학 등으로 표시할 수도 있다. 그런데 한국에서는 거리가 아니라 대학과 같이 사회성이 높은 존재일수록 숫자가 아니라 이름을 붙인다.

일반적으로 자연언어가 범주에 의존한다면, 인공언어는 수량이나 숫자에 의존한다. 그런데 숫자도 이름과 비슷해질 수 있다. 서구에서도 화폐의 실질적인 가치와 구분되는 화폐의 명목적인 수량과 명칭은 중요하다. 물론 화폐에 대해서도 사람들이 그것의 명칭(名稱)이나 명목적(名目的)인 수량에 흔들리지 않고 실질적인 가치에 초점을 맞춘다는 것이 경제학의 입장이다. 그렇지만 사람들이 화폐의 실질가치뿐만 아니라 명목적인 크기에 집착한다는 것이 행동경제학을 통해 알려지고 있다.

과거 한국의 화폐개혁에서와 같이 10환이 1원이 된다면 새로운 화폐명칭하에서 사람들은 1원을 10환과 동일한 가치로 취급할까? 기존 경제학은 화폐의 명칭 변경(denomination)이 지출에 영향을 미치지 않는다고 주장한다. 그렇지만 현실에서는 화폐의 단위나 명칭 변경이 지출에 영향을 미치는 명칭효과(denomination effect)가 나타났다.[24]

유럽 각국의 화폐가 유로로 통합되는 자연실험에서 동일한 가치의 화폐가 유로화로는 크기나 숫자가 줄어드는데, 사람들이 명목적인 크기에 집착해 과도하게 지출하는 현상이 나타났다. 혹은 외국으로 여행갈 때, 가령 1,300원을 1달러로 바꾼다면 1달러를 지출하는 것이 1,300원 지출하는 것과 같은데, 명목적인 크기에 집착해 더 많이 지출하게 된다는 것이다.[25]

---

24 Raghubir and Srivastava(2002; 2009).
25 물론 달러화에 대한 숭상이 지나쳐 금과 같이 취급하게 되면, 오히려 지출이 줄어들 수도 있다.

6. 싼 게 비지떡: 〈총체적인 인식〉

'싼 게 비지떡'이라는 우리말의 표현은 싸다고 무조건 좋아하지 말라는 훈계를 담고 있다. 이 구절을 단순히 시장의 가격이 재화의 품질을 반영한다는 의미로 해석하면, 경제학에서 벗어나지 않는다. 영어로는 '지불한 만큼 얻는다'(You get what you pay for)가 이에 가깝다.[26] 가격이 비싸거나 싼 데는 이유가 있다는 것이다. 그런데 자세히 보면 '싼 게 비지떡'은 경제학이 내세우는 개인의 합리적 선택이나 분석주의에서 벗어나는 측면도 지니고 있다.

이 구절은 상품의 가격을 그 상품의 품질과 바로 연결시켜 싼 가격을 하등품에 대한 신호로 간주하고 있다. 양보다 질이다. 사물의 연관성을 중시한다는 점에서 이것은 경제학이 근거한 분석주의가 아니라 동아시아의 총체주의에 부합된다.[27] 분석주의에 비해 총체주의는 비싼(싼) 가격과 좋은(나쁜) 품질을 직접 연결시켜 한 덩어리로 파악하는 경향이 크기 때문이다.

'싼 게 비지떡'이 한글로 표현되어 있다는 점도 주목할 필요가 있다. '싸구려'라는 표현은 가격과 품질을 한글로 된 한 단어에 결합시켜 이런 경향을 더욱 강하게 보여 준다.[28] 한문으로 된 고가품(高價

---

26 https://basecamp-sense.tistory.com/3807.
27 Shavitt and Barnes(2020).
28 싸구려는 '값이 싸거나 질이 낮은 물건'으로 정의된다(표준국어대사전).

品)이 이것의 반대어가 될 것이다. 동등한 사회보다 위계적인 사회에서 높은 가격에 높은 품질을 부여하는 경향이 높다는 점도 기억할 필요가 있다.

경제학의 일반균형체계에서도 균형이 형성되면 가격은 재화의 품질을 반영하고, 장기적으로 이런 평가가 쌓여 재화를 생산하는 기업의 브랜드를 낳는다. 그런데 경제이론은 균형으로 가는 과정에서 개인이 가격과 품질을 철저하게 따져 선택한다고 전제한다. 여기서 싼 가격에 출시된 신제품 중 '가성비'가 높은 것을 소비자가 찾아낸다. 그리고 소비자들의 이런 합리적이고 이기적인 선택이 개입된 결과로 균형 상태에서 가격이 품질을 반영하게 되는 것이다.

예를 들어, 한 지역에서 사과가 800원이고 다른 지역에서 1,200원이면, 소비자는 싼 지역에서 사고 생산자는 비싼 지역에서 팔게 된다. 이런 차익거래가 수요량과 공급량을 변동시켜 결국 두 지역에서 사과가 (수송비용을 제외하고) 1,000원이라는 균형가격에 이르러 일물일가를 달성한다. 만약 이런 과정을 거친 이후에도 두 지역의 사과 가격이 다르다면 그것은 사과가 품질에 있어 차이가 있기 때문이다. 이에 따라 균형에 이르기까지는 가성비가 높은 사과가 있지만, 균형에 이르면 품질까지 고려한 두 지역 사과의 가성비는 동일해진다.

이같이 가격은 개별 소비자들의 탐색과 합리적인 선택이 모인 결과이다. 그리고 이런 모색에는 자신의 선호에 비추어 제품의 질과 가격을 판단하는 과정이 수반되어 있다. 나아가 이런 행위자들의 인식과 판단은 선호, 소득, 가격, 품질 등을 구분하는 분석주의에 근거하고 있다.

이렇게 보면 '지불한 만큼 얻는다'와 비교해 '싼 게 비지떡'이라는 구절은 소비자의 탐색 과정을 고려하지 않고 가격이나 품질을 모두 객관적인 속성으로 간주하는 경향을 담고 있다. 그러므로 이 구절은 가격이 내려가면서 품질이 떨어진다는 시장의 조정 과정과는 차이가 있다. 또한 이 구절은 가격과 제품을 모두 질적으로 규정하고 있다. 가격은 싸거나 비싸다는 이분법에 근거하고, 제품도 좋은 물건과 나쁜 물건 혹은 상등품과 하등품의 구분에 근거하고 있다.

분석적인 경제학의 행위자가 가격과 품질, 브랜드를 분리해서 판단하는 데 비해, 한국의 행위자는 이들을 묶어서 전체적으로 판단한다. 이 때문에 텔레비전, MP3, 프린터 등의 선택에 있어 분석주의가 주로 시장에서 형성된 내적인 기준에 의존한다면, 총체주의는 주로 국내외 브랜드나 정부의 인증 등 외적인 기준에 의존한다.

또한 관계적이고 집단적인 동아시아인에게 선택은 개인의 일이 아니라 관련 당사자들 모두의 일이고 자신의 사회적 지위를 의식한다. 이 때문에 같은 미국인이면서도 동아시아계 미국인이 유럽계 미국인에 비해 가격보다 품질이나 상표를 더 중시한다.[29] 이 모든 것이

29 Kim and Drolet(2003; 2009), Kim and Sherman(2007).

단순한 수량이 아니라 품격이 내포된 수량으로서의 가격에 부합된다. 결국 '싼 게 비지떡'은 개인의 합리적인 선택을 거치지 않고 가격과 품질을 연결시키는 총체적인 인식에 부합된다.

경제학에 의하면 재화시장뿐만 아니라 주식시장을 위시한 다른 시장도 같은 원리에 따라 움직인다. 그런데 주식시장에서는 차익거래와 균형으로의 이동이 훨씬 더 신속해 시장효율성가설(market efficiency hypothesis)이 등장하였다. 물론 주식시장에서는 가격과 품질이 아니라 수익률과 변동성을 고려한다.

구체적으로 자본자산가격모형(capital asset pricing model)에 따르면 시장에는 평균수익률이 높으면서 수익률의 변동성, 즉 위험이 높은 주식과 평균수익률이 낮으면서 위험이 낮은 주식이 남게 된다. 수익률이 낮으면서 위험이 높은 주식은 고려의 대상이 아니고, 수익률이 높으면서 위험이 낮은 주식은 이미 누군가 구입해 더 이상 시장에 존재하지 않기 때문이다.

합리적 선택의 과정을 거친 균형 상태로 간주하면 '싼 게 비지떡'은 시장효율성가설에 부합된다. 그래서 이 구절은 주식시장에서 수익률이 높다고 무조건 좋아할 것이 아니라 무슨 위험을 안고 있는지 확인해야 한다는 훈계가 된다. 그리고 이 구절은 '거리에 100달러가 떨어져 있을 리가 없다'는 월가의 경구와 통한다.

이에 비해 이 구절을 소비자나 투자자가 선택하는 경제의 과정과 독립적으로 유명 기업이나 주식의 이름을 좇는 것으로 해석하면,

시장효율성가설에 부합되지 않는다. 대신 인간의 비합리성과 시장의 비효율성을 지적하는 행동경제학과 더 부합된다. 총체적인 인식과 브랜드에 대한 한국인의 집착을 보면 주식시장에서도 이 해석이 어느 정도 타당해 보인다.

동아시아에 국한된 것은 아니지만 주식들을 '성장주', '가치주', '정부채권' 등으로 분류해 묶음별로 투자하는 'style investing'은 주식을 개별적으로 따져서 선택하지 않는다는 점에서 이런 해석에 부합된다. 미국의 주식시장에서보다 동아시아의 주식시장에서 주식들의 수익률이 함께 움직이는 경향이 있다는 것도 총체적인 인식에 부합된다.[30]

7. 학벌이 좋다: 〈학벌의 신화〉

누군가에 대해 '학벌이 좋다'는 묘사는 우리에게 친숙하다. 그렇지만 이 구절은 어법상 문제를 안고 있다. 학벌은 집단과 관련된 것인데, 집단에 관한 단어가 개인에 대한 묘사에 사용되고 있기 때문이다. 이를 해명하려면 먼저 학력, 학연, 학벌을 규정하고, 교육과 사회를 관통하는 한국의 경제사회 구조를 일별해야 한다.[31]

---

30 Barberis and Shleifer(2003), Jin and Myers(2006), Eun *et al.*(2015).
31 전통적으로 경제학은 학력 혹은 교육 수준과 임금격차의 연관성이나 인적자본에 집

대부분의 한국인은 고졸이나 대졸 등 교육 수준을 나타내는 개인 차원의 학력(學歷), 특정 학교에 함께 다닌 인연으로 형성된 선후배와 동급생의 관계를 나타내는 학연(學緣), 특정 학교의 동창회라는 집단과 이에 대한 소속감이 표현하는 학벌(學閥)을 가지고 있다. 그리고 이들이 개인적인 자아, 관계적인 자아, 집단적인 자아를 낳는다. 여기서 '벌'은 재벌, 군벌과 같이 집단을 표시하는데, 문벌에서 파생된 것이다. 또한 문벌은 모두 문이나 문의 왼쪽 기둥을 나타내 가정을 시사한다.

한국 사회에서 학력뿐만 아니라 학연과 학벌은 대학의 고착된 서열에 근거해 권력, 돈, 명예를 나누는 기준이다. 또한 학연과 학벌은 시장과 각종 조직의 내외에서 네트워크와 사회자본을 형성하고, 선물교환과 부정부패, 그리고 정경유착을 낳는다. 그리고 학력, 학연, 학벌이 구성하는 한국 사회의 구조가 지니는 상징과 권력은 한국인에게 신화와 같이 자리 잡고 있다.

이같이 학력이나 교육 수준은 개인의 속성이지만, 학벌(學閥)은 재벌(財閥)과 마찬가지로 사회구조나 집단의 속성이다. 문제는 우리가 어떤 기업에 대해서는 '재벌이 좋다'고 말하지는 않으면서도, 특정인에 대해서는 학벌이 좋다고 말하고 이를 자연스럽게 받아들인다는 것이다. 이는 학벌이 개인의 합리적 선택의 기준일뿐만 아니라

중해 왔고, 사회학은 네트워크와 사회자본에 집중해 왔다. 그러나 이제는 사회과학 전체가 이 세 가지에 대해 두루 관심을 두게 되었다.

사회구조를 재생산하는 매개고리로서 집단에 근거한 추상적인 사회구조를 개인의 속성으로 구체화하고 있기 때문이라는 점을 이후의 논의를 통해 전달하고자 한다.

이와 관련해 먼저 개인주의와 분석주의에 의존하는 경제학은 학벌에 준하는 개념을 제공하지 않는다. 서양 사상에서 학벌에 가까운 개념으로 마르크스의 가치형태(value form), 사회학자 부르디외의 아비투스(habitus), 기업이론의 루틴(routine), 행동경제학의 휴리스틱(heuristic)을 들 수 있다. 그런데 루틴과 휴리스틱도 개인과 밀착되어 있어 일단 논외로 한다.

마르크스는 가치형태를 사회구조가 개별 행위자에게 전달되는 상징이나 신호로 구분하였다. 이에 비추어 보면, 학벌은 하나의 표현에 추상적인 사회구조와 구체적인 형태를 함께 담고 있다. 따라서 학벌을 학벌-구조와 학벌-형태로 구분할 필요가 있다. 그리고 특정인의 '학벌이 좋다'고 할 때 학벌은 학벌-형태이다. 물론 구조와 형태는 서로를 내포하고 있다.

마르크스는『자본론』에서 가장 일상적이고 단순하면서도 자본주의의 구조를 담고 있는 존재로서 상품에서 출발해 화폐를 도출한 후 노동 과정 혹은 생산 과정을 결합시켜 (산업)자본을 도출하였다. 한국 경제사회에서는 학벌이 한국 사회를 담고 있어 이와 비슷한 논리의 출발점이 될 수 있다. 즉, 학벌은 교육과 집단으로 이어지고, 교육은 입시, 대학서열, 노동시장으로 번지며, 집단은 개인이나 관계와 함께 한국인을 구성한다. 그리고 이런 것들이 결합되어 학력, 학연, 학벌을 낳는다.

학벌은 한국의 사회구조를 이루고 있지만 자본주의 생산양식이나 경제구조 자체는 아니다. 이를 고려하면 학벌은 마르크스의 가치형태보다 문화자본이나 교육자본을 강조하는 부르디외의 아비투스에 더 가까워 보인다. 아비투스의 구체성을 통해 개인과 가정의 치열한 교육열이 분출되고 개인의 선택이 진행되며, 이를 종합해 매년 학벌구조과 사회구조가 재생산된다. 개인의 합리적 선택이 구조의 비합리성을 새생산하는 셈이다.

학력에 근거해 학연이 생기고 학벌이 형성되므로 학력이 없으면 학연도 없고 학벌도 없다. 그렇다고 학벌이 학연으로 분해되지 않고 학연이 학력으로 분해되지도 않는다. 학벌이 학연이 학력으로 환원되지 않는 출현적 속성을 획득하였기 때문이다. 그리고 이렇게 형성된 학벌에 대한 관념이 한국인의 의식에 내재화되어 있다. 그래서 학교를 졸업하고 나서도 학력은 남고 이에 근거해 사람들은 서로 만나고 집단도 형성한다.

이같이 학력, 학연, 학벌은 서로 연관되어 있으면서도 독립적인데, 학벌이 학력과 학연을 포괄한다. 따라서 넓은 의미의 학벌은 집단에 국한되지 않고 개인, 관계, 집단을 포괄한다. 이런 성격은 이들에 대한 수량적인 표현에서 드러난다. 학력은 일차원의 높이로, 학연은 이차원의 넓이로, 학벌은 다차원이어서 두루뭉술하게 좋음으로 표현된다.

구체적으로 학력은 수준(水準)으로 파악해 '높거나 낮다'고 표현한다. '고학력자'(高學歷者)나 '학력 저하(低下)'가 그 증거이다. 학연은 인맥이나 연결망이어서 '넓거나 좁다'고 표현한다. 이에 비해 학력과 학연을 포괄해 다차원의 입체적인 모습을 지니는 학벌은 '좋거나 좋지 않다'고 추상적이고 종합적으로 표현한다. 따라서 '학벌이 좋다'는 것은 학력이 높고 학연이 넓다는 것을 뜻하지만, 역으로 학력의 '높이'나 학연의 '넓이'로 학벌의 '좋음'을 말하기는 부족하다. 총체적인 판단을 요구하는 (모임의) 분위기에 대해 '좋다(나쁘다)'고 표현하는 것은 이와 비슷하다.

좋은 학벌은 물적이면서 인적이어서 마치 정직함과 같은 인간의 덕성처럼 취급된다. 그런데 이 속성은 재화에 대한 선호와 달리 주관적인 다양성을 허용하지 않는 획일적인 좋음이다. 정해진 대학의 서열, 정해진 전공의 서열, 그리고 표준화된 수능성적에 근거한 좋음이므로 사람마다 판단이 달라질 여지가 별로 없다. 그래서 학벌은 사회적 합의를 낳지만 그 합의가 다양성을 지니지 않는 경직성을 안고 있다.

요약하면 학벌은 학력과 학연에 근거해 형성되는 사회구조이다. 이것이 사회적 속성이 되고 다시 개별 행위자와 인간관계에 내부화된다. 일단 내부화되면 학벌은 사회구조와 집단뿐만 아니라 개인의 속성으로 나타난다. 결국 '학벌이 좋다'는 구절은 개인의 구체적인 속성으로 변형된 추상적인 경제사회구조를 표현하고 이것을 재생산한다.

학벌이 개인의 속성으로 변형되면서 학벌은 흔히 학력과 혼동되기도 하다. 개인의 속성으로 일단 내재화되면 개인의 자연적 속성으로 당연시되거나 자연스러워지기 때문이다. '머리가 좋다'는 표현은 사회구조를 자연적 속성으로 간주하는 오류의 극단적인 모습으로 이와 통한다.

학벌이나 학연은 경쟁에 근거한 개인주의와 능력주의를 담고 있다. 이 점에서 학연이나 학벌은 혈연이나 지연과 다르고, 동창회는 종친회나 향우회와 다르다. 이같이 '학벌이 좋다'는 표현에는 근대성에 대한 믿음과 개인의 속성으로서 학벌에 대한 경배가 담겨 있다. 한국의 지식인은 대부분 지연과 혈연을 겉으로나 속으로나 거부한다. 그렇지만 학연이나 학벌에 대해서는 기껏해야 겉으로만 유보적이고 속으로는 긍정적이다. 따라서 특정인에게 지연이나 혈연을 귀속시키는 것과 달리 학벌을 귀속시키는 것은 합당하다고 생각한다.

그렇지만 입시경쟁이 유년기로까지 확장되면서 학연은 점차 태생적인 지연이나 혈연에 가까워지고 있다. 특히, 학연과 학벌은 앞선 경쟁으로 이후의 독점과 지대추구를 정당화한다. 그래서 한국의 학연과 학벌은 경쟁과 독점의 모순적이고 변증법적인 결합이다. 양반과 평민의 구분과 과거시험 등 한국의 역사를 고려하면, 이것은 20대 전후의 계급이나 계층이 형성되는 것에 가깝다. 이렇게 보면 학연은 지연이나 혈연과 다르기도 하고 같기도 하다.

전체적으로 보면, 학벌은 한국의 사람, 문화, 사회구조를 함축하고 있다. 따라서 학벌은 다차원적이면서도 객관적이고 구체적이면서 추상적이며, 개인의 속성이었다가 관계의 속성이 되기도 하고 집단의 속성이 되기도 한다. 그래서 학벌은 가장 존경의 대상이면서 많은 상황에서 서로 말하고 싶지 않은 기피의 대상이기도 하다. 이 점에서 '학벌'이라는 단어는 '색(성)', '색깔(이념)', 'color(인종)'와 비슷한 수준에 있다.

물론 학벌과 이에 근거한 사회구조는 한국인의 강한 교육열에 추동되고 있다. 개인뿐만 아니라 관계, 집단, 사회구조로 이어진다는 점에서 '교육열'은 열정이고 믿음이므로, 경제학이 시장과 개인의 합리적이고 차가운 선택으로 연결하는 '교육에 대한 선호'를 넘어선다. 이같이 개인, 관계, 집단을 포함하면서 교육열까지 결합하고 있다는 점에서 '학벌'만큼 한국 사회의 특징을 드러내는 낱말도 드물다.

8. 붙었다! 떨어졌다!: 〈교육열과 수행성〉

오랫동안 한국의 졸업식장에서 부르던 노래에서 한국어의 힘과 교육열을 함께 확인할 수 있다. '빛나는 졸업장을 타신 언니께 꽃다

| 표 3-1 | 졸업식 노래(강조 추가)

> 빛나는 졸업장을 타신 언니께 **꽃다발**을 한아름 선사합니다.
> 물려받은 책으로 공부를 하여 우리는 **언니** 뒤를 따르렵니다.
> 잘 있거라 **아우**들아 정든 교실아 선생님 저희들은 물러갑니다.
> 부지런히 더 배우고 얼른 자라서 **새 나라의 새 일꾼**이 되겠습니다.
> **앞에서 끌어주고 뒤에서 밀며** 우리나라 짊어지고 나갈 우리들
> **냇물이 바다에서 서로 만나듯** 우리들도 이 다음에 다시 만나세.

발을 한아름 선사합니다'라는 구절로 시작하는 이 노래는 1946년 6월 6일 한글학자 최현배(1894~1970)의 부탁으로, 하루 만에 동요 작사가 윤석중(1911~2003)이 가사를 만들고, 정순철(1901~?)이 작곡한 것이다. 그런데 이 노래가 확산되면서 이 구절이 그 이후 거의 모든 졸업식장에서 꽃다발을 주고받는 행위를 낳았다.[32] 그리고 '잘 있거라 아우들아 정든 교실아 선생님 저희들은 물러갑니다'가 시작되면 졸업식장이 울음바다가 되었다고 전해진다.

언어와 문화의 힘을 보여 주는 사례이다. 무엇보다 말이 행위를 낳았으니 이것이 수행성이다. '말이 씨가 되었다.' 그런데 이런 수행성은 한국의 역사성과 사회성을 바탕으로 삼고 있다. '꽃다발'이라는 낱말이 꽃다발을 만들어 시장에서 사고팔고 이것을 선물로 주고받는 행위를 낳은 이유는 졸업식과 졸업장이 [교육-입시-학벌]이

32 이 점을 알려준 사회학자 정갑영 박사께 감사드린다.

라는 한국 사회의 특징을 담고 있기 때문이다. 교육과 과거시험에 대한 오랜 집착이 유전자나 문화에 담길 정도로 절실하였기 때문에 이런 수행성이 나타난 것이다.

'언니', '아우', '새 나라의 새 일꾼', '앞에서 끌어주고 뒤에서 밀며', '냇물이 바다에서 서로 만나듯' 등의 노랫말이 이후 경제성장기를 거쳐 현재까지 전개되고 있는 한국의 교육열, 입시경쟁, 학연과 학벌 등을 예언하고 있다. 1960년대 영어 교과서에 첫 문장으로 등장하는 'This is a book'은 '물려받은 책으로 공부'하는 것을 함축하고 있다. 미국 사회에서는 '꽃다발'이나 '졸업장'이라는 단어가 이런 힘을 발휘하지 못하였을 것이다.

졸업뿐만 아니라 입시와 관련해서도 언어의 힘을 보여 주는 상황이 있다. 한국에서 초중등학교의 졸업은 흔히 입시로 이어진다. 그런데 과거 한국의 입시에서는 엿을 주고받았고, 일본에서는 사과를 주고받았다. 그리고 이 두 가지 상황에서 언어가 불가결한 매개체였다.

먼저 1970년대까지 한국에서는 매년 입시철이 되면 시험에 붙으라고 엿을 선물로 주었다. 심지어 수험장의 벽에 '엿'을 붙이기도 하였다. 과거시험이나 고등고시의 합격자 명단을 벽에 방(榜)으로 붙였던 관습을 재현하면서 동시에 시험에 엿처럼 붙으라고 벌인 퍼포먼스이다. 낙방(落榜)은 그 반대 상황을 표현한다. 여기서 방을 붙이는 것, 시험에 붙는 것, 그리고 엿을 붙이는 것이 모두 '붙는다'는 표현으로 통한다.

부합(符合)에서와 같이 합격의 '합'이 합해져서 하나가 되는 것이니 붙는다는 표현을 낳는다. 또한 등용문(登龍門)이나 등용(登用)을 보면 동아시아에서 합격은 오르는 것으로 인식된다. 이 때문에 불합격이 떨어진다는 표현을 낳는다. 여기에도 동아시아의 위계가 담겨 있는 것으로 보인다. 아직도 한국의 도청이나 시청, 검찰청 등은 높은 지역에 자리 잡는 경우가 많다는 것이 이와 무관하지 않아 보인다.

한국의 엿과 비슷한 것이 일본의 사과이다. 일본의 이오모리(青森)현은 사과의 명산지인데 1991년에 태풍으로 수확할 사과 90%가 떨어져 절망에 빠졌다. 이 위기를 극복하기 위해 한 농부가 10%의 떨어지지 않은 사과에 '떨어지지 않는 사과'(落ちないリンゴ)라는 이름을 붙여 수험생에게 팔자고 제안하였다. 이에 따라 10배의 가격으로 이 사과를 파는 데 성공해 큰 수익을 올렸다.[33] 그 이후로 일본인들은 사과에 이렇게 써서 사고팔며 선물로 주고받고 있다. 여기서도 시험에 떨어지는 것과 사과가 떨어지는 것이 모두 '떨어진다'는 표현으로 통하였다.

중요한 점은 양자 모두에 붙거나 떨어진다는 합격이나 낙방이라는 언어적인 표현이 개입되어 있다는 점이다. 한국과 일본에서 입시

33 이 일화를 알려준 구재웅 교우께 감사드린다.

|그림 3-3| 한국의 입시와 엿, 일본의 입시와 사과, 서양의 시험

자료: 저자 검색 이미지.

와 관련해 엿과 사과가 생산, 판매, 교환된 것은 양국에서 ① 역사·사회·문화적으로 입학시험이나 시험이 중차대하고, ② 시험의 합격 여부가 붙거나 떨어진다는 동사로 표현된다는 언어적인 특성에서 생긴 행위이자 현상이다. 이 현상은 문화에 배태되어 있으며 이를 통해 언어가 행위를 낳았으니 이 역시 수행성으로 간주할 만하다.

구체적으로 한국과 일본에서 이 현상이 나타나는데, ①뿐만 아니라 ②가 요건이다. 만약 한국에서 ①이 충족되었지만 ②가 충족되지 않았더라면, 즉 시험에 합격하거나 불합격하는 것을 붙는다거나 떨어진다고 표현하지 않았더라면, 엿을 매매하고 선물하는 일은 생기지 않았을 것이다. 마찬가지로 일본에서도 ②가 충족되지 않았더라면, 즉 시험에 떨어진다는 언어적인 표현(落)이 없었다면, '낙'자나 '합격'자가 새겨진 사과가 수요를 창출하지 못하였을 것이다.

미국에서는 이 두 가지 조건 중 어느 것도 충족되지 않으므로 이런 현상은 발생하지 않았다. 특히, 서양에서는 시험에 붙는 것(pass)을 엿처럼 붙는 것과 동일시하지 않고, 시험에 떨어지는 것(fail)을 사과가 떨어지는 것(fall)과 동일시하지 않는다. 여기서 합격은 수직적으로 오르는 것이 아니라 수평적으로 통과하는 것으로 인식된다. 이로부터 언어가 문화와 경제의 필수적인 매개고리임을 확인할 수 있다.

한국과 마찬가지로 일본에서도 교육열과 입시경쟁, 관료 선발을 위한 고등고시의 전통, 경제발전 등에 있어 관료에 대한 의존이 특징적이다. 그리고 최근의 연구에 의하면 과거의 과거시험이 현재의 교육열에 연관이 높은 것으로 알려져 있다.[34] 그런데 한국과 중국에는 과거시험이 있었지만, 일본에는 과거시험이 없었다. 따라서 이런 특징들은 과거시험 자체보다는 농업과 유교에 기인하는 바가 클 것으로 추정된다.

이와 무관하지 않은 것이 가분수에 얽힌 우리의 사연이다. 가분수(假分數, top-heavy fraction)는 분자가 분모와 같거나 더 큰 분수이다. 1/4은 진분수이고, 5/4는 가분수이다. 그런데 한국에서는 한때 가분수가 몸에 비해 머리가 큰 어린이나 학생을 일컫는 말로 사용되었다. 흔히 추상적인 것을 알기 쉽게 만들기 위해 구체적인 것에 비유한다. 앞에서 설명한 아전인수가 그런 예이다. 가분수는 이와 반

34 Chen *et al.*(2020).

대로 배워야 아는 추상적인 개념을 머리가 크다는 구체적인 사실에 비유하고 있다. 아전인수가 추상→구체라면, 가분수는 구체→추상이다. 그렇다면 이런 이례적인 비유가 왜 생겼을까?

1970년대의 유명하였던 김성환의 시사만화 『고바우 영감』이 이에 대해 답을 제공하는 것 같다. 세상만사를 비평하는 주인공 고바우가 바로 가분수이다. 더구나 고바우는 안경을 끼고 있고, 노인도 되지만 어른도 되고 선생도 되고 검사도 되는 영감(令監)이다. 안경은 지식인을 나타내고 가분수는 지식인의 머리가 크다는 선입견을 담고 있는 것으로 보인다. 머리가 크면 머리가 좋으며, 머리가 좋으면 공부를 잘해서, 머리가 좋으면 영감이 될 만하다 등의 연상이 여기에 개입된 것으로 보인다. 결국 가분수와 고바우는 모두 교육에 대한 한국인의 집착과 지식인에 대한 숭상의 산물인 것 같다.

가분수에 얽힌 한국인의 집착은 진화적이고 경제학적인 근거를

|그림 3-4| 가분수와 고바우 영감

자료: 우정사업본부, 고바우탄생 50주년 기념 우표.

가지고 있으며, 언어 및 문화와 밀접한 연관을 지니고 있다.[35] 언어를 통한 의사소통은 교역뿐만 아니라 남녀가 짝을 찾는 성적인 선별(sexual selection)에 불가결한 요건이었다. 의사소통이 태초부터 생존 및 생계뿐만 아니라 변식과 관련이 있었다는 것이다.

가령, '창문을 열어 다오. 내 그리운 마리아!'와 같은 연가(戀歌)는 언어를 통한 성적인 선별의 산물이다. 이로 인해 인간의 머리가 동물에 비해 커지면서 에너지와 영양분을 많이 소모해 부담을 주었다. 그렇지만 인간의 큰 머리가 언어와 문화를 통한 의사소통과 상호작용하면서 지식을 넓히고 문명을 발진시켰다.

35 Pagano(2013), pp. 46~53.

chapter 04

우리 속담과 사자성어 속의 경제사회

1. 원숭이 엉덩이는 빨개 빨가면 사과: 〈비교의 어려움〉
2. 콩 심은 데 콩 나고 팥 심은 데 팥 난다: 〈근본에 대한 집착〉
3. 하나를 보면 열을 안다: 〈후광효과〉
4. 한 잎의 낙엽에서 가을이 온 것을 안다: 〈소수의 법칙〉
5. 오르지 못할 나무는 쳐다보지도 마라!: 〈인지적 부조화〉
6. 이열치열: 〈적응 수준 이론〉
7. 과유불급: 〈선택의 고통〉
8. 조삼모사: 〈근시안〉
9. 이이제이: 〈보이지 않는 손〉

이 장에서는 우리의 몇 가지 속담과 사자성어에 담긴 경제, 사회, 문화적인 함의를 끌어내려고 시도하였다. 특히, 한문으로 된 사자성어는 영어에 없는 독특한 방식의 조어이다. 여기서도 우리말과 경제학 및 사회과학이 만나는 지점을 찾고 학문적인 개념으로 포착하기 힘든 우리의 관념을 추적해 보았다. 또한 이를 위해 분석적인 접근보다 맥락과 전체를 중시하는 총체주의적인 접근에 의존하였다. 역시 각 구절에 담긴 내용을 압축해서 〈부제〉로 제시하였다.

1. 원숭이 엉덩이는 빨개 빨가면 사과: 〈비교의 어려움〉

해방 이후에 생긴 아래 동요의 노랫말을 보면, 비교의 기준이 비교하는 사물이 바뀌면서 계속 바뀐다. 여기서 원숭이와 사과의 공통점은 빨갛다는 색깔이고, 이것이 비교의 차원이자 기준이다. 그런데 사과와 바나나를 비교하는 차원이나 기준은 색깔이 아니라 맛이고, 기차와 비행기의 비교 기준은 색깔이나 맛이 아니라 길이나 속도다.

원숭이 엉덩이는 빨개, 빨가면 사과, 사과는 맛있어, 맛있으면 바나나,
바나나는 길어, 길으면 기차, 기차는 빨라, 빠르면 비행기,
비행기는 높아, 높으면 백두산, 백두산 뻗어 내려 반도 삼천리.

이것은 입학시험이 전국의 모든 학생을 [국어, 수학, 영어] 등 수

학능력의 여러 차원을 고려해 하나의 기준으로 평가하는 것과 대비된다. 또한 경제사상에서 모든 것을 노동의 생산물이나 효용의 대상으로 삼는 것과도 구분된다. 무엇보다 시장에서 모든 물건을 화폐가격으로 환산해 상품으로 간주하는 것과 대조적이다.

말하자면 이 동요에는 여러 사물을 관통하는 통약(commensuration)의 기준이 존재하지 않는다. 다시 말해 원숭이와 사과는 비교할 수 있지만, 사과와 기차는 비교할 수 없어서 통약이 가능하지 않다(incommensurable). 흔히 어린이들이 사물이 지닌 여러 차원이나 측면을 골고루 고려하지 않고 특정 사물의 두드러진 차원이나 측면에 집착하기 때문에 이런 현상이 나타난다고 말한다. 그렇지만 이런 현상이 어린이에게 국한된 것이 아니다.

우리는 가격을 통해 전면적인 통약을 당연시하지만, 자연환경, 마약, 장기, 아기에 이르면 가격을 매겨 상품화할 수 없고 상품화해서도 안된다는 비판에 직면하게 된다. 또한 전국의 학생을 국어, 영어, 수학 성적에 따라 한 줄로 세우는 수학능력시험은 인간의 능력이 다차원적이라는 점을 무시한다.

앞의 동요는 통약에 반하지만 그 외형이 소비자 선호에 가깝다. 먼저 경제학의 시장원리는 가격기구와 함께 개인의 합리성에 근거해 통약을 내세운다. 여기서 개인은 생산자라기보다 소비자이며, 합리성은 일관성을 최소 요건으로 삼고, 소비자는 선호로 규정된다. 따라서 개인의 합리성은 무엇보다 소비자 선호의 일관성으로 나타난다.

예를 들어, 고기를 좋아하는 사람은 계속 고기를 좋아하고, 야채를 좋아하는 사람은 계속 야채를 좋아한다. 또한 보수적인 사람은 계속 보수적이고 진보적인 사람은 계속 진보적이다. 당선을 위해 정치적 입장을 바꾸는 후보자도 없고 특정인이 매력이 있어 입장을 바꾸는 유권자도 없다.

선호의 일관성에 근거해 경제학은 선호의 이행성 혹은 추이성을 내세운다. 이것은 재화들에 대해 a>b이고 b>c이면, a>c라는 것이다. 이렇게 되는 이유는 모든 재화가 공통적으로 효용을 제공하고 개인의 선호가 일관되고 안정적이기 때문이다. 앞의 동요에서는 두 가지 이상은 비교가 가능하지 않고 비교의 기준이 계속 바뀌기 때문에 이행성이 성립하지 않는다.

스위스의 인지심리학자 피아제(J. Piaget, 1896~1980)에 의하면, 이것은 원시인이나 어린이에 국한된 현상으로 어린이가 어른이 되면 사물이 지닌 여러 차원을 골고루 고려하게 된다. 예를 들어, 동일한 부피의 물을 길고 가는 병에 담을 수도 있고, 짧고 두툼한 병에 담을 수도 있다. 그런데 어린이들은 오로지 높이라는 차원에 집착해 전자에 담긴 물이 후자에 담긴 물보다 더 많다고 생각함으로써 위상(topology)의 변화를 간과한다. 그런데 어른이 되면 특정 차원에 대한 이런 집착이 사라지면서 균형 잡힌 감각을 획득하게 된다는 것이다.

요절해서 심리학계의 모차르트라고 불리는 러시아의 심리학자 비고츠키(L. Vygotsky, 1896~1934)는 헤겔-마르크스의 관점에서 피아제를 비판하면서 언어와 사고의 변증법을 내세웠다. 그는 앞의 동요와 비슷한 예를 통해 어린이의 언어와 사고가 거치는 과정을 설명하였다. 시간이 지나면서 어린이의 언어와 사고가 상호작용하면서 발전해 언어와 사고를 분리할 수 없게 된다.[1] 그런데 성인이 되어서도 사람들은 맥락이나 제시방식에 따라 사물의 여러 차원을 다 고려하지 않고 1차원이나 2차원적인 사고에 갇힐 수 있다.

행동경제학은 이런 현상을 더 광범위하게 지적한다. 기존 경제학의 주장과 달리 사람들은 판단과 선택에 있어서 맥락, 절차, 서술에 민감하며, 프레이밍과 부각효과로 인해 사물의 여러 차원을 골고루 고려하지 못한다.[2] 그래서 사람들은 일상적으로 앞의 동요가 노래하는 상황에 처하게 된다. 결과적으로 언어로 표현된 서술, 규정, 수사, 광고, 선전, 홍보가 상품과 주식에 대한 수요, 선거, 이념의 전달, 법과 정책에 대한 수용이나 수행에 영향을 미친다.

1970년대 국가가 주도한 한국의 경제발전의 이념은 수시로 기준과 맥락을 바꾸면서 국민에게 파고들었다. 우선 경제성장의 이념이 각종 구호, 기치, 노래, 선언 등을 통해 홍보되었다. 경제활동은 자신의 이익보다는 기업의 생존이나 국가경제의 자립을 위한 애국으로 규정되어 개별 경제행위자에게 성장의 이념으로 각인되었다. 그리고 그것은 회장이나 사장, 가장, 그리고 여타 조직의 장의 이름

1 Vygotsky(1936).
2 홍훈 외(2024), pp. 84~85.

으로 시달되었다.

'조국건설', '자립경제', '소득증대', '수출입국', '국민교육헌장', '산림녹화', '산불조심', '간첩신고', '자연보호' 등이 그런 목표나 가치를 표현하는 수사였다. '잘 살아보세!', '둘만 낳아 잘 기르자', '자랑스런 금수강산', '새마을운동' 등이 그런 구호였다.[3] '나의 조국'이나 '새마을노래'와 같은 노래도 동원되었다.

청와대의 각종 홍보가 포스터나 벽보를 통해 등장하였고 신문이나 방송을 통해 전달되었다. 이에 상응하는 선전과 상징으로 태극기에 대한 경례, 애국가, 세종대왕, 이순신 장군 등이 동원되었다. 또한 민족의 자긍심을 높이기 위해 수출실적이나 성장률뿐만 아니라 올림픽 경기 등 운동이나 국제음악경연 등의 실적이 정책적으로 보도되었다.

행동경제학을 경제발전에 적용하면, 이런 구호는 가난과 성장에 대한 사고방식이나 관념을 바꾸는 과정이었다. 그런데 한국에서는 이 과정이 개인 차원이 아니라 집단 차원에서 진행되었다. (행동)경제학의 공준인 선택, 효율, 경쟁이 개인 차원에 머문다면, 새마을운동의 구호인 근면, 자조, 협동은 공동체와 집단을 겨냥하였다.[4]

특히, 언론의 보도는 객관성을 내세우면서도 비교의 기준과 맥락을 수시로 바꾸어 독자들을 오도할 수 있다.[5] 원숭이와 사과를 비

3 1997년의 외환위기로 등장한 '금모으기 운동'은 시기적으로 나중이지만 '나라 살리기'를 기치로 내걸어 그 취지는 비슷하였다. 현재의 각종 공익광고도 성격이 많이 달라졌지만 이런 것들의 후예이다.

4 홍훈 외(2024), pp. 97~107.

교할 때는 색깔을 비교의 잣대로 내세우고, 사과와 바나나를 비교할 때는 맛을 잣대로 내세우는 식이다. 이런 상황은 선호나 믿음이 불안정하고 수요가 관계적이거나 집단적일수록 더욱 심각해진다. 그래서 현재 한국의 주요 언론은 주요 사회 현안과 관련해 말과 글로 국민을 교란한다.

2. 콩 심은 데 콩 나고 팥 심은 데 팥 난다: 〈근본에 대한 집착〉

시장은 과거에 얽매이기보다 현재나 미래를 지향한다. 우선 시장은 현장(現場)과 현재(現在)를 중시하기 때문에 모든 것을 현재 상태에서 평가하려고 노력한다. 어디서 흘러왔든 시장에서 보여 주는 효율, 효용, 능력이 중요할 따름이다. 인종, 종교, 성별, 지역 등에 대해 불문하는 것도 이에 부합된다. 이것이 이민으로 이루어져 시장 사회에 가장 가까운 미국이 표방하는 바이기도 하다.

신고전학파 경제학의 모태인 한계효용학파의 시조 제번스(W. S. Jevons)가 지적하였듯이, '과거는 과거일 뿐이다'(Let bygones be bygones)가 시장주의의 구호이다. 이 때문에 과거에 지출하거나 투자한 매몰

---

5 물론 특정 사건을 기사화할지 여부와 얼마나 크게 다룰지가 일차적으로 중요하다.

비용(sunk cost)에 연연하지 않는 것이 합리적인 경제인이다. 쏟아진 우유를 놓고 울지 않아야 한다. 이같이 현재 혹은 미래에 집착해 재화나 상품의 과거를 묻지 않기 때문에 시장주의는 정치경제학의 노동가치론이나 생산비이론을 받아들일 수 없다.

이런 이유로 시장에서는 과거의 구입가격이 아니라 현재의 시장가격이 재화의 가치를 나타낸다. 가령, 재고로 있는 포도주는 과거에 얼마에 구입하였든 현재의 시장가격으로 평가된다. 토론장만큼이나 시장도 현장을 중시한다. 그리고 주식시장을 위시한 시장은 과거의 원천이나 과정을 불문한 채 미래에 대한 기대를 현재가치로 바꾼다. 이것은 미래의 예상되는 가치 자체라기보다 그런 가치를 할인해 현재화한 것이므로 현재와 미래의 합산이다.

그런데 한국 사회는 시장경제를 표방하면서도 과거에 집착하는 경향이 적지 않다. 우선 한국 경제에는 시장 이전에 사전적으로 평가를 선점하는 장치들이 적지 않다. 재화에 대해 미리 등급이나 품질을 정부나 기업의 협의체를 통해 미리 규정해 놓는 것이 그런 예이다. 1970년대 일간 신문에 등장하는 도매물가에서 등장하는 등급이나 품질의 중요성,[6] 과거의 KS 마크 표시, 모범식당, 모범택시 등이 그런 예이다. 여기서 재화의 품질은 사람의 품성에 상응한다.

직급에 대한 한국인의 집착도 이를 보여 준다. 이것은 정약용

6 홍훈(2023), p. 329.

| 표 4-1 | 도매물가

(단위: 일 원)

품목	규격	단위	서울	부산
쌀	(상품)	가마	19,800원	19,000원
고무신	(백색, 남)	십 족	4,600원	4,500원

자료: 『동아일보』(1973. 9. 19), 동아일보 아카이브.

의 『경세유표』(經世遺表)에 등장하는 수많은 직급과 한국의 조직 내에 존재하였던 촘촘한 직급에서 확인된다. 노동력에 대한 평가에 사전적으로 영향을 미치는 학력과 학벌이 더 근원적이다. 혈연, 지연, 학연은 원천이나 과정을 따진다. 특히, 학벌은 출생(出生)을 확인하듯이 출신(出身)을 묻는다. 그래서 학벌은 사람에 대한 KS 인증으로 현장에서 발휘되는 능력이나 성과가 아니라 이름이나 신호이다. 그리고 등급이나 직급은 모두 한국의 위계를 강화시킨다.

기업인에 대해서도 능력뿐만 아니라 인간성이나 도덕성을 따진다. 그리고 사회적 책임이 곧잘 이와 연결된다. 부정부패의 전력이 있지만 능력이 있는 기업인을 놓고 갈등하는 한국인이 이를 보여 준다. 인간의 도덕성과 (뒤에서 설명하는) 제품(製品)의 품성(品性)은 인간관계와 공동체나 집단의 기반이자 관계적인 자아나 집단적인 자아의 근거이다. 그리고 이것은 사물과 인간에 대한 맥락적 인식이나 총체적인 인식에 부합된다.

신고전학파 경제학과 달리 행동경제학은 이에 가까운 주장을 내세운다. 우선 행동경제학은 매몰비용의 오류(sunk cost fallacy)를 통해 사람들이 자신의 잘못된 지출이나 투자에 연연해한다고 주장한다. 또한 정신적 회계를 내세우면서 돈의 원천이 지니는 중요성을 지적한다. 합법적으로 번 돈과 불법적으로 번 돈의 차이는 말할 것도 없고, 노동으로 번 돈과 부동산이나 주식의 가격 상승로 번 돈, 스스로 번 돈과 유산으로 물려받은 돈, 본봉과 보너스, 원금과 수익, 항상소득과 일시적인 소득 등의 차이가 이와 관련된다.

제품이나 사람의 과거를 따지는 것이 때로는 시장과 현장의 불확실성에 대한 방책이 될 수 있다. 가령, 위계를 미리 정해 놓으면 회의에서 나양성이 줄지만 빠른 의사결정을 낳는다. 혹은 학력이나 학벌이 직원 채용의 위험을 줄여 주거나 줄여 준다고 생각한다. 이것은 인사조직이론의 비조인 호프스테더(G. Hofstede)가 말한 불확실성에 대한 회피에 부합되며, 규칙에 대한 준수나 획일성과 함께 간다. 그리고 이 점에서 한국은 독일이나 일본보다 더 나아가 있다.

그렇지만 기원이나 정당성에 대한 관심이 이런 것을 압도한다. 한국인은 전반적으로 사물의 기원이나 행위의 정당성에 대한 집착이 강하다. '콩 심은 데 콩 나고 팥 심은 데 팥 난다.' 혹은 '될 성 부른 나무는 떡잎부터 알아본다.' 노동가치론에 대한 우리의 집착도 사물의 기원에 대한 이런 관심과 무관하지 않은 것 같다.

입시의 결과로 서열을 지닌 특정 대학에 학생들을 배정하는 것도 콩과 떡잎을 가리는 일이다. 그리고 현장에서 발휘되는 실적이나 능력에 앞서 학벌이 개입되는 것은 시장경제가 강조하는 효율성 이

외에 근원의 정당성에 집착하는 것이기도 하다. 「과거를 묻지 마세요」(1959, 나애심)나 「과거는 흘러갔다」(1968, 여운)라는 유행가는 과거에 대한 미련을 숨기고 있다.

근원에 대한 관심은 시작을 중시하게 만든다. '시작이 반이다'는 노동이든 공부든 시작하기가 어렵지 일단 시작해 놓으면 그다음은 생각보다 쉽다고 말한다. 마케팅에서는 손님을 가게 문 안으로 끌어들이는 것이 관건이다. 독일어 속담으로 '모든 시작은 어렵다'(Aller Anfang ist schwer)도 이와 비슷하다. 독일인도 시작에 무게를 두고 시작을 어려워한다. 칸트의 『순수이성비판』, 마르크스의 『자본론』, 브람스의 「1번 교향곡」이 그런 예이다.

이와 달리 '끝이 좋으면 모든 것이 좋다'(All is well that ends well)는 셰익스피어의 영어 구절은 결과를 강조한다. 이 구절은 시초, 의도나 과정이 아니라 결과를 중시하는 공리주의와 시장에서 나타난 결과에 집중하는 경제학의 시장주의에 부합된다. 시장주의는 사물의 근본, 도덕성이나 정당성보다 시장에서 발휘되는 효율성이나 능력을 우선시한다. 이 때문에, 가령 어떻게 획득한 재산이냐에 관심을 두기보다 어떻게 이것을 효율적으로 활용하느냐에 관심을 둔다. 혹은 이 입장에서는 부정부패의 전력이나 도덕적인 흠결이 있더라도 유능한 정치인이나 기업인을 중용하기를 바란다.

한국에서도 입학시험을 위시한 시험은 외견상 결과주의의 극단적인 예이다. 그렇지만 (뒤에서 설명하듯이) 입시는 특정인이 현장에서 발휘하는 성과, 즉 유량(flow)이 아니라 특정인이 향후에 발휘할 성과의 전체, 즉 능력이라는 저량(stock)에 대한 평가이다. 이에 따라 입시는 최소한의 요건을 넘어서 이후 행동이나 활동에 정당성을 부여한다.

더구나 입시가 낳는 학벌은, 마치 과거 반상(班常)이나 적서(嫡庶)를 가리는 것과 같이, 기원이나 정당성을 따지는 경향도 담고 있다. 학벌에 따라 직위나 권력 혹은 발언권을 분배하는 것은 특정 시점에 현장에서 발휘하는 실력이나 실력에 앞서 직위나 권력 혹은 발언권을 가질 만한지를 미리 정해 놓은 것이기 때문이다.

친일파 청산 등과 관련해서 현시점에서 근원이나 과정과 결과 혹은 정당성과 효율성을 어떻게 결합하느냐가 한국 사회경제가 안고 있는 근원적인 문제 중 하나이다.

3. 하나를 보면 열을 안다: 〈후광효과〉

'하나를 보면 열을 안다'는 어떤 사람이나 조직에 대해 한 가지를 파악하고 나서 다른 모든 것을 미루어 짐작하는 인식과 판단의 방식이다. '직장에서 잘하니 집에서도 잘하겠지'가 그런 예이다. '될성 부른 나무 떡잎부터 알아본다'가 근원과 미래를 말한다면, 이 속담은 특정 시점에서 한 가지 속성(이나 차원)에 대한 판단을 외견상 연관성이 없는 다른 속성들(이나 차원들)에 적용하는 것을 말한다.

경제학과 통계학에 따르면, 이런 사고방식은 정보에 근거하지 않고, 추가적인 정보를 무시하는 경향을 안고 있으므로 비과학적이다. 그렇지만 행동경제학의 후광효과(halo effect)에 따르면, 사람들은 일상적으로 한 차원을 보고 성급하게 다른 차원을 판단하는 편향을 지니고 있다.

한국의 경제발전 과정에서 재벌의 문어발식 다각화에 대한 비판이 있었다. 관련이 없는 업종에 진출하면 투자의 효율성을 낮추고 희소한 자원을 낭비한다는 것이다. 이에 비해 투입과 산출로 연관된 산업들 사이의 다각화는 전문성을 유지하므로 비난을 받지 않았다. 이같이 다각화를 관련 다각화와 비관련 다각화 혹은 문어발식 다각화로 구분하였다. 정유산업과 화학산업은 관련이 있지만, 건설업과 백화점이나 주류산업과 컴퓨터산업은 관련이 없다.

그런데 산업들은 투입과 산출의 연관관계 이외의 경로로 서로 관련될 수 있다. 경제발전 초기에는 사회간접자본이나 생산 기반, 그리고 숙련노동 등 범용적인 자원이 부족하다. 이 때문에 기업들이 특정 업종의 제품을 만들려면 해당 산업에 투자하면서 동시에 이런 것들을 육성하고 조성해야 한다. 그런데 이런 것들은 나중에 다른 업종으로 진출할 때 유용하며, 관련 산업뿐만 아니라 비관련 산업에 진출할 때도 유용하다.

이런 상황에서는 건설업이나 보험업에서 명성을 얻은 기업이 의약산업이나 자동차산업에 진입하더라도 실패하지 않을 수 있다. 그러니 이 경우 '하나를 보면 열을 안다'고 판단해도 틀리지 않는다. 이같이 산업화 초기에는 업종의 관련성 여부에 따라 다각화를 구분하는 것이 반드시 유효하지 않다. 그 이유는 산업들이 서로 간에 개별적으로 연관성을 지닐 뿐만 아니라 이와 별도로 총체적인 연관성을 지닐 수 있기 때문이다. 이는 경제학의 분석적인 사고에서 벗어날 수 있다. 더구나 산업화된 현대 경제에서는 인공지능과 같이 동일한 기술이 여러 산업에 활용될 수 있으므로 투입산출뿐만 아니라 기술에 의한 상호의존성이 효율적인 다각화를 낳을 수 있다.

또한 동아시아에서는 관계가 중요하므로 비록 관련이 없는 업종에 진출한 자회사라도 모회사의 상표에 근거해 소비자들이 긍정적으로 평가할 수 있다. 특히, 관계 중에서도 모자관계가 중요하니 회사들에 대해서도 이와 비슷하게 모회사와 자회사를 상정한다. 그래서 비관련 다각화라도 특정 기업의 자회사라는 이유로 소비자가 친숙하게 생각할 수 있다. 이 역시 개별 산업이나 개별 제품에 집중하는 영미 자본주의의 개체주의적인 입장과 대비된다.

'하나를 보면 열을 안다'는 행동경제학의 정박효과와 비슷하다. 이에 의하면 사람들은 기다란 숫자의 앞머리에 집착해 뒤의 숫자를 고려하지 않는다. 미국에서는 [10×9×8×…×1]과 [1×2×3×…×10]을 놓고 어느 것이 큰지 빨리 답하라고 요구하면 전자가 후자보다 더 크다고 답하는 사람이 적지 않았다. 뒤의 숫자를 무시하고 첫머리 숫자에 따라 숫자들의 덩어리를 분류하였기 때문이다. 숫지 그대로 혹은 문자 그대로 하나를 보고 열을 판단한 것이다.

상품의 가격에 대해서도 처음 한두 숫자에 집착해 그 뒤의 숫자를 경시하는 경향, 즉 '좌측숫자편향'(left digit bias)이 이에 해당된다.[7] 정가의 첫 숫자가 1이 아닌지, 그리고 그다음으로는 5가 아닌지에 초점을 둔다. 그래서 2, 3, 4, 6, 7, 8, 9는 경시한다. 첫 숫자에 따라 가격을 특정 '가격대'로 분류해 질적으로 판단한 것이다.

예를 들어, 점심 가격이 1만 원이 넘는지에 관심을 두므로 9,000원인지 8,000원인지에는 관심이 적다. 그다음으로는 5,000원을 넘기는지에 중점을 두므로 6,000원인지 7,000원인지에는 관심이 적다. 이 때문에 식당에서 점심 가격이 과거 5,000원을 넘어서는 데 어려움이 있었고, 최근에는 1만 원을 넘어서는 데 시간이 걸렸다.

이런 편향은 주어진 정보를 완전히 활용하지 않는 문제를 안고 있다. 그런데 상품가격의 경우 소비자가 중시하는 첫 번째 숫자는 서너 번째 숫자는 물론이고 두 번째 숫자보다 중요하므로 이런 판독이 간편할 수 있다. 그렇다면 '하나를 보면 열을 안다'는 속담은 휴리스틱을 지시하고 있다.

책이든 언론보도든 우리는 제목부터 본다. 그리고 제목이 전체 내용을 압축하고 있어서 제목과 부제만 보면 자세히 읽지 않아도 그 내용을 짐작할 수 있는 경우가 많다. 스미스의 『국부론』과 마르크스

7 Capraro *et al.*(2024).

의 『자본론』뿐만 아니라 박경리의 『토지』, 조정래의 『태백산맥』, 한강의 『채식주의자』를 읽고 나면, 제목이 내용을 함축하고 있음을 확인할 수 있다. 논문도 제목에 전체 내용을 담으려고 노력한다. 특히, 언론보도는 제목으로 독자를 인도하고 오도한다. 인터넷 시대에는 이런 현상이 더욱 심화되고 있다.

동일한 경제사회체제인데 시장경제라고 부를 때와 자본주의라고 부를 때 그 이후 이어지는 논리의 방향이 다르다. 이같이 의미를 함축하고 있으면 단어 하나로도 전체를 말할 수 있다. 한반도에서 '동무', '색깔', '흑벌'은 단어 하나에 불과하지만, 정보를 추가할 필요가 없을 정도로 그것에 담긴 무거운 사회적 의미가 확연하다. 미국인의 기피 단어인 'color'도 사회구조를 응축하고 있어 이 단어 하나만으로도 그 맥락을 익히 짐작할 수 있다. 여기서도 하나를 보면 열을 알 수 있다.

4. 한 잎의 낙엽에서 가을이 온 것을 안다: 〈소수의 법칙〉

'한 잎의 낙엽에서 가을이 온 것을 안다'(一葉落知天下秋)는 『회남자』(淮南子)에 나온다. 한 잎의 낙엽에서 가을 전체를 읽어 내므로 일엽지추(一葉知秋)라는 이 구절은 동아시아의 총체적인 인식을 보여 준다. 이런 인식은 통계학과 경제학에 반하지만 행동경제학과는 통한다.

우선 통계학의 기본 원리인 대수의 법칙(law of large numbers)에 의하면, 표본의 크기가 커질수록 통계량이 평균이나 분산 등 모집단의 성격, 즉 모수(母數, parameter)에 더 근접한다. 개체들의 모음으로 전체를 파악하는 통계학에서는 개체들이 늘어나야 전체에 가까워진다. 셰익스피어에 등장하는 서양의 오랜 속담으로, '한 마리의 제비가 왔다고 여름이 된 것이 아니다'(One swallow does not make a summer)가 이 법칙에 상응한다. 따라서 이 속담은 일엽지추와 대비된다. 셰익스피어라면 대수의 법칙에 따라 '한 잎의 낙엽이 가을을 만드는 것이 아니다'라고 말하였을 것이다. 영국인이 가을보다 여름을 중시한다는 점을 잠시 접어 두면 말이다.[8]

서양의 분석적인 관점에서는 개체들이 합해져 전체가 되므로 여러 마리의 제비(들)이 나타나야 여름이 된다. 이에 비해 동아시아의 총체적인 관점에서는 개체 속에 관계나 전체가 있다고 보므로 한 마리의 제비에서 여름을 읽을 수 있다. 동아시아인에게 제비는 여름이 아니라 봄을 연상시킨다는 점을 잠시 접어 두면 말이다. 동아시아에서는 도교뿐만 아니라 성리학도 이런 사고방식을 지니고 있다.[9]

8 Shakespeare, Sonnet 18, 'Shall I compare you to a summer day? You're lovelier and milder'.

9 11~12세기의 정이(程頤)와 주희(朱熹)가 중심인 정주학 혹은 성리학(性理學)에 이르면 유학에 도가와 선불교가 결합되어 총체적인 성격이 강화된다. 주자에 의하면, 이(理)와 태극(太極)이 기(氣)와 결합해 모든 개별 사물들에 자리 잡게 된다(Fung, 1958, chapter 25(펑유란, 1999b, pp. 531~568)). 이가 사물의 형이상학적인 원리로서 형이

그렇지만 경제학의 관점에서는 주식시장 등 시장에서 자신이 가진 정보의 한계를 무시하고 일엽지추와 같이 속단하고 선택하면 시장에서 살아남을 수 없다. 물론 대부분의 행위자들은 합리적이어서 이런 오류를 저지르지 않는다고 본다. 특히, 거시경제모형이나 주가예측모형은 행위자가 지속적으로 정보를 받아들여 효율적으로 처리해 활용하는 베이지언 갱신(Bayesian updating)을 전제한다.

이것은 분석주의, 경험주의, 개인 및 개체주의에 부합된다. 특히, 개별 수요·공급들이 합해져 시장 수요·공급이 되고 개인들이 단순히 합해서 시장이나 사회를 이룬다고 보는 경제학의 관점에서는 개인의 정보처리가 중요하다. 더구나 경제학은 지혜, 지식, 정보 및 자료를 구분하지 않고 지혜뿐만 아니라 지식도 정보로 환원한다. 특히, 거래나 게임, 그리고 기대의 형성에서 합리적인 참여자가 활용하는 정보를 전문가의 지식과 구분하지 않는다. 이같이 정보의 비중이 커지면서 행위자의 정보처리가 시장경제에 더없이 중요해진다. 물론 이는 개체가 전체를 담고 있다든지 개인이 사회를 담지하고 있다는 생각과 충돌한다.

현실에서도 알고리즘에 의존하는 인공지능이 등장해 지식이 정보로 분해될 것이라는 예측이 늘어나면서 경제학의 입장이 강화되고 있다. 그래서 엘리어트(T. S. Elliot)가 지적하였듯이, 지식으로 지

하학적인 자료인 기와 결합해 개별 사물을 이룬다.

혜를 잃는 시대(the wisdom we have lost in knowledge)를 지나 정보로 지식을 잃는 시대(the knowledge we have lost in information)에 우리가 접어들었지도 모른다.[10]

이에 비해 행동경제학에 의하면, 사람들은 표본의 크기에 둔감해 작은 표본이 보이는 특징을 모집단의 특징으로 간주하는 대표성의 편향(representativeness bias)을 지니고 있다. 이것이 소위 '소수의 법칙'이다. 단지 몇 사람을 보고 '한국 사람은 손재주가 좋다'거나 '이탈리아 사람들은 노래를 잘한다'고 판단하는 것이 그런 예이다. 이런 생각은 일엽지추에 가깝다.

이 관점은 지혜까지는 아니더라도 지식이나 관념과 정보 사이에 층위를 두어 정보의 역할을 제한한다. 그리고 이 관점은 인간의 정신이나 육체와 결합된 휴리스틱이나 암묵적 지식(tacit knowledge)과 친화력이 있다. 그래서 휴리스틱이나 암묵지는 알고리즘으로 대체되기 힘들 것이다.[11] 결과적으로 개체가 전체를 담고 있거나 개인이 사회를 담고 있다고 생각하는 동아시아인에게는 지혜, 지식, 정보가 서로 다르고 지혜나 지식에 근거한 소수의 법칙은 반드시 오류가 아니다.

그렇다면 관찰되는 특정 현상이나 사건이 다른 현상이나 전체와 연결되는지 아니면 단순히 전체의 일부분에 불과한지가 관건이

10 Mirowski and Nik-Khah(2017).
11 이 점을 깨우쳐 준 철학자 조대호 교수께 감사드린다.

다. 은행 하나가 도산의 위기에 빠졌다고 하자. 그것이 이 은행의 개별적인 어려움인지 경제 전체의 위험을 알리는 징조인지는 그 은행의 비중뿐만 아니라 다른 금융기관이나 기업과의 연관성에 따라 결정된다. 다시 말해, 특정 기업이나 은행의 위험(risk)이 개별적인(individual) 위험인지 아니면 체제(systematic) 전체의 위험인지에 따라 한 마리의 제비가 될 수도 있고 한 잎의 낙엽이 될 수도 있다.

1929년의 대공황, 1997년의 동아시아의 금융위기, 2007~2008년의 대침체 시작은 한 마리의 제비가 아니라 한 잎의 낙엽이었다. 그리고 2007~2008년의 위기 이후 정부와 경제학계가 거시건전성 규제(macroprudential regulation)를 수용하였다는 것은 개별 단위의 위험을 그동안 순전히 한 마리의 제비로 간주하였다가 이제 한 잎의 낙엽으로 간주하게 된 것을 의미한다.

이같이 동아시아에서 한 잎의 낙엽은 다른 잎의 낙엽과 관련되고 낙엽 전체를 대변할 수도 있어 서양적인 의미의 한 잎이 아니다. 이와 관련해 영어와 달리 한국어에는 단수와 복수에 대한 구분이나 관사와 부정관사에 대한 구분이 명확하지 않음을 주목할 필요가 있다. 일장일단(一長一短)은 사물에 여러 좋은 점(들)과 여러 나쁜 점(들)이 있다는 뜻을 '하나'의 장점과 단점으로 표현한다.

개인주의나 개체주의 혹은 분석주의가 지배적인 영어권에서는 단수와 복수를 명확히 구분한다. 이를 보면 단수와 복수는 하나를 그 이상과 구분하므로 개체를 중시하는 경향과 관련된 것으로 보인다. 이에 비해 우리말에서는 관계성이나 집단성, 그리고 맥락주의나 총체주의로 이 구분이 명확하지 않다.[12]

구체적으로 하나(1)와 둘(2)이 구분되지 않는 상황은 관계성이나 맥락주의로, 하나(1)와 여럿(*n*)이 구분되지 않는 상황은 집단성이나 총체주의로 규정할 수 있다. 후자의 예로 '거리에 사람(차)이 많다'를 들 수 있다. 여기서 '사람들(차들)'이 많다고 하면 과거에는 '미국물'을 먹은 것으로 간주하였다.

전자의 예로 자전거(自轉車, bicycles), 장갑, 안경(眼鏡, glasses), 신발, 양말, 가위(scissors) 등을 들 수 있다. 우리말로는 모두 단수와 복수가 구분되지 않는 데 비해 영어로는 반드시 복수여야 한다. 서양은 분석적이어서 단수와 복수에 예민해 무엇이든 그것의 구성요소로 쪼개기 때문에 가위나 안경 등도 영어로는 복수로 표현하였다.

반면 한국은 관계적이고 총체적이어서 단수와 복수의 차이에 예민하지 않다. 이에 따라 안경이든 자전거든 부분들이 만들어 낸 전체가 중요하므로, 한국어는 이것을 단수로 표현된다. 왼쪽 신과 오른쪽 신이 밀접한 (보완)관계에 있으므로 복수로 표현할 필요가 없다. 손, 눈, 발 등 신체 부위도 마찬가지이다. 눈과 'eyes', 눈총과 'social eyes'도 그런 예이다. 우리말로 '눈들의 총'이나 영어로 'social

12 어느 곳에서나 사람이나 물건의 숫자를 세는 일은 필요하였을 것이므로 단수와 복수의 구분은 숫자의 존재와는 무관해 보인다. 또한 채(집), 평(땅), 근(고기), 대(차), 권(책) 등 물건을 세는 양사(量辭)가 한국 특히 중국에 다양한데, 이 구분은 양사와도 무관해 보인다.

eye'는 모두 잘못된 표현이다.

경제학도 개인이나 재화에 있어 1과 2나 1과 *n*을 엄밀하게 구분한다. 경제학자 마셜(A. Marshall)은 자신이 내세운 신고전학파를 고전학파와 조화시키려고 가격을 결정하는 수요곡선과 공급곡선을 종이를 자르는 가위의 양날에 비유하였다.[13] 동아시아에서는 수요가 공급의 의미를 내포하고 있어 원래 수요를 공급과 명확하게 구분하지 않았다. 수요(需要)에서, 수(需)는 '기다리다, 구하다(求--), 바라다'라는 뜻뿐만 아니라 혼수(婚需)나 군수(軍需)에서와 같이 '제공하다(提供--), 공급하다(供給--)'라는 뜻을 함께 가지고 있다.[14] 이것은 가위를 총체적으로 파악해 복수로 표현하지 않는 것에 부합된다.

한국어 학자들에 의하면 한국어는 단수와 복수를 명확히 구분하지 않고, 복수를 명시하지 않는 무표(unmarked) 복수와 명확히 드러내는 유표(marked) 복수를 함께 활용한다. '거리에 사람이 많다'는 전자의 예이다. '사람들에게 물을 나누어 주었다'는 후자의 예이다. 전자는 복수를 내포하고, 후자는 '들'이라는 접미사로 복수를 명시한다.[15]

논란은 있지만 여기서 전체를 하나의 집단으로 보느냐 아니면 여러 개체의 합으로 보느냐의 차이가 중요하다.[16] 그리고 한국어가

13 Marshall(1920), Bk V, ch. 3.
14 네이버 한자사전.
15 임홍빈(1978), 이남순(1982), 김선민(2010).
16 강범모(2007; 2008). 무표 복수가 합을 나타내는 경우도 있다는 주장이 있다.

복수를 표현할 때 유표보다 무표에 의존하므로 한국인의 인식은 개체적이거나 분석적이라기보다 맥락적이고 총체적이라고 판단할 수 있다.

일본에도 이와 비슷한 사례가 있다. 무라카미 하루키(村上春樹)의 소설 『노르웨이의 숲』(ノルウェイの森, 1987)은 비틀스의 노래 *Norwegian Wood*(1964)에서 제목을 따왔다. 그런데 노래에 나오는 가구의 재료인 노르웨이산 목재(wood)가 소설에서는 여러 나무로 구성된 노르웨이의 숲(森)으로 변하였다. 이에 대해 일본의 한 기자가 '단수와 복수를 혼동하는 것이 아니냐'고 묻자, 작가는 '그런 질문은 나무만 보고 숲을 보지 못하는 것'이라고 응대하였다.[17]

동아시아인은 총체적인 인식으로 인해 목재로부터 한 그루의 나무(木)로, 다시 여기서 숲으로 쉽게 이동한다. 두 그루(林)나 세 그루(森)만 있으면 벌써 숲이 되고 심지어 한 그루라도 숲이 될 수 있다. 이와 반대로 서양인은 분석적이어서 거꾸로 숲에서 나무로, 다시 나무의 구성요소나 성분으로 파고든다. 미분(微分)은 물론이고 적분(積分)에서 전체를 쪼갰다가 합하면서 면적을 구하는 것이 이에 부합된다.

17 이 일화를 알려준 유태영 교수께 감사드린다.

- 한강과 제비

한강 작가의 노벨상 수상에 대해 번역문학 전문가인 곽효환 시인은 이것이 한국의 경제발전과 비슷하게 한국 문학의 번역과 관련된 선택과 집중 등 압축성장의 성과라고 말하였다. 또한 그는 이번 수상을 제비에 비유하면서, 우리가 진정으로 원하는 것은 제비를 부르는 것이 아니라 봄을 부르는 것이고, 봄을 부르면 제비뿐만 아니라 꽃 등도 따라오기 때문이라고 말하였다.[18] 영국에서 제비가 여름을 연상시킨다면 강남 갔다 돌아온 한국의 제비는 봄을 연상시킨다. 이 점을 접어 두면, 이 평가는 얼핏 대수의 법칙에 가까워 보인다. 그렇지만 제비나 봄을 부른다든지 제비와 꽃 등으로 봄을 설정하는 것은 제비의 시간적인 배경으로 봄을 제시해 총체적이기도 하다.

5. 오르지 못할 나무는 쳐다보지도 마라!: 〈인지적 부조화〉

이 속담은 일견 모순적이다. 오를 수 있을지 없을지를 판단하려면 먼저 나무를 쳐다보고 높이 등을 판단해야 하기 때문이다. 더구나 쳐다보더라도 오를 나무와 오르지 못할 나무를 구분하는 것이 어려울 수 있다. 나무의 높이나 상태, 그리고 자신의 능력을 잘 아는 상황에서도 목표를 세워 노력하기에 따라서는 오를 수 없을 것처럼 보였던 나무도 오를 수 있기 때문이다. '열 번 찍어 안 넘어가는 나

18 https://www.youtube.com/watch?v=BQGzhEFZ9zw.

무 없다'가 이를 말한다.

우선 어떤 나무를 오를 수 있는지 판단하는 것은 능력과 노력이나 노동을 요구하므로, 단순히 주어진 소득으로 가격을 지불하면서 주어진 선호에 따라 어떤 대안을 선택하는 경제학의 적정화(optimization)와 차이가 있다. 이 상황에 맞는 개념은 행동경제학의 준거의존성(reference dependence)이다. 준거의존성은 사람들의 선택과 행위가 준거에 따라 달라진다는 것이다. 여기서 준거는 소득, 재산, 저축, 공부 등에 있어서 과거에 달성한 수준이나 미래에 예상하는 수준이나 목표이다.

이 속담에서는 나무를 쳐다보는 것이 목표를 설정하기 위한 모색이다. 목표를 세우면 노력을 늘리고 능력을 키우며 성과를 높이는 데 도움이 된다. 그렇지만 목표를 달성하지 못하였을 때 좌절을 겪게 된다. 반면 애당초 목표를 설정하지 않았다면 이런 좌절을 겪지 않았을 것이다. 이것이 준거 혹은 목표의 설정에 수반된 손실이다. 이 손실이 크기 때문에 이것을 회피하려는 손실회피(loss aversion)의 경향이 생긴다.

그렇다면 이 속담은 손실을 피하려면 전혀 달성할 수 없어 보이는 것은 아예 목표로 삼지 말라고 충고하는 셈이다. 그런데 손실회피는 '… 쳐다보지도 마라'와 '… 쳐다보지 마라'의 미묘한 차이를 해명하는 데는 부족해 보인다.

'쳐다보지도'는 오르려고 노력하였다가 실패하였을 때의 좌절뿐만 아니라 오를 수 없다고 판단하면서 자신을 평가절하하였을 때의 미련이나 심리적 고통을 고려하는 것으로 보인다. 자신이 다가갈 수 없다고 판단한 학교, 직장, 사람이 이런 경우이다. 그리고 이런 고통은 한국에서와 같이 학교, 직장, 사람에 대해 등급이나 서열이 있을 때 더 심각하다. 이럴 때 자존심을 어떻게 회복할 것인가? 이에 대한 서양의 설명은 인지적 부조화(cognitive dissonance)이다.

대표적인 예로 신 포도(*Sour Grapes*)라는 이솝우화에서 여우는 너무 높아 오를 수 없는 위치에 있는 포도에 접근할 수 없다고 판단하자, 이웃에게 자신이 신 포도를 싫어하기 때문에 이 포도를 따지 않는다고 말한다. 능력이 부족해서 '못하는 것'이 '싫어서 안 하는' 선호로 둔갑한 것이다. 먹을 수 없다고 생각하면 괴로우니 먹기 싫다고 생각해 자신을 위로하거나 속인 것이다. 결국 '쳐다보지도 마라'는 손실회피뿐만 아니라 인지적 부조화를 해소해야 하는 과정도 염두에 둔다고 해석할 수 있다.

또 다른 가능성은 '쳐다보는' 행위가 욕망을 낳는 견물생심(見物生心)이다. 나무를 쳐다보면 오르려고 노력해 보고 싶어져서 이것을 억압해야 하는 고통이 생길 수 있다. 마케팅에서는 선호가 미리 주어져 있는 것이 아니라 상당 부분이 매장에서 형성된다고 본다. 그래서 손님이 '가게에 발을 들여놓게 하는 것'(the first foot in the door)을 중시한다. 손님이 가게에 들어온다고 모두 물건을 사는 것은 아니지만, 일단 가게에 들어오면 반은 성공하였다고 본다. 시작이 반이다.

그리고 견물생심이다. 시음, 시식, 무료체험 등도 이와 비슷하다.

그런데 손님의 입장에서는 가게에 들어가서 비싸서 살 수 없는 물건을 보게 된다면 괴로움이 생길 수 있다. 그러니 아예 진열장을 '쳐다보지도' 말아야 한다. 이에 비해 경제학은 오를 수 있을지 따질 때 이미 오르고 싶은 욕망이나 선호가 주어져 있다고 보기 때문에 이런 고통을 상정할 수 없다.

고려 말의 설화로 의가 좋지만 가난한 형제가 숲에서 금덩어리를 발견하였는데, 이것을 놓고 서로의 우애가 상할까 봐, 배를 타고 오는 도중 이것을 강에 던져 버린다. 이는 견물생심이 인간관계에 미치는 영향을 보여 준다. 금에 대한 욕망이나 선호가 주어져 있다고 보는 경제학의 관점에서는 금덩어리를 강에 던지는 행위는 형제 모두의 후생을 높일 수 있는 파레토 개선의 기회를 포기하는 것으로 비합리적이다. 더구나 형제의 관계를 경시하는 개인주의가 그 비합리성을 강화시킨다. 이같이 경제학의 논리는 견물생심과 맞지 않는다.

한국인의 일상은 계획을 세우고 목표로 설정하는 일로 점철되어 있다. 1970년대 경제성장기부터 현재까지 수출목표와 입시목표 등이 우리의 삶을 지배해 왔다. 그리고 목표를 달성하려는 노력에 필요한 '은근과 끈기'는 논농사를 통해 오랫동안 육성되어 왔다. 이렇게 보면 한국인은 오르지 못할 나무도 쳐다보아야 하고 오르려고 노력해 왔다. 따라서 이 속담은 우리에게 교훈을 준다기보다 우리의 현실을 말해 준다.

물론 반복된 목표설정은 반복된 심리적 손실과 인지적 부조화를 낳는다. 더구나 목표를 달성하기 위한 노력에는 자신이 진정으로 원하는 것, 즉 자신의 욕망이나 선호를 억압해야 하는 일이 수반된다. 특히, 가족, 기업 등 조직, 국가 등의 집단주의가 이에 공헌하였다. 이런 억압이 개인 수준에서 선호나 수요의 취약성으로 나타난다. 그리고 손실, 인지적 부조화, 욕망의 억제 등이 현재 한국인을 행복하지 않게 만드는 토양을 제공하는 것으로 보인다.

6. 이열치열: 〈적응 수준 이론〉

이열치열(以熱治熱)은 삼계탕 등 더운 음식을 먹어서 복더위를 이겨내는 것과 같이 더위를 더위로 이겨내는 행위를 표현하는 말이다. 신고전학파의 관점에서는 이열치열이 더위에 더위를 더하는 행위여서 비합리적이므로 설명하기 힘들다. 그렇지만 한국에서는 매년 여름 많은 사람이 삼계탕을 먹는 행사를 치루고 있으니 비합리적이라고 간단히 처리하기 힘들다.

행동경제학의 준거의존성을 활용하면 이열치열을 설명할 수 있다. 준거의존성은 경험을 통해 적응된 소득이나 소비 수준에 사람들이 의존적이라는 것이다. 여기서 준거는 일반적으로 오랜 기간에 걸쳐 형성되지만 급격하게 형성될 수도 있다. 가령, 복권에 당첨되면 월급이 하찮아 보인다.

그런데 이열치열의 경우 적응할 것은 소득이 아니라 온도이다. 뜨거운 음식을 먹어서 일시적으로 준거가 되는 온도를 끌어올리면, 바깥의 더위가 상대적으로 시원하게 느껴질 수 있다. 원래 준거의존성은 심리학의 적응 수준 이론(adaptation-level theory)에서 나온 것인데, 이 이론을 뒷받침하는 표준적인 실험도 온도에 대한 적응과 관련되어 있다. 영하의 찬물에 손을 담그고 있다가 영도의 물에 손을 담그면 따뜻하다고 느끼지만, 영상의 따뜻한 물에 손을 담그고 있다가 영도의 물에 손을 담그면 차갑다고 느낀다. 온도에 대한 감각적인 적응도 순식간에 이루어진다.

이 이론에 따라 삼계탕을 먹는 것이 높은 온도에 적응하게 만들어 높은 기온을 덥지 않다고 느끼게 만들 수 있다. 추운 겨울에 바닷물에 뛰어들거나 냉면을 먹는 이냉치냉(以冷治冷)도 반대 방향으로 작동하지만 이열치열과 비슷하다. 체온을 크게 낮추어 겨울 날씨가 오히려 따뜻하다고 느끼게 하는 것이다. 원래 냉면은 북한에서 겨울철 음식으로 겨울에 냉면을 먹은 후 따뜻한 온돌에 배를 대고 눕는 풍습이 있었다고 한다. 이것이 이냉치냉에 부합된다.

행동경제학은 개인에 집중하지만, 이열치열이라는 말과 행위가 한국에서는 흔히 관계나 집단과 결합된다. 이열치열은 한여름에 다 함께 식당에 가서 삼계탕을 먹는 행위로 나타난다. 또한 이냉치냉은 추운 겨울에 다 함께 해운대 등 바다에 뛰어드는 행위로 나타난다.

물론 개인 수준에서도 이와 비슷한 행위를 발견할 수 있다. 오래 전부터 한국의 병원에서는 간호사가 환자의 엉덩이에 한 손으로 주사를 놓으면서 다른 손으로는 환자의 엉덩이를 때리는 특이한 관행이 있다. 이것은 주사 맞는 아픔을 줄이기 위해 간호사가 일상적으로 활용하는 방법, 즉 휴리스틱 혹은 루틴이다.

이 루틴도 신고전학파의 관점에서는 이해할 수 없다. 주사를 맞는 아픔에 엉덩이를 맞는 아픔이 더해지면 (비록 추가되는 아픔이 체감하더라도) 아픔이 늘어난다고 생각하기 때문이다. 그렇지만 행동경제학의 관점에서는 때려서 좀 더 큰 아픔을 가하거나 다른 종류의 아픔을 가하면 주사를 맞는 아픔이 중화될 수 있다. 이 경우에도 준거는 순간적으로 형성되어 작동한다.

이에 상응하는 저자의 경험도 있다. 학회 발표를 앞두고 1주 이상 고민하였더니 오랫동안 앓던 이에 문제가 생겼다. 할 수 없이 치과에 가서 1시간 넘게 치료하면서 시달렸다. 그런데 치료를 받고 났더니 이빨은 얼얼한데 어느새 발표에 대한 고민이 사라졌다. 치료의 고통이 발표에 대한 고민을 사소하게 만든 것이다. 이것은 정신적인 고민과 육체적인 고통이 결합되는 경우 고통이 가중되는 것이 아니라 서로를 상쇄할 수 있음을 보여 준다.

사실 정신적인 고통을 육체적인 고통으로 이겨내는 경우는 많다. 많은 사람이 고민을 이기기 위해 고된 노동이나 운동을 감행한다. 또한 정신적인 고통은 더해져도 늘어나지 않을 수 있다. 고민이 세 가지에서 두 가지로 줄면 일견 걱정의 총량이 줄어들어야 하는데, 실제로는 남아 있는 두 가지 고민이 커져서 고민이 세 가지 있을 때와 비슷한 걱정의 총량을 복원한다.

경제학의 관점에서 쾌락은 (+)이고, 고통은 (−)이며, 이들은 서로 가감된다. 또한 쾌락이나 고통이 체증하든 체감하든, 한 가지 즐거움(괴로움)에 다른 즐거움(괴로움)이 더해지면 더 즐겁다(괴롭다). 그런데 현실의 상황, 특히 육체와 정신이 결합되는 상황에서는 반드시 그렇지 않다.

이렇게 보면 쾌락과 고통은 언제나 설상가상(雪上加霜)으로 파악할 수 없다. 그렇다면 가계부에 정리하듯이 지출이나 즐거움 및 괴로움을 편집해서 그것을 늘리거나 줄인다는 행동경제학의 정신적 회계가 의미 있어 보인다. 특히, 소비와 쾌락 및 고통의 상호의존성, 나아가 쾌락과 고통의 분포나 배치가 총량에 영향을 미친다는 점을 고려할 필요가 있다. 따라서 행동경제학을 넘어서 전체를 조망하는 총체적인 인식도 필요하다.

7. 과유불급: 〈선택의 고통〉

경제학에 의하면 소득과 소비는 늘어나면 늘어날수록 좋다. 특히, 미시경제학은 비포화(nonsatiation)를 통해 '많으면 많을수록 좋다'(More is better)고 전제한다. 즉, 다다익선(多多益善)이다. 이 때문에 소득이나 가격 등 제약조건하에서 효용(이나 이윤)을 극대화하는 최적화를 통해 소비자는 균형을 달성하고 이것이 시장의 균형으로 이어진다.

물론 한계효용이나 한계생산성의 체감으로 인해 많은 것이 적은 것보다 비례적이거나 선형적으로 좋음을 늘리지는 않는다. 그렇더라도 어떤 경우에도 많은 것이 모자란 것과 비슷해질 수는 없다. 2개의 사과가 1개의 사과의 2배 효용을 주지는 않지만, 2개의 사과가 주는 효용이 1개의 사과가 주는 효용보다 언제나 크다. 그러니 경제학의 세계에서는 결코 많은 것이 적은 것과 같을 수 없다. 무엇보다 경제학에서는 선택의 대안도 많을수록 자유와 후생을 증진시키므로 역시 다다익선이다.

과유불급(過猶不及)은 무엇이든지 지나치면 모자라는 것과 같다는 뜻이다. 과공비례(過恭非禮)에 따르면 예의조차 지나치면 실례이다. 그러니 물질이나 부는 말할 것도 없이 과유불급이다. 과유불급이 요구하는 적절함은 쾌락, 노동, 운동 등 일상에서 넘치지도 모자라지도 않는 중용(中庸)이다.

과유불급을 넓게 해석하면, 인간의 목적을 효용으로 환원할 수 없고, 다른 모든 선택이나 활동이 효용에 봉사하는 수단도 아니다. 과유불급에서는 목적이 다양해서 제약하에서의 극대화로 한정하기 어렵다. 그리고 미분으로 그 점을 찾을 수 있을 정도로 목표가 정확하게 양적으로 규정되지도 않는다. 더구나 한국 사회에서는 순전히 개인 차원의 적절함이 아니라 관계와 집단을 고려한 적절함이 요구된다.

행동경제학은 (소비가 아니라) 선택의 대안이 많다고 무조건 좋은 것이 아니라는 증거를 제시하였다. 4~5가지의 잼을 놓고 선택하라고 하면 대부분 선택하지만 20가지 이상의 잼을 놓고 선택하라고 하면 대부분 선택하지 못한다. 이래서 '너무 많으면 적은 것과 같다'(More is less), 즉 과유불급이다. 더구나 이스털린 역설(Easterlin paradox)에 따르면, 미국과 일본 등에서 경제발전에 따른 소득의 증가가 사람들을 더 행복하게 만들지 않았다. 이 점에서 현재의 한국도 마찬가지이다.[19]

서양에서도 자본주의가 등장하기 이전에는 다다익선이 덕성이나 최고선에만 적용되었다. 아리스토텔레스에 의하면 덕성은 그 자체로 좋고 인생의 목표이므로 많을수록 좋다. 이는 의사의 목표가 환자를 치료하는 것이므로 치료되는 환자가 많으면 많을수록 좋은 것과 같다. 반면 검사, 투약, 수술, 그리고 의사의 소득은 모두 수단이므로 다다익선이 아니라 치료라는 목적에 의해 한정된다.

이같이 특정 대상이 목적, 특히 궁극적인 목적이면 다다익선이고, 수단이면 과유불급이다. 이런 아리스토텔레스의 주장은 사용가

19 홍훈 외(2024), 제8장; Diener *et al.*(2010).

치(치료)와 교환가치(돈벌이)를 구분하고 교환가치를 우선시하는 시장에 대한 경계로 이어진다. 그의 입장에서 화폐와 소득은 최하위의 좋음이고 이것으로 구입한 재화·서비스는 모두 하위의 좋음으로 삶의 수단이다. 이 때문에 이들은 덕성이나 정의 등 상위의 좋음에 지배를 받아서 과유불급이다.

마르크스가 생각하는 자본주의에서는 덕성이 아니라 그것의 정반대에 있는 가치와 잉여가치가 무한히 늘어나고 무한한 숭배를 받는다. 자본주의에서 의사의 목표는 환자의 치료가 아니라 병원의 수익을 극대화하는 것이므로 이를 위해 검사, 투약, 치료, 수술 등이 진행된다. 그리고 이런 이윤의 무한한 확장과 자본의 축적은 교환가치와 이윤 위주의 시장경제에 근거하고 있다. 결과적으로 자본주의에서는 이윤이 경제활동의 목표로 다다익선이다.

경제학에서 개인 차원에서 내세운 비포화의 전제가 마르크스에서는 체제의 차원에서 이같이 나타난다. 그의 입장에서 수단이 목적으로 전도된 것이 자본주의가 안고 있는 근원적인 해악이다. 그는 이것을 과유불급이라고 규정하는 데 만족하지 않고, 잉여가치와 교환가치가 우선시되는 자본주의를 비판하면서, 덕성이 되살아나는 사회체제로 나갈 것을 주창하였다.

아리스토텔레스와 마르크스가 물질의 과도함이 낳는 정신의 고갈을 말하였다면, 행동경제학과 행복경제학은 물질 자체에서 물질의 한계를 찾은 셈이다. 이에 비해 경제학은 현실의 인간을 내세우면서 이런 한계를 인정하지 않는다.

8. 조삼모사: 〈근시안〉

동양의 고사성어인 조삼모사(朝三暮四)에 따르면, 조련사가 원숭이들에게 아침에 도토리를 세 개 주고 저녁에 네 개 준다고 하였더니 싫어하다가, 반대로 아침에 네 개 주고 저녁에 세 개 준다고 하였더니 좋아하였다. 원숭이들이 어리석어서 이런 반응을 보였다는 것이 이 고사성어에 담긴 교훈으로 알려져 있다.

여기서 사람과 원숭이의 차이는 중요하지 않다. 현대 생물학의 실험에서도 원숭이는 거의 사람에 준하기 때문이다. 이에 더해 도토리를 재화나 화폐로 간주한다면, 이 고사는 아침과 저녁이라는 시간의 차이에 따른 인간의 선택 상황이 되어 미래시제 및 경제학의 시간선호와 관련지을 수 있다.

경제학은 누구나 미래보다 현재에 재화나 화폐를 소비 혹은 지출하는 것을 선호한다고 전제한다. 미래에 수반된 위험까지 고려하면 이런 판단은 강화된다. 이에 따라 모든 사람은 미래의 사과 하나보다 현재의 사과 하나를, 미래의 1만 원보다 현재의 1만 원을 더 좋아한다. 같은 이유로 미래의 재화나 화폐를 할인하고 현재의 재화나 화폐를 빌려주면 이자를 받는다. 결국 경제학의 관점에서는 원숭이들의 행동은 합리적이어서 어리석다고 판단할 수 없다.

행동경제학도 사람들이 미래보다 현재를 중시한다는 데 동의하지만, 현재에 대한 선호와 관련된 사람들의 비일관성을 지적한다. 쌍곡형 할인(hyperbolic discounting)이라고 불리는 현재에 대한 집착(present bias)으로 소비 시점에 가까워지면 할인율이 급격히 커지면서 사람들이 더욱 간절하게 현재의 재화나 화폐를 원하기 때문이다. 이것은 놀이, 도박, 음주, 마약 등의 중독과 같은 현상을 설명한다. 경제학에서와 달리 이 관점에서는 조삼모사가 원숭이들이 임박한 현재의 도토리에 대해 조급증을 보이는 비합리성이므로 비난의 대상이 될 수 있다.

행동경제학이 제공하는 또 다른 논리는 사람들이 상황이 개선되는 것을 좋아하는 경향이다. 가령, 3년 동안의 연봉으로 [7,000만 원, 6,000만 원, 5,000만 원]보다 [5,000만 원, 6,000만 원, 7,000만 원]을 선택한다. 미래에 대한 할인이나 이자를 고려하면 전자를 선택해야 하지만, 사람들이 자신의 연봉이 늘어나서 개선되는 것을 좋아하기 때문에 후자를 선택한다. 첫 연봉이 준거가 되어 연봉이 하락하면서 손실로 겪는 고통이 커서 이것을 피하려고 노력한다고 해석할 수 있다.

비용이나 고통 등 좋지 않은 것을 먼저 겪고 소득이나 즐거움 등 좋은 것을 나중에 맞이하려는 경향도 이와 비슷하다. 많은 사람이 일을 하기 전에 돈을 받기보다 일을 하고 돈을 받기를 원한다. 혹은 학생들은 놀고 나서 숙제하기보다 숙제하고 나서 놀기를 원한다. '매도 먼저 맞는 것이 낫다.' 또는 이자를 아낄 수 있음에도 불구하고 여행 후에 비용을 지불하기보다 먼저 지불하고 가벼운 마음으로 여행을 떠나기를 원한다.

이런 경향에 따르면 좋은 소식과 나쁜 소식이 있을 때 나쁜 소식을 먼저 듣기를 원할 것이다. 선우후락(先憂後樂)이 이와 비슷하나, 이 구절에는 타인에 대한 배려가 결합되어 있다. 이같이 개선을 원하는 경향은 기존 경제학의 할인과 반대의 결론을 낳는다. 이에 따르면 도토리가 아침에 4개였다가 저녁에 3개가 되는 것이 상황의 악화이므로 이를 좋아하는 원숭이들이 어리석은 것이 된다.

끝으로 할인이나 이자에 대한 생각을 전개하기에는 흐름이 너무 짧다고 판단할 수 있다. 여러 날을 고려하면 원숭이에 제공되는 식사량의 흐름은 A=[4 3 4 3 4 3 …]와 B=[3 4 3 4 3 4 …]가 된다. 여기서 A와 B 사이에 별 차이가 없다고 보면 원숭이는 근시안(myopia)으로 인해 차이가 없는 것을 대단한 차이로 착각하는 단견(短見)을 드러낸 것이다. 따라서 조삼모사는 과도하게 단기적이고 분석적인 시각에 대해 장기적이고 총체적인 시각의 우위를 교훈으로 제시한 것이 된다.

더구나 앞서 지적한 약한 미래시제를 고려하면 동아시아인은 아침의 도토리와 저녁의 도토리에 대해 무차별할 수 있다. 약한 미래시제는 미래에 대한 할인이 약하다는 수준을 넘어서 현재와 미래를 분리하지 않고 상호의존적으로 이해한다는 것을 의미한다. 따라서 동아시아의 시각에서 보면, [3, 4]보다 [4, 3]을 더 좋아하는 원숭이들은 겉으로만 똑똑한 것이 된다.

9. 이이제이: 〈보이지 않는 손〉

이이제이(以夷制夷)는 오랑캐 혹은 적을 직접 맞아 싸우지 않고 다른 적으로 하여금 내신 싸우게 만들이 적을 제압히는 것이다. 영원한 적도 영원한 동지도 없는 국제관계나 권력투쟁에서는 흔한 일이다. 그런데 허시먼(A. Hirshman)은 스미스의 철학을 '적에는 적'(enemy with enemy) 혹은 '불에는 불'(fire with fire)이라고 서술하였다.[20] 인간의 이기심을 관리하는 방법으로 윤리나 도덕을 심어 주는 것보다 여러 인간의 이기심들이 서로 싸우게 만드는 것이 더 낫다는 주장을 이와 같이 서술한 것이다. 이이제이를 미시적으로 적용하면 이와 비슷해진다.

익히 알려진 주장으로, 좋은 고기를 싼 가격에 먹는 방법은 정육점 주인에게 이윤추구를 자제하고 이웃을 사랑하며 이웃을 위해 봉사하라고 교육하거나 요구하는 것이 아니라 이윤을 추구하는 정육

20 Hirshman(1977).

점이 여러 개 생기도록 허용하는 것이다. 동네에 정육점이 여럿 있으면 서로 경쟁해 저절로 고기의 가격이 떨어지고 품질이 향상된다는 것이다. 달리 말해, 늑대가 한 마리 있으면 위험하지만 여러 마리가 있으면 서로 싸워서 견제된다는 것이다. 이런 방식을 통해 근면, 저축, 기술혁신 등이 촉진되면서 경제가 발전한다. 이것이 정부의 간섭 없이 시장에 작동하는 스미스의 보이지 않는 손(invisible hand)이다.

이런 생각은 스미스가 아니라 마키아벨리에서 시작되었다. 플라톤과 달리 마키아벨리는 왕이 현자가 아니라 포악하고 이기적이라는 현실론을 내세웠고, 이것이 홉스와 스미스를 통해 일반인에게 확대 적용되었다. 이런 생각은 인간이 모두 공자나 소크라테스와 같은 현자나 천사일 수 없다는 현실론에서 출발한다. 이런 이유로 마키아벨리가 사회과학의 시발점으로 간주되기도 한다.

이런 생각은 시장경제뿐만 아니라 민주주의에도 적용된다. 민주주의는 사람에 대한 불신과 제도에 대한 신뢰에 근거하고 있다. 아무리 현명한 지도자라도 독재자로 변할 수 있다. 이로부터 입법, 행정, 사법이 서로를 견제해 균형을 이루게 만드는 삼권분립이 나온다. 국민이나 시민은 정치지도자와 관료를 직접 관리할 필요 없이 여러 조직 사이의 견제를 통해 민주주의를 기대할 수 있다. 시장주의는 권력의 분할과 견제가 아니라 시장에서의 경쟁을 통해 이와 비슷한 상황을 그린다.

서양에서도 근대 이전에는 윤리나 도덕에 의존해 경제사회를 유지하려는 경향이 강하였다. 스미스는 보이지 않는 손이라는 개념을 통해 인간이 이기적임에도 **불구하고** 경제와 사회가 유지되고 나아가 발전할 가능성을 제시하였다. 그런데 현대 경제학은 스미스보다 더 나아가 사람들이 이기적이고 합리적이기 **때문에** 경제와 사회가 효율성을 유지해 발전한다고 주장한다.

이이제이의 이런 특징은 합종연횡(合從連橫)으로 붕괴할 수 있다. 기업들의 독과점, 정치인들의 야합, 언론기관들의 담합, 검사나 군인들의 사조직, 의사들의 집단이기주의 등이 그런 예이다. 한국사회에서 이 모든 것을 관통하는 지연, 혈연, 학연도 이이제이의 원리와 충돌한다. 특히 학연과 학벌은 앞선 경쟁으로 이후의 독점과 지대추구를 정당화한다.

경제학의 산업조직론에서 핵심적인 논쟁은, 시장이 스스로 경쟁력을 회복할 수 있느냐 아니면 경쟁력을 회복하기 위해서 수시로 정부가 법과 정책으로 개입해야 하느냐이다. 전자는 시장근본주의적인 시카고학파의 입장이고, 후자는 하버드 대학 등 케인스주의의 입장이다. 그런데 양자 모두 시장경제가 유지되려면 경쟁이 한 번에 그치는 것이 아니라 행위자들이 여러 번 지속적으로 경쟁에 노출되어야 한다는 데 동의한다.

한국의 경제사회에서는 한 번의 커다란 경쟁으로 이후 경쟁을 대신하는 경향이 강하다. '경쟁 끝 독점 시작'이다. 입시경쟁에서 이

겨서 좋은 대학을 나오거나, 의사나 판검사가 되면 그 이후에는 경쟁을 하든 카르텔을 형성하든 상관이 없다. 경선에서 승리해 대통령이나 국회의원이 되면 이에 대한 견제도 극도로 취약해진다. 시장경제를 내세우면서도 경쟁에 대한 제도와 관념 모두에 있어 이와 같다.

이같이 입시경쟁이나 선거경쟁 등에 대한 믿음이 지나쳐서 경쟁체제를 일관되게 유지하지 못하고 있다. 비인격적인 제도보다 사람, 특히 엘리트에 대한 집착도 너무 강하다. 그렇게 우수하고 훌륭한 사람이 어떻게 사익을 추구하겠는가라는 기대가 우리의 지속적인 문제이다. 결국 이이제이를 무력화하는 경쟁 혹은 '독점을 위한 경쟁'이 한국 경제사회의 여러 문제 중 하나이다. 이에 대한 방책은 법 등의 제도와 정책일 수밖에 없다.

chapter 05

경제용어에 실린 사회, 역사, 문화

1. 경제학의 웅변과 침묵
2. 가치와 자본
3. 가격과 품격
4. 수요와 필요
5. 도덕적 해이와 도덕적 타락
6. 한계, 대체, 상충

지금까지 우리말이 대명사 탈락, 약한 미래시제, 범주화 등을 통해 관계 및 집단주의, 맥락을 중시하는 총체적인 사고, 위계 등과 상호작용하면서 경제사회에 영향을 미친다는 것을 확인하였다. 이 장에서는 서양에서 만들어진 경제용어를 수용하는 과정에서 이와 비슷한 특징들을 찾아보았다.

경제학은 인문학이나 다른 사회과학에 비해 인공언어인 수학을 많이 활용한다. 그렇지만 경제학도 여타 학문과 마찬가지로 일차적으로 자연언어로 표현된 개념에 의존한다. 그리고 다른 영역의 언어와 마찬가지로 경제용어는 경세관념과 경제를 빈영할 뿐만 아니라 경제에 대한 행위자의 인식을 바꾸어 경제활동과 경제에 영향을 미친다.

그런데 경제학이 18세기 말에 영국에서 생겨나 20세기 들어 미국에 의해 계승되었기 때문에 경제학 개념의 원어는 거의 모두 영어이다. 더구나 경제학과 경영학이 미국에서 수입되면서 한국의 경제경영 분야에서는 (수학과 함께) 영어가 압도적으로 중요해졌다. 나아가 최근에는 포괄적으로 영어가 세계를 지배하면서 우리의 언어가 차지하는 위치는 줄어든 것 같다.

그리고 우리가 보는 사회과학과 경제학의 용어들은 대부분 근대에 서양 문물을 받아들이는 데 가장 적극적이었던 일본인들이 유교경전에서 찾아서 만든 번역어이다. 정치, 사회, 경제 등의 기본 용어에서부터, 수요, 공급, 생산, 소비, 함수, 효율, 효용, 이윤, 무치

별곡선, 생산함수 등 경제학의 용어가 모두 그와 같다. 현재 이런 번역어들은 우리에게 거의 체화되어 있다.

이런 점들을 고려할 때 경제학 용어의 두 가지 측면을 검토할 필요가 있다. 우선 경제학의 언어가 경제사회에 대해 말하는 것과 말하지 않는 것이 있다. 이것은 경제학의 언어를 정치경제학이나 여타 사회과학의 언어와 비교하였을 때 드러난다.

다른 하나는 개념을 번역하고 수용하는 과정에서 개념이 기계적으로 복사되는 것이 아니라 특정 사회의 역사와 문화가 개입되어 변형된다는 점이다. 그것은 주로 언어체계 사이의 차이로 인해 일견 동일해 보이는 단어가 다른 의미를 담게 되는 변형을 겪기 때문이다. 특히, 언어학자 소쉬르가 지적한 바와 같이 언어의 의미나 가치는 개별 단어가 아니라 맥락과 언어체계 전체에 의해 결정되기 때문이다. 학술용어, 특히 인문사회과학의 용어도 그런 맥락과 변형으로부터 자유롭지 않다.

한문으로 번역되어 150년 이상 사용된 경제학 용어도 한국과 동아시아의 경제와 사회의 상황을 반영하고, 경제사회에 대한 한국의 경제학자와 경제행위자의 관념을 재생산해, 경제에 영향을 미쳤을 것으로 추정할 수 있다. 따라서 경제용어의 변형이나 와전에서 한국과 동아시아의 문화나 역사를 읽어 낼 수 있을 것으로 예상할 수 있다.

기본적으로 영어로 된 경제학 용어는 개인주의와 분석주의에 근거하고 있는 데 비해, 한국을 위시한 동아시아는 관계·집단주의와 맥락·총체주의에 근거하고 있다. 이 때문에 한국의 경제학자는 인문학자나 여타 사회과학자보다 더 심한 갈등을 겪고 있거나 겪고 있어야 할 것으로 보인다. 이에 따라 번역이 어렵거나 오역되었거나 번역된 후에 새로운 의미가 결합된 용어에 주목하면서 경제학 개념을 추적할 필요가 있다.

1. 경제학의 웅변과 침묵

학문은 분야에 따라 대상이 달라지므로 자신이 말하는 것과 말하지 않는 것이 있다. 또한 동일한 대상을 놓고도 관점에 따라 말하는 것과 말하지 않는 것이 달라질 수 있다. 이 때문에 특히 사회과학에서 특정 학문이 말하지 않는 것을 드러내는 일은 쉽지 않다. 경제학의 경우도 이와 같다.

구체적으로, 우선 다른 학문도 그렇지만 경제학도 이론이 지닌 전제나 가정 혹은 묵시적인 입장을 스스로 의식하거나 명시하지 못할 수 있다. 더구나 경제학은 자신의 전제나 가정에 대해 다른 학문만큼 예민하지 않다. 프리드먼의 실증경제학 방법론은 이를 보여 준다.

둘째, 현대 경제학은 시장, 효용, 화폐, 자본, 이자, 이윤 등의 제반 개념들에 대한 설명에 의외로 개념을 소홀히 한다. 개념이 아니라 수리적이거나 계량적인 측면에 중점을 두기 때문이다. 그렇지만 이런 태도는 정당하지 않으며, 경제학을 수용하는 입장에서는 더욱 그렇다. 이에 비해 과거의 경제학이나 정치경제학은 개념을 중시하였다.

셋째, 경제학이 자신의 입장이나 이념 때문에 일관성을 유지하고 위협을 제거하기 위해 배제하거나 억압한 부분이 있다. 이런 이유로 생긴 침묵은 반드시 중립적이거나 무해하다고 볼 수 없다.

그렇다면 경제학의 침묵은 너무나 당연해서 말하지 않는 것과 말하고 싶지 않거나 말해서는 안되는 것으로 두 가지이다. 그리고 경제학을 정치경제학이나 사회과학과 대비시키면 비로소 이 두 가지가 드러난다. 그래서 경제학의 웅변(雄辯)과 이 두 가지 침묵(沈默)을 종합하면 경제학을 총체적으로 파악할 수 있다.

교과서의 주제들을 고려하면 경제학은 효용, 선호, 선택, 가격, 시장, 균형(equilibrium), 효율, 경쟁, 실적에 대해 웅변한다. 동시에 (경제나 사회의) 정의, (분배의) 공정성, (능력, 재력, 자금력 등) 힘, 사회(구조), (노동자, 자본가) 계급과 계층, 관계, 집단, 가치, 윤리와 도덕에 대해 침묵한다. 이런 웅변과 침묵을 관통하는 것은 개인주의와 분석주의이다.

이에 따라 경제학은 근원적인 기반으로 개인, 가격, 시장을 내세운다. 시장이 가격으로 연결된 개인들의 모음이라고 보기 때문이

> • 배리언(H. Varian) 『미시경제학』의 소제목
> 기술, 이윤극대화, 이윤함수, 비용극소화, 비용함수, 이원성, 효용극대화, 선택, 수요, 소비자잉여, 불확실성, 계량경제학, 경쟁적, 시장, 독점, 게임이론, 과점, 교환, 생산, 시간, 자산시장, 균형분석, 후생, 공공재, 외부효과, 정보, 수학, 최적화
>
> 자료: Varian(1992), pp. v~xii.

다. 경제학이 분석적이어서 현상을 개인이나 개체로 분해하기 때문에 이 중에서도 개인이나 개체가 기본 단위를 이룬다. 그래서 재화, 효용, 선호, 신댁, 이윤, 비용, 극대화, 기술, 수요, 공급, 복지, 행복 등을 모두 개인이나 개체의 차원에서 규정한다. 동시에 이런 것들을 집단, 기업, 조직, 계층, 계급, 사회, 국가의 차원에서 규정하지 않으며, 규정하더라도 개인 차원에서 파생된 것으로 본다. 특히, 경제학은 관계나 집단을 모두 개인으로 분해한 후 개인들의 기계적인 반복이나 확장으로 재구성한다.

구체적으로 개인의 합리적인 선택이 모여 시장에서 균형을 이루면서 효율적으로 경제와 사회의 문제를 해결하므로, 국가의 법이나 정부의 조세정책에 의존하는 (분배적) 정의와 공정성이나 윤리 및 도덕을 필요로 하지 않는다. 이같이 균형에 대한 경제학의 웅변은 정의에 대한 경제학의 침묵과 함께 간다.

경제학이 사회를 언급하지 않는 것은 개인들과 독립적으로 존재하는 사회구조는 물론이고 출현적 속성도 인정하지 않기 때문이다.

같은 이유로 인간관계나 사회관계 등 관계와 집단이나 조직도 부차적이라고 본다. 힘, 세력 혹은 권력에 대한 경제학의 침묵도 개인인 경제행위자들이 사전적으로 동등하게 시장에 참여해 사후적으로 나타나는 차등을 교정하지 않아야 한다고 생각하기 때문이다.

경제학은 과거 경제학에서 핵심적인 개념이었던 '가치'(value) 개념을 더 이상 말하지 않는다. 가치가 관찰 가능하지 않으며 분석적이지 않다고 판단하였기 때문이다. 또한 20세기 들어서 시장에서 결정되는 가격에 대한 믿음이 강화되었기 때문이다.

그런데 경제학은 실제로 이런 것들에 대해 별로 언급하지 않는다. 개인은 너무 당연해서 언급하지 않는 것이므로 이것은 실질적으로 침묵이 아니라 웅변이다. 이와 반대로 관계, 집단, 계층, 계급, 구조, 맥락, 전체는 부차적이거나 허구라고 보아 침묵한다. 이런 경제학의 침묵은 성(性)이나 색깔(이념)에 대한 한국인의 침묵이나 'color'(인종)에 대한 미국인의 침묵과 같다.

경제학이 금과옥조로 삼는 합리적 선택 자체도 그것이 말하는 것뿐만 아니라 그것이 말하지 않는 것을 통해 그것의 성격을 드러낸다. 그것의 웅변은 무엇을 어떻게 선택하는가이고, 그것의 침묵은 개인이 선택할 수 없는 유전자, 가정환경, 역사와 문화, 사회구조와 불평등으로 인해 개인이 선택할 수 없는 것이다.

경제학의 침묵은 외부효과에서 두드러진다. 우선 어떤 사물에 밖이 있으면 안이 있기 마련이다. 그런데 경제학은 외부효과를 말하면서도 내부효과를 말하지 않는다. 그래서 외부효과를 규정하는 것은 내부효과와 외부효과를 구분하는 기준을 제시하는 것과 같다. 그리고 따져 보면 그 기준은 개인, 가격, 시장이다.

구체적으로 개인이 선택이나 의사결정을 고려하고, 의사결정의 결과가 시장의 가격에 반영되면 내부효과이고, 그렇지 않으면 외부효과이다. 그래서 공해, 교육, 기술혁신 등이 외부효과의 예이다. 그런데 경제학은 대부분의 요인이나 결과가 개인의 선택에 고려되고 시장의 가격에 반영되어 내부효과가 당연하고 외부효과는 예외적이라고 생각한다. 이 때문에 내부효과는 언급하지 않고 외부효과만 언급한 것이다. 따라서 내부효과에 대한 침묵은 내부효과에 대한 무시가 아니라 내부효과에 대한 웅변이고 개인주의 및 시장주의에 대한 웅변이다.

그런데 외부효과를 구체화하려면 공해나 교육에서와 같이 사적인(private) 편익/비용과 사회적(social) 편익/비용을 구분해야 한다. 경제학이 사회와 개인, 사회적인 것과 사적인 것을 전후로 논의하지 않고 거의 유일하게 이 부분에서 언급하는 것은 자의적이다. 무엇보다 2008년의 글로벌 금융위기 이후에 부각되고 있는 금전적 외부효과(pecuniary externality)라는 개념은 경제학의 이런 침묵이 안고 있는 문제를 드러낸다.

위기에 처한 금융기관들이 각자의 위험을 줄이기 위해 자산을 급매하면 시장에서 자산의 가격이 하락하여 이 자산을 보유한 금융기관들의 상황이 더욱 악화된다는 것이다. 그런데 이 경우 금융기관들의 행위가 가격에 반영되었는데도 금융기관들이 외부로부터 영향을 받는 것이므로 외부효과이고, 그것도 금전이 관련되어 금전적인 외부효과라고 불린다.

이것은 행위자의 행위가 가격에 반영되었는데도 외부효과로 규정된다는 점에서 공해, 교육, 기술혁신 등 통상적인 외부효과와 다르다. 이에 더해 금전적이라는 형용사가 즉흥적으로 붙었다는 점도 문제이다. 금융기관의 행위치고 금전적이지 않은 것이 없기 때문이다.

그리고 이런 상황은 이미 스미스나 마르크스에 등장해 특별할 것이 없다. 스미스에 따르면 경제 주체의 행위들이 모여 시장에서 원래 의도하지 않은 결과를 낳을 수 있다. 또한 마르크스의 이윤율 저하의 법칙은 자신의 이윤율을 지키려는 여러 자본가의 노력이 오히려 평균 이윤율을 낮추는 결과를 낳는 상황을 제시하고 있다.

이를 고려하면 경제학은 개별 행위자의 행위와 이들이 모여서 나타나는 시장 전체의 결과를 구분하고, 개별 행위자의 합리적 행동이 반드시 시장 전체의 합리성으로 이어지지 않을 가능성을 수용해야 한다. 경제학도 개별 주체의 위험과 체제 전체의 위험을 구분하지만 여기까지 나가지는 않는다. 결국 금전적 외부효과는 개인의 합리성과 시장의 효율성을 웅변하고 시장 전체의 불완전함이나 출현적 속성에 침묵하면서 생겨난 문제를 안고 있다.

2. 가치와 자본

한국의 경제학도들은 경제학의 개념들을 한글로 이해하고, 영어로 확인하는 데 만족한다. 그래서 번역된 경제용어를 구성하는 한문까지 파고들지는 않는다. 그렇지만 한문 번역어를 검토하면, 한 가지 특징이 드러난다. 영어로 된 경제학의 개념들 사이에 서로 겹치는 부분이 없는데, 한자로 번역된 개념들은 서로 얽혀 있다.

영어로 가치(value), 가격(price), 재화(good), 화폐(money), 자본(capital), 자원(resource), 임금(wage)은 전혀 다른 단어들이다. 그래서 재화는 재화이고, 화폐는 화폐이다. 이에 비해 한자어로는 가치(價値), 가격(價格), 재화(財貨), 화폐(貨幣), 자본(資本), 자원(資源), 임금(賃金)이 패(貝)를 통해 서로 얽혀 있다. 이같이 영미철학에 의존하며 주로 영어를 통해 발전한 경제학의 개념들은 개체적이고 분석적인 데 비해, 한자 번역어들은 맥락적이고 심지어 총체적이다.

구체적으로 20세기 경제학을 대표하는 일반균형체계는 분석적인 영어 개념들에 걸맞는다. 이 체계에서 제반 개념들은 소비자나 생산자 등 경제행위자, 시장, 가격을 중심축으로 모아지는데, 모아지기 전에 미세하게 쪼개진다. 행위자는 여러 명의 독립적이며 합리적인 개인으로, 시장은 여러 개의 개별 시장으로, 가격은 여러 개의 개별 가격으로 쪼개진다.

그리고 가격이 붙어 개인의 선택 대상이자 시장의 거래 대상인

> • 관련된 기본 개념
> 가치(價値, value), 잉여가치(剩餘價値, surplus value), 재화(財貨, good), 상품(商品, commodity), 화폐(貨幣 錢, money), 실질(實質, real), 명목(名目, nominal), 토지(土地, land), 노동(勞動, labor), 자본(資本, capital), 임금(賃金, wage), 이윤(利潤, profit), 이자(利子, interest), 지대(地代, rent), 시장(市場, market), 공장(工場, factory)

재화(와 자원)도 비슷하게 쪼개진다. 특히, 개인이 합리적이어서 한계원리에 따라 판단하고 선택하기 위해 효용(이나 이윤)을 극대화하므로, 극대화의 대상이 되는 재화(나 자원)는 사과든 냉장고든 집이든 항만이든 더욱 미세하게 쪼개진다.

재화(와 자원), 시장, 가격은 n개의 무차별한 시장을 구성하고, 이 시장들이 모여 시장경제를 이룬다. 그렇다고 재화, 시장, 개인이 서로 무관하게 공존하는 것은 아니다. 만약 그렇다면 그것들은 시장에서 묶인 것이 아니다. 여러 재화는 선택의 대상으로서 개인 차원에서 대체·보완 비율로 연결되고, 여러 시장은 이런 선택에 의존해 결정되는 가격들로 연결된다. 그렇더라도 이것은 일차적으로 독립적인 개인과 개체들의 외적인 연결이다.

이에 비해 한자 번역어들은 내적으로 연결되어 있다. 이런 이유로 번역어들은 경제학보다 관계적이고 총체적인 마르크스에 더 가깝다. 마르크스는 주로 영어로 표현되고 발전한 개념에서 출발하였지만, 이들을 비판하면서 독일어로 표현된 철학 개념에 의존해 이들을 재구성함으로써 총체적인 체계를 수립하였기 때문이다.

구체적으로 마르크스는 서로 분리되어 있는 상품(**W**are), 가격(Preis), 화폐(**G**eld), 노동력(**A**rbeits**k**raft), 자본(Kapital), 생산수단(**P**roduktions**m**ittel), 임금(Lohn), 이윤(Profit), 지대(Rent) 등을 관통하는 개념으로 가치(Wert)를 설정하고 가치를 중심축으로 이들을 연결시켜 체계화하였다. 그리고 노자계급관계에 근거한 착취에 의존해 가치가 반복적으로 확대 재생산되는 가치의 자기증식 과정을 자본으로 규정하였다. 즉, G-Ak/Pm … P … W-G′.

마르크스의 체계를 관통하는 것이 가치라면, 한자 용어들을 연결시키는 것은 가치(價値)라기보다 패(貝)이다. 패는 재물도 되고 화폐도 되므로, 사용가치와 교환가치를 결합한 마르크스의 가치와 비슷하다. 그런데 '가치'는 여러 개념에 포함되어 있지 않으면서 이들을 포괄하는 데 비해, '패'는 여러 개념에 구체적으로 포함되어 이들을 연결한다.

전체적으로 한자어들은 마르크스의 체계만큼 포괄적이지 않다. 또한 한자어들은 상품이 아니라 재화를 내세우고 생산 과정을 포함하지 않는다. 전통적으로 동아시아에서 생산은 농업인데, 농업이 상품이나 화폐와 분리되어 있었기 때문이다. 그래서 한자어들은 마르크스의 용어로 자본의 일반적 공식, 즉 G−W−G′과 P를 분리하고 있다.

이같이 경제와 관련된 한자어 체계는 마르크스의 체계만큼 완결적이지 않다. 또한 마르크스의 개념만큼 번역된 개념들은 견고하지 않다. 그렇더라도 이론의 내용을 떠나서 모두 총체적이라는 것이 상당 기간 동안 한국인과 동아시아에서 마르크스가 호소력을 지녔던 이유일 가능성이 있다. 동아시아의 인식과 헤겔-마르크스주의 사이의 유사성은 이미 지적된 바 있다.

대표적으로 미국의 심리학자 니스벳(R. Nisbett)은 서양과 동양의 관념을 형식논리와 초보적인 변증법으로 규정하였다.[1] 형식논리는 특정 사물이 A이든지 A가 아니든지 둘 중 하나라는 배중률을 핵심으로 삼는다. 변증법은 특정 사물이 A면서 A가 아니라는 모순율, 새옹지마(塞翁之馬)로 예시되는 변화에 대한 적응, 그리고 총체성을 특징으로 삼는다. 그리고 니스벳은 양자의 차이가 수렵과 농업에서 비롯되었다고 주장하였다.

상품이나 재화와 화폐로 좁히더라도 한자어는 양자의 얽힘으로 신고전학파보다는 마르크스나 케인스에 가깝다. 우선 미시적으로 신고전학파는 화폐를 그 자체로 인정하지 않고 재화로 환원하면서 가격을 뉘메레르(numéraire)로 취급해 화폐로부터 분리한다. 이에 비해 한자 번역어는 화폐를 상품이나 재화로 환원한다고 보기 힘들다. 또한 재화와 화폐의 얽힘으로 번역어들은 마르크스의 가치형태론과 비슷하다. 가치형태론에서 마르크스는 가치를 통해 상품과 화

1 Nisbett *et al.*(2001).

폐를 연결시키고, 상품과 화폐를 각기 (자신의 가치를 적극적으로 표현하는) 상대가치 형태와 (다른 것의 가치를 수동적으로 표현해 주는) 등가물 형태로 규정하였다. 물론 번역어에서 재화를 상품으로 바꾸어 생각해야 한다.

거시적으로는 한자어들은 용어들의 얽힘으로 통화주의보다 케인스주의에 가깝다. 신고전학파는 소위 고전적 이분법(classical dichotomy)을 통해 실물과 화폐·금융을 분리하며 화폐·금융 부문은 실물을 반영하는 데 그친다고 주장한다. 여기서 실물이 실질(實質)이고 화폐는 명목(名目)에 불과해 화폐·금융 부문이 자율성을 갖지 못한다. 이에 비해 케인스와 케인스주의는 적어도 단기적으로 화폐· 금융 부문의 독자적인 움직임을 인정한다.

이자(利子)는 영어 'interest'보다 그리스어 'τόκος'와 통한다. 아리스토텔레스는 식물에 열매가 열리고 동물이 새끼를 낳는 것은 자연스러우나, 돈이 자식을 낳는 것은 자연에 반한다며 이자소득을 비판하였다. 여기서 이자를 자식을 낳는 것에 비유하였다는 점이 중요하다. 그리고 이런 생물학적인 비유는 고리대자본(G – G')을 통해 마르크스로도 이어진다. 이것은 우리말의 이자(利子)나 이식(利息)과 정확히 일치한다. 그런데 이(利)의 '禾'(화)가 벼와 농업을 전제로 이기(利己), 이익(利益), 이윤(利潤)을 포괄한다는 점에서 아리스토텔레스나 마르크스와 차이가 있다.

동아시아뿐만 아니라 마르크스에서도 관계는 중요하다. 특히,

양자 모두에서 관계(關係, Verhältnis Beziehung)는 핵심적이다. 동아시아에서는 가족관계와 인간관계가 중요하고, 마르크스에서는 교환관계와 계급관계 혹은 사회관계나 경제관계가 중요하다. 양자 모두 외재적인 관계가 아니라 내재적인 관계로서 근원적이다.

그렇지만 양자 사이에 관계나 집단에 대한 생각의 차이도 크다. 자본주의 혹은 시장경제에 국한시키더라도 한문인 관계의 '계'(係)에 들어 있는 사람(人)에 집중하면, 동아시아의 인간관계에서는 사람의 관계가 물건의 관계를 압도한다. 이에 비해 마르크스의 사회관계에서는 물건의 관계가 인간관계를 매개하고 이것을 압도한다.

마르크스가 자본을 시장과 공장의 총체로 파악한 것과 유사한 점이 한문 번역어에서도 발견된다. 교환 과정이 진행되는 시장(市場, market)과 생산 과정이 진행되는 공장(工場, factory)도 영어(뿐만 아니라 독일어)에서보다 한자어에서 '장'(場)을 통해 보다 내적으로 연결되어 있어 총체적이다. 더구나 일본에는 '장'(Ba)의 철학이 있고, 지식 경영학의 대가인 노나카(野中郁次郎)는 이에 근거해 토스트 굽는 기계 등 현대 일본 기업의 기술혁신을 설명해 왔다.

3. 가격과 품격

가격(price)은 경제학의 모든 관점이 공유하는 공통의 언어이다.

상품(commodity marchandise Ware)은 생산비이론이나 노동가치론을 내세우는 정치경제학에 가까운 용어이다. 효용이론을 내세우는 경제학은 재화(good)에 더 친숙하다. 그렇더라도 가격과 함께 상품은 일상적으로 사용되는 용어이다. 원어로 'commodity'에는 사고판다는 의미가 두드러지고, 'price'는 수량으로 된 상품에 대한 평가이다. 그런데 이들 한문 번역어를 파고들면 의외의 '복병'을 만나게 된다.

상품(商品)의 '품'(品)은 제품(製品)이나 물품(物品)으로 물건과 통할 뿐만 아니라 인품(人品)으로 사람과도 통한다. 가격(價格)의 '격'(格)도 물격(物格)으로 물건과 통하면서 인격(人格)으로 사람과도 통한다. 물격은 생소하지만 의도나 행위가 미치는 대상을 뜻한다. 그런데 이런 의미는 'commodity'나 'price'에는 들어 있지 않다. 따라서 번역어 상품과 가격은 원어에 들어 있지 않은 의미를 담고 있는 것으로 보인다.

또한 가격(價格)의 '격'은 품격(品格), 자격(資格), 격조(格調), 격식(格式), 합격(合格), 결격(缺格) 등과 통하므로 질적이고 범주적이다. 이것은 가격이 '싸다거나 비싸다'는 표현이나 돈이 '있다거나 없다'는 이분법적인 어법에 부합된다. 일등품, 이등품 등 상품에 대한 질적인 구분이나 사용가치의 구분과 같은 가격과 상품에 대한 질적인 규정에 부합된다. 이것은 경제학이 수요량과 공급량의 변동과 연결시켜 'price'를 연속적인 것으로 취급하는 것과 대비된다.

이런 의미에서 가격의 '격'은 상품이나 제품 등의 '품'과 통하며 상품과 가격의 품격(品格)으로 종합된다. 상품과 가격에 품격을 부여하는 것은 물건을 사람과 비슷하게 인격화하는 것이다. 인격화는 사람을 물격화하거나 물화하는 것과 반대이다. 이런 의미에서 가격은 자연스럽다기보다 인위적이고 심지어 인륜적이다. 그리고 동아시아에서의 인격화는 개인적인 인격화가 아니라 관계적이고 집단적인 인격화이다. 또한 상품과 가격의 품격은 앞서 지적한 브랜드와 가격에 대한 총체적인 인식과 통한다.

이것이 동아시아에서 자본주의나 시장경제를 받아들일 때 서양의 개념에 저항하거나 이를 변형한 방식일 수 있다. 상품과 가격이라는 번역어에 담긴 이런 의미를 한국의 경제학자들이 되새기는 것은 아니므로 이런 의미가 경제학자들의 생각에 영향을 미쳤다고 보기 어렵다. 그렇지만 번역할 당시 동아시아의 경제관념을 반영하였고, 그런 관념을 우리가 아직도 가지고 있을 가능성이 있다.

이런 것들은 동아시아에서 나타나는 인간과 물체나 동물의 밀착된 관계를 보여 준다. 이와 비슷한 것이 서양에서는 재화를 자아의 인장으로 간주하는 것이나 자신이 소유한 물건에 대한 애착을 나타내는 행동경제학의 부존자원효과(endowment effect)이다. 그렇지만 이것들은 물건의 인격화로 나가지는 않는다.

그런데 과연 상품과 가격에 품격을 부여하며, 화폐를 인간화하는 것이 가능할까? 이들을 인간화한다는 것은 상품, 가격, 화폐를 관리해 인간에게 이롭게 만든다는 케인스적인 거시정책보다 근원적인 것 같다. 이것을 조망하기 위해 인격화나 물(격)화와 관련되는 서양의 경제사상으로 스미스, 마르크스, 그리고 역사학파로 돌아가 보자.

스미스는『도덕감정론』에서 윤리나 도덕을 세속화해 감성과 가깝게 만들었다. 이것은 정도상 덜하지만 벤덤과 같은 방향이다. 이는 인간을 고대 그리스나 독일의 철학자보다 감성적이고 육체적이며 물적인 존재로 보는 것이다. 그런데 다른 한편으로 스미스는『국부론』에서 '보이지 않는 손'을 통해 가격을 격상시켰다. 여기서 가격은 세속적이면서도 신의 편재를 보여 주는 듯하다. 물론 스미스에서 가격이나 화폐가 신격화되지는 않는다. 그렇지만 인간이 통제할 수 없다는 측면을 담고 있다는 점에서 물적이기도 하다.

마르크스는 스미스의 이런 생각을 극대화시킨다. 자본주의의 가격은 인간이 통제할 수 없는 독자적인 힘에 의해 결정된다. 그리고 가격을 결정하는 재생산 과정에서 인간이 상품을 교환하는 것이 아니라 상품이 있어야 인간들이 서로 만나는 전도가 일어난다. 인간이 상품에게 노예가 되고 상품은 대상에서 주인이 되어 인간관계는 물상화되고 상품은 인격화된다. 이 관점에서 상품이나 가격은 인격화되지만 부자연스런 자본주의의 인간상을 담고 있다. 그리고 이 입장에서 상품과 가격을 인간화하려면 자본주의 체제를 극복해야 한다.

경제사상에서 노동자나 기업 등 경제행위자에게 윤리나 도덕을 부과하려고 가장 노력하였던 것이 독일의 역사학파이다. 동시에 역사학파는 경제의 운행에서 경제행위자들의 힘이 작용한다는 것을 중시해 사회적 목표를 달성하도록 국가가 법과 정책을 통해 개입해 행위자들을 조정할 것을 강조하였다. 그리고 그 이후에 등장한 질서자유주의는 역사학파보다 시장주의적이지만 역사학파와 유사성을 지니고 있다.

이런 점에서 상품과 가격의 품격은 역사학파에 가장 가깝다. 그리고 경제발전 과정에서 드러난 한국의 경제관념은 역사학파나 질서자유주의와 친화력을 지니고 있다.[2] 현대 사상으로는 생산, 소비, 의사결정 등에 있어서 착취, 불평등, 환경파괴가 없는 윤리적인 경제나 사회적 기업 등이 이에 부합될 것이다. 그리고 앞서 논의한 '착한 가격'과 '착한 계란'이나 박지원의 돈과 '호형호제'하는 것이 이에 가깝다.

4. 수요와 필요

서양의 고전학파가 노동가치를 내세우면서 경제를 생산 위주로 파악하다가, 1871년 한계효용학파가 등장해 경제를 시장 위주로 파악해 효용가치를 내세우면서 본격적으로 수요(demand)가 부각되기 시작하였다. 이에 따라 17세기 말에 로크(J. Locke)가 주권재민을 내

2 홍훈(2023), pp. 321~334.

세운 지 200년 후에 비로소 소비자들이 수요를 통해 시장을 지배한다는 소비자 주권(consumer sovereignty)이 등장하였다.

이에 근거한 신고전학파에서 개인의 수요는 (소득의 제약하에서이지만) 개인이 합리적인 선택을 통해 자신의 선호를 시장에서 드러내는 방식이다. 특히, 합리적인 선택이 재화뿐만 아니라 학교(진학), 직장(취직), 후보자(투표), 배우자(결혼) 등으로 확장되면서 수요는 개별 소비자나 시민이 자신을 표현하는 방식이 되었다.

그런데 동아시아에서는 경제를 생산 위주로 파악하는 경향이 서양사상을 받아들이는 시점에 이르기까지 지속되었다. 생산, 소비, 분배, 공급 등과 달리 'demand'에 해당하는 '수요'(需要)라는 단어를 찾는 데 어려움이 있었다는 것이 이를 말해 준다.[3] 그뿐만 아니라 동아시아에서는 현재까지 개인 차원의 수요라는 개념과 이에 수반된 행위가 모호한 것으로 보인다.

그간의 연구에 따르면 유럽인이나 미국인에 비해 동아시아인은 원하는 재화 등의 선택을 통해 자신의 개성을 표현하는 데 적극적이지 않다.[4] 서양인이 개인 위주인 데 비해 동아시아인이 관계적이고 집단적이어서 물건을 선택할 때 타인을 의식하기 때문이다. 타인을 의식하므로 동아시아의 소비자는 미국의 소비자에 비해 명품이나 브랜드에 대한 집착이 강하다. 이 때문에 동아시아인은 새로운

3 Morris-Suzuki(1989).
4 Kim and Drolet(2003; 2009), Kim and Sherman(2007).

상표의 저가공세를 높게 평가하지 않는다. 또한 상품에 대한 객관적인 기준을 요구하면서 인증이나 평가를 중시한다.

이것은 한국 사회에서 사람뿐만 아니라 재화에 대해 손쉽게 위계나 서열을 부과하고 선호가 사전표기식인 것과 연관이 있다. 나아가 여름철 방화 관객이 1,000만 명을 넘기는 수요의 쏠림과도 관련이 있다. 이렇게 보면 한국에서는 가격에 예민한 개인 차원의 수요뿐만 아니라 관계적이고 집단적이며 소득에 예민한 '필요'를 고려할 필요가 있다. 종합적으로 다음과 같은 것을 고려해야 한다.

- 개인적인 수요뿐만 아니라 관계적인 수요와 집단적인 수요가 시장수요를 구성한다.
- 가격변동에 따른 대체비율과 탄력성은 적고 소득에 대한 탄력성은 높다.
- 시장에서 수요의 쏠림이 있다.
- 선호가 사전표기식의 서열을 지닌다.
- 재화의 가치에 대해 객관적인 기준을 추구한다.
- 품질, 상품, 분류와 범주에 예민하다.
- 선택과 구매에 있어 타인을 의식한다.

선호 및 수요와 관련된 이런 특징을 1990년대의 '과소비' 논쟁, 최근의 '아파트 원가 공개' 논란, '가성비', KS 마크를 통해서도 확인할 수 있다.

1) 과소비

1990년대에 한국에서 등장하였던 과소비 논쟁을 경제학은 수용할 수 없다. 경제학의 관점에서는 소비자들이 합리적이고 안정된 선호를 가지고 효용을 극대화하므로, 그들이 선택한 소비 수준은 언제나 적정하다. 이 때문에 시장에서 결정된 소비 수준이 너무 높거나 너무 낮다고 말할 수 없다.

그렇지만 이것은 개인을 소비의 유일한 단위라고 전제하였을 때 타당한 판단이다. 관계나 집단을 고려한 소비 수준이 개인 차원에서는 넘치거나 모자랄 수 있다. 개인의 관점에서는 쏠림이나 부화뇌동(附和雷同)으로 보이는 수요가 생길 수도 있고, 반대로 소비를 자제할 수도 있기 때문이다. 또한 행동경제학의 관점에서는 개인 수준에서도 소비자들이 충동구매 등으로 반드시 적정한 수준의 소비를 유지한다고 볼 수 없다.

2) 원가 공개

아파트의 원가 공개 논쟁도 수요에 대한 우리의 인식을 반영하고 있다. 원가를 공개하라는 소비자들은 가격에 포함된 자신들의 선호나 수요의 역할을 경시한다. 여기서 수요는 실수요와 투기수요를 포함한다. 건실입자는 그들대로 원가를 공개하지 않겠다고 맞서서

역시 수요가 가격에 미치는 영향을 중시하지 않는다. 결국 소비자와 건설업체 모두 수요를 아파트 가격의 결정 요인으로 받아들이지 않는다. 이는 가격과 품질에 대한 객관적인 척도를 시사하고 있다.

3) 가성비

요즘 회자되는 가성비라는 용어에도 소비자의 다양한 선호나 수요에 대한 우리의 관념이 담겨 있다. 가성비는 가격에 대비한 성능(effectiveness)의 비율을 줄인 말이다. '성능'이라는 표현에서 확인되듯이, 경제학 개념으로서 가성비는 원래 재화의 품질이나 서비스의 결과가 객관적으로 확인되는 상황에 주로 쓰인다.

예를 들어, 학교나 학원의 교육, 정비소의 자동차 수리, 의사의 진료, 변호사의 변론 등에 대해서는 성적 향상, 정상적인 작동, 건강 회복, 승소 등 객관적으로 결과가 나온다. 이런 것에 대한 평가에서는 모두가 동의할 부분이 많아 소비자들의 다양한 효용이나 주관이 부차적이다. 그래서 이런 것과 관련해서는 주관적인 효용보다 객관적인 성능(性能)이나 효능(效能)을 따지는 것이 적절하다.

그런데 현재 한국에서 가성비라는 용어는 식당의 음식에 대해 주로 사용된다. 그리고 음식에 대한 평가에는 소비자에 따른 주관적인 요소가 많이 개입되어 객관적인 '성능'을 말하기 힘든 경우가 많다. 음식보다 음악, 미술, 공연, 설교 등에는 주관적인 요소가 더 많을 것이다. 그래서 이런 경우에는 경제학이 주장하는 바와 같이, 소비자마다 효용이나 지불할 의사를 따지는 것이 타당하다.

효용을 성능으로 대신하려는 것은 객관적인 평가에 신속하게 도달하기 위한 갈망이 우리에게 있음을 뜻한다. 이것은 관계·집단주의로 인해 개인 차원의 선호나 수요의 주관성이나 다양성에 인색한 것과 통한다. 그리고 이런 경향은 사람과 물건에 대해 사전적으로 질적인 평가를 얻으려는 경향과 함께 간다. 이렇게 되면 소비자는 브랜드에 민감해지면서 동시에 재화 가격의 변동에는 상대적으로 둔감해진다.

4) KS 마크

KS 마크는 정부에서 여러 제품에 대해 우수함을 표시하는 방식으로 1970년대에 특히 중요하였다. 이것은 소비자들의 선호나 선택과 독립적으로 정부에서 결정한 것으로 상품의 품질을 미리 결정해 소비자의 선택을 선도하려는 의도를 담고 있다. 사실 1970년대에는 품질뿐만 아니라 가격도 정가제 등을 통해 미리 정하였다. 그 이후 가격에 대한 규제는 정찰제나 권장소비자가격 등을 통해 완화되었다. 그렇지만 KS 마크와 비슷한 것이 모범업소 등 정부의 각종 인증을 통해 한국의 경제사회에 지속되고 있는 것으로 보인다.

익히 알려진 바와 같이 미국은 물론 유럽보다 한국에서 정부의 허가나 인증이 중요하다. 각종 학위나 자격증 등이 모두 이에 속한다. 정부에서 학위증을 발급한다든지 상품의 등급을 매기는 데 있어 시장의 평가보다 정부의 인증이 중요하다. 그리고 이런 인증이 독과점을 초래해 특권이나 지대를 낳기도 한다.

이런 국가의 표준화나 인증이 정부의 산하단체나 정부와 상의하는 직능별 협회 및 관련 단체로 이관될 수 있다. 그런데 이같이 민간 부문에 맡긴 경우에도 시장적이라기보다 관료적이고 행정적이다. 이것은 한국의 경제성장 과정에서 관료가 기업에 융자 등의 보상과 표창장을 수여하면서 시험감독이나 심판관으로 기능한 것과도 부합된다. 시장의 가격이 익명의 심판관이라면 관료는 인격적인 심판관이다.

이는 고대 중국에서 도량형을 마련하였던 것이나 과거시험에 따라 직책이나 직위를 부여한 것과 상통한다. 무엇보다 상품에 대한 KS 마크 제도는 입시경쟁 및 대학의 서열과 밀접한 연관을 가지고 있다. 입시 이전에는 시장을 능가하는 필사적인 경쟁이 지배하고 입시 이후에는 이와 반대로 독과점과 지대가 발생한다. 따라서 입시경쟁은 학생들에게 KS 마크를 찍는 것과 비슷한 과정이다. 여러 학문에서 교수의 채용과 승진에서 활용하는 SSCI 논문 중심의 규격화된 평가 기준도, 어떤 문제가 중요하고 어떤 연구와 학자가 우리에게 필요한지가 모호해서 외견상 객관적이고 기계적인 평가 기준에 의탁하면서 생겨난 것이다.

5. 도덕적 해이와 도덕적 타락

수용 과정에서 왜곡과 변형이 일어난 대표적인 경제학 용어가 도덕적 해이(moral hazard)이다. 우선 경제학에서 도덕적 해이는 전액 보상이나 보장이 사람들로 하여금 적정한 선택에서 벗어나게 만들어 자원의 비효율적인 배분이나 낭비를 가져오는 상황을 나타낸다. 조건이 붙지 않은 포괄적인 자동차보험이나 의료보험은 운전의 부주의로 인한 사고 빈발이나 불필요한 병원 방문으로 비용을 늘린다. 다른 예로 각자의 빈곤함을 따지지 않는 보편적 복지는 사람들을 나태하게 만든다. 또한 정부나 IMF의 구제금융은 은행이나 기업 등으로 하여금 자기 단속에 소홀하게 만들어 향후 같은 문제가 반복되게 만든다.

문제는 경제학의 'moral hazard'(MH)는 도덕과 밀접한 연관이 없는 데 비해, 한국에서는 이것이 '도덕적 해이'(道德的 解弛)로 번역되면서 도덕성을 담게 되었다는 데 있다. 한국에서 도덕적 해이는 도덕적 타락과 동일시되고, 심지어 준법정신의 부족으로까지 이어진다. 예를 들어, 자동차 운전에 집중하지 않거나 병원을 자주 방문하는 사람에 대한 도덕적 비난을 담고 있다. 또한 간통죄가 오랫동안 존재하였던 한국에서 남녀의 불륜이 도덕적 해이의 사례가 되기도 한다.

원어로 MH는 아무런 보장이나 보험이 기대되지 않는 상태에서 나타나는 느슨함과는 차이가 있다. 가령, 산업화 이전에 보이는 나태함은 MH가 아니다. 웹스터에 따르면, 'moral'은 정신적이거나 심리적인 것에 가깝고, 'hazard'는 '해이'보다는 '확률적인 위험'에 가깝다.[5] 이것은 과거 경제학을 포함해 인문사회과학을 모두 'moral sciences'로 불렀을 때의 의미와 비슷하다.

무엇보다 경제학의 관점에서는 오히려 윤리의식과 준법정신이 너무 강할 때 MH가 발생할 수 있다. 예를 들어, 결혼이라는 장기적인 계약이나 교환이 기혼자들에게 서로를 당연시해 서로에게 최선을 다하지 않는 경향을 조장해 별거나 이혼 등으로 이어질 수 있다. 반면 다른 남녀와의 가벼운 만남을 허용하는 관용이 서로를 당연시하지 않고 서로를 지키려고 노력하도록 자극할 수 있다. 이같이 도덕적인 느슨함보다 도덕적인 엄격함이 MH를 낳을 수 있다.

이런 이유로 경제학은 법과 윤리가 지배하는 사회의 영역을 줄이고 금전적이거나 비금전적인 유인에 따른 개인의 선택과 시장의 가격이 지배하는 영역을 늘리려고 노력해 왔다. 이렇게 보면 MH는 경제 상황의 변화를 수시로 반영해 환율이 변동하도록 허용하는 변동환율제가 누적된 변화들을 한꺼번에 조정해야 하는 고정환율제보다 낫다는 생각과 상통한다. 물론 변동환율제는 윤리나 도덕

5 moral 3: perceptual or psychological rather than tangible or practical in nature or effect 〈a moral victory〉 〈moral support〉.
hazard 1: a source of danger 2a: chance, risk 2b: a chance event, accident … 4: a golf-course obstacle 5: a game of chance.

과 무관하다.

MH에 따르면, 전액을 보장하는 자동차보험이 사람들을 편안하게 만들어 안전한 운전을 늘리기보다 운전을 부주의하게 만드는 데 비해 부분적으로 보장하고 보험료를 차등하고 변동시키는 보험이 운전자를 조심하게 만든다. 이런 생각은 장기적인 계약보다 단기적인 계약의 갱신에 의존하는 영미 자본주의에 부합된다.

MH와 도덕적 해이의 이런 차이는 위키피디아 등에 나와 있는 이 용어에 대한 영어와 한국어 정의를 보면 드러난다. MH의 수용에 수반된 이런 변형은 한국 경제사회를 반영하고 있다.

> 영어: 위험, 비용, 정보, 비대칭성
> 경제학에서 도덕적 해이는 경제행위자가 위험에 수반된 모든 비용을 부담하지 않기 때문에 이 위험에 대한 노출을 늘리려는 유인을 가지는 상황이다.[6]
>
> 한국어: 위험, 바람직하지 않음, 부도덕, 윤리, 법, 의무, 허점, 책임, 사회적 책임, 정부
> [같이 보기] 황금만능주의, 노블레스 오블리주
> 도덕적 해이는 … 상대방의 행동을 관측할 수 없을 때 바람직하지 않은 행위를 하는 것을 말한다. … 미국에서 보험 가입자들의 부도덕한 행위를 가리키는 말로 사용되기 시작하였다. 윤리적으로나 법적으로 자신이 해야 할 최선의 의무를 다하지 않은 행위를 나타내는데, 법 또는 제도적 허점을 이용하거나 자기 책임을 소홀히 하는 행동을 포괄하는 용어로 확대되었다. … 정상적인 시장을 해칠 수 있는 경제 주체들이 자신들이 빠져나갈 구멍만 찾고 사회적인 책임을 회피하는 도덕적, 윤리적, 경제적 태도 및 행동상의 위험 또는 위협적인 요인이다.

6 In economics, a moral hazard is a situation where an economic actor has an incentive to increase its exposure to risk because it does not bear the full costs of that risk, Wikipedia.

기획재정부: 의무, 부도덕, 윤리, 법, 의무, 전력자
쌍방 간의 계약이 이루어진 이후 정보의 비대칭성 때문에 서로에 대한 의무를 소홀히 하는 현상. 미국에서 보험 가입자들의 부도덕한 행위를 가리키는 말로 사용되기 시작하였다. 윤리적으로나 법적으로 자신이 해야 할 최선의 의무를 다 하지 않은 행위를 나타내는데, 법 또는 제도적 허점을 이용하거나 자기 책임을 소홀히 하는 행동을 포괄하는 용어로 확대되었다.[7]

일본에서도 MH가 비슷하게 변형되었다는 것을 명시하고 있다. 이에 따르면, 이 개념이 세 가지 의미로 사용되는데, 세 번째는 윤리의 결여 및 사회적 책임의 결여로 일본에서 추가된 것이다.[8] '도덕적' 해이라는 번역어 자체가 경제학과 달리 동아시아가 요구하는 경제인과 경제활동의 윤리성을 반영한 것으로 추정할 수 있다. 이런 변형은 영미의 개인주의와 대비되는 동아시아의 특징인 관계성이나 집단성에서 비롯된 것으로 보인다.

더 넓게 보면 MH의 변형은 한국을 위시한 동아시아에서 경제의 현실과 경제학 사이의 괴리에서 생긴 문제일 수 있다. 이론을 수입하는 입장에서는 서양에서 자신들의 토양에 맞게 개발한 인문사회과학의 사상이나 이론을 현실에 적용하는 일은 쉽지 않다. 가령,

7 기획재정부 시사경제용어사전.
8 モラル・ハザード(英: moral hazard)には、以下の3つの異なる意味がある。ただし、3.の意味は英語の「moral hazard」にはなく日本独自のものであり、誤用とされることが多い。また、論者によって意味が大きく異なり、扱いの難しい用語である。… 3. 倫理の欠如。倫理観や道徳的節度がなくなり、社会的な責任を果たさないこと(「バレなければよい」という考えが醸成されるなど)。Wikipedia.

서양의 의학을 한국인에게 적용하는 것은 교량건설에 서양의 물리학이나 공학을 적용하는 것보다 어렵다. 그리고 서양의 인문사상이나 사회경제이론을 한국인과 한국 사회경제에 적용하는 것은 의학을 적용하는 것보다 훨씬 더 어렵다.

이는 자연현상이 대체로 보편적인 데 비해, 인간의 행동이나 사회현상은 역사나 문화에 뿌리를 두고 있기 때문이다. 더구나 한국의 인문사회과학이론은 서양사상과 이론을 한국의 현상에 적용하기 위한 노력을 축적해 오지 않았기 때문에 어려움이 더욱 크다. 그래서 몰려오는 외국어 개념들을 받아들이기 위해 한국이가 몸살을 앓고 있다고 보아야 한다.

이를 극복하려면 한국의 현실에 대한 통계 등 자료 수집과 이에 근거해 한국 사회경제의 정형된 사실을 찾아내야 한다. 그뿐만 아니라 서양의 경제이론을 단순한 정의(definition)가 아니라 개념(concept)으로 서양의 역사적 현실, 이론의 철학적이거나 방법론적인 근거, 한국의 현실, 상식 등에 비추어 보다 넓고 깊게 이해할 필요가 있다.

특히, 상식을 활용해야 특정 학문에 갇히지 않고 학문 사이에 왕복할 수 있다. 가령, 경제학의 선호를 원하는 것이라고 상식적으로 이해하면 원하는 재화뿐만 아니라 원하는 후보자나 이념으로 유연하게 확장이 가능하다. 이를 위한 첫걸음은 우리가 이미 쓰고 있는 경제 관련 용어에 담긴 우리의 역사, 사회, 경제를 끄집어내는 것이다. 그리고 이런 의미에서 우리에게는 학설사, 시상사, 이론사가 필요하다.

6. 한계, 대체, 상충

경제학의 기초 개념 중에서 번역도 잘 안되고 이해도 쉽지 않은 개념들이 있다. 그런데 번역과 이해의 어려움이 사회나 문화의 차이를 담고 있을 가능성이 있다. 한계, 대체, 상충, 유량과 저량 등이 그런 예이다. 이 어려움은 한국인의 인식과 관련이 있어 보인다.

1) 한계와 총량

1871년 한계효용학파가 본격적으로 제시한 한계 개념은 한계혁명(marginal revolution)을 일으키며 경제학의 핵심 원리가 되었다. 그래서 한계 개념을 모르면 경제학은 배우지 않은 것과 같다. 그럼에도 불구하고 한계 개념은 번역과 배움 모두에 있어 어려움을 준다. 또한 한계 개념은 상식과도 거리가 있고 다른 사회과학과도 거리가 있어 외로운 개념이다.

우선 'margin'이나 'marginal'에 대한 한계(限界)라는 번역어는 어색하다. 원어가 마지막 한 단위라든지 마지막의 변동분이라는 의미를 담고 있는데, 번역어인 한계는 한정하거나 밭의 경계를 세운다는 뜻이어서, 원어의 의미를 제대로 담지 못하고 있다. 다행히 한계와 따라다니는 'increasing'이나 'diminishing'의 번역어인 체증(遞增)이나 체감(遞減)은 적절해 보인다.

경제학이 극대화를 합리성의 구성요소로 삼고 극대화를 위해 재화(나 자원)를 미세하게 쪼개야 하므로 한계 개념이 필요하다. 이런 맥락을 파악하지 않는 경우 한계 개념은 경제학의 초심자에게 첫 번째 '한계'로 다가온다. 물론 일반인에게는 더 어렵다. 한계효용이 아니라 소득구간에 따라 세율이 달라지는 한계세율이라는 일상적인 제도를 식사할 때 가속에게 설명하면, 어김없이 전달되지 않고 식욕만 떨군다.

또한 다수의 사회과학이 인간의 합리성을 전제하지만 다른 사회과학의 합리성은 한계원리를 요건으로 삼지 않는다. 나아가 한계 개념은 상식과도 거리가 있다. 한계를 느낀다든지 한계 상황 등은 모종의 임계치를 넘겨 불연속적이다. 이에 비해 경제학의 한계 개념은 미세한 증가를 전제해 연속적이다.

한계 개념에 대해 한국인이 지니는 생경함은 앞서 지적한 바와 같은 총체적인 사고나 범주나 질적인 사고와 관련이 있는 것 같다. 분석적인 사고가 한계에 익숙하다면 총체적인 사고는 총량이나 평균에 익숙하다. 또한 불연속적인 범주나 분류를 중시하면 연속적인 수량을 전제하는 한계 개념과 충돌하게 된다. 한계 분석이 의존하는 미분과 적분이 현상을 쏘개고 무한히 쪼갠다는 점에서 분석적이기 때문이다.

나아가 한국 사회에 흔한 상품에 대한 등급, 사람들의 위계, 기업이나 대학 등의 서열, 이상이나 이하로 규정되는 임계치 등도 한계 분석과 친하지 않다. 앞서 예시한 바와 같은 '좌측숫자편향'은 이에 준하는 불연속을 낳아 한계 분석을 제한한다. 그리고 한계 분석이 제한된다는 것은 내용적으로 모든 것을 일률적으로 가격의 크기로 환산하는 가격기구의 작동이 제한되는 것을 뜻한다.

2) 대체와 교체

대체(substitution)는 주어진 소득하에서 효용을 극대화하는 합리적 선택에 따라 재화의 가격이 변동하면 한 재화를 줄이고 다른 재화로 대신하는 것이다. 그리고 대체관계에 있는 이 재화들은 대체재라고 불리며, 이들이 서로를 대신하는 비율이 대체비율이고, 최종단위들의 대체비율이 한계대체비율이다.

구체적으로 보면 주어진 소득의 제약하에서 구입할 수 있는 두 개 이상의 재화들을 놓고 개인이 고민하는 경우, 자신의 선호에 따라 주관적으로 두 재화의 '교환'비율 혹은 대체비율을 찾아낸다. 즉, 피자 1조각을 먹기 위해 콜라 몇 잔을 희생할 용의가 있는지를 결정한다. 이런 비율은 각자의 선호에 따라 달라진다. 그리고 이 주관적인 대체비율과 시장의 객관적인 상대가격과 비교해 재화들의 구성비율, 즉 소비재 묶음을 선택한다. 이같이 대체비율을 얻어야 비로소 경제학이 강조하는 합리적 선택이 된다.

여기서 대체(代替)라는 번역어는 그 자체로 영어와 차이가 없지만 대체를 이해하는 방식에서 사회문화적인 차이가 끼어든다.

우선 경제학의 대체는 무엇보다 가격변동에 따른 것이며, 대체비율이 말해 주듯이, 수량적인 비율을 전제한다. 한 재화를 다른 재화로 완전히 바꾼다는 의미보다 한 재화를 덜하고 다른 재화를 더하는 상황을 나타낸다. 피자와 콜라 사이의 선택이 아니라 [피자 3조각, 콜라 1잔]인가 [피자 2조각, 콜라 2잔]인가의 선택이다. 이 점에서 경제학의 대체는 장관의 교체나 선수의 교체와 다르다. 이런 교체는 가격과 직접적으로 관련이 없고, 어느 사람을 덜하고 다른 사람을 더하는 양적인 대체를 허용하지 않는다.

또한 경제학의 대체는 개인 차원의 선택에 근거하므로 선호에 따라 대체 여부나 대체비율이 달라진다. 동일한 소득과 가격하에서, 어떤 사람은 재화 a를 더 선호하고 선택하며, 다른 사람은 재화 b를 더 선호·선택한다. 이같이 대체는 대부분 사람이 특정 재화를 다른 재화보다 선호하는 상황, 즉 객관적으로 특정 재화와 다른 재화의 우열이나 위계를 전제하지 않는다.

그런데 우리는 경제학의 대체에 관해 수량이나 비율을 고려하지 않고 교체와 비슷하게 생각하는 경향이 있다. 재화의 대체를 장관이나 선수의 교체와 비슷하게 생각하는 것이다. 또한 한국인은 사람들뿐만 아니라 재화들 사이에 위계나 서열을 상정한다. '꿩 대신 닭'이라는 표현은 외견상 대체와 비슷하지만 위계를 깔고 있어 차이가 있다.

이런 서열이나 위계는 재화의 우열에 대한 사전적이고 집단적인 합의이고 극단적인 의미의 '사회적 선호'이다. 이에 비해 경제학의 대체에서는 개별 행위자의 선호가 다양하게 표현되므로 꿩보다 닭을 좋아하는 선호도 등장할 수 있다. 따라서 한국에서 객관적으로 등장하는 재화의 서열은 수요를 통한 개인의 자기표현이 모호한 것과 통한다.

나아가 경제학은 재화나 자원의 보완보다 대체를 강조한다. 이에 비해 맥락이나 총체를 강조하는 한국인의 인식에서는 재화나 자원의 대체보다 보완이 더 두드러진다. 이런 인식에서는 재화나 자원을 조각내서 다른 재화나 자원과 분리시키거나 결합하는 것이 쉽지 않다. 그리고 이런 생각은 신고전학파 경제학보다 고전학파, 마르크스, 제도학파에 더 가깝다.

3) 상충과 갈등

경제학에서 'tradeoff'는 ① 두 개 이상의 목표나 가치가 서로 충돌한다는 측면과 ② 이들이 특정의 수량적인 비율로 서로 대체되고 교환/교역(trade)된다는 측면을 지니고 있다. 이에 따라 ②는 가격변동이나 상황변동에 따라 경제행위자와 경제가 적응하는 방식을 표현한다.

미시적으로는 주어진 소득하에서 두 재화는 'tradeoff'(TO)에 있다. 거시적으로는 필립스곡선에서 고용과 물가안정이라는 두 가지 목표의 TO로, 1%의 고용 증대를 위해 몇 %의 물가상승을 감내할 것인지를 고민하고, 이 교환비율을 정하게 된다. 경제성장(효율성)과 분배(형평성)의 TO나 경제성장과 환경보존의 TO에서 비슷한 충돌과 교환비율을 상정할 수 있다. 물론 이들은 개인의 주관적인 선택의 대상이 아니라 여러 개인의 사회적 선택이나 사회적 합의의 대상이고 정치와 역사가 다른 사회마다 그 교환비율을 달리한다.

이 논의를 통해 경제학의 생각을 정리할 수 있다. 첫째, 경제학에서 개인 차원의 대체와 개인들 사이의 교환/교역은 그 성격이 동일하다. 개인 차원에서 재화들을 자신과 '교환'하는 것이 대체이다. 대체와 교환이 다르지 않으므로 대체비율과 교환비율도 동일 평면에 놓인다. 그리고 이것은 개인의 선택이 시장의 균형을 낳는다는 논리에 부합된다. 둘째, 재화뿐만 아니라 고용, 분배, 환경 등 광범위한 것들을 대체와 교환의 대상으로 삼는다. 셋째, 개인은 자신의 선호에 비추어 재화들 사이의 대체비율을 찾아낸다.

이렇게 보면 TO는 개인 내부의 교환에 가깝다. 그런데 한국어에서 TO를 '상충'(相衝)으로 번역하면서 이런 점들, 특히 교환과 교환비율이라는 측면이 반영되지 않았다. 먼저 상충은 무엇인가를 주고받는 교환과 거리가 있다. 또한 상충은 하나를 약간 더 선택하고 다른 하나를 조금 덜 선택하는 상황보다 둘 중 하나를 택하고 다른 하나를 포기하는 상황을 상정한다. 이에 따라 상충은 (교환)비율과 맞지 않는다.

이런 이유로 TO를 상충으로 번역하면 TO가 상식적인 차원의 갈등(葛藤, conflict)이나 이중고(二重苦, dilemma)와 구분되지 않는다. 그렇지만 상충 대신 '교환'이라고 하면 시장의 교환과 혼동된다. 이같이 상충을 대신할 만한 용어를 찾기도 힘들다. 이 상황을 해명해 보자.

우선 교환/교역을 개인의 마음속에까지 끌어들이는 것이 한국인에게 힘든 일일 수 있다. 교역이나 교환은 시장에서 다른 사람과 벌이는 일이지 마음속이나 집안에까지 끌어들일 일은 아닌 것이다. 또한 자신과의 교환이 익숙한 일이 아닐 수 있다. 이것은 재귀대명사(-self)에 친숙하지 않은 한국어의 특징에 부합된다.

더구나 한국인에게 개인 차원에서 대체/교환 비율을 찾는 것이 쉽지 않을 수 있다. 선호나 선택이 관계적이고 집단적이며 맥락에 의존하는 동아시아인에게 개인 내부의 교환비율이란 어색하다. 더구나 재화도 아니고 고용, 분배, 환경 등의 다양한 대상을 놓고 이 비율을 찾는다는 것은 더욱 힘들다. 이런 어려움 때문인지 일본에서는 이 용어를 음역(トレードオフ)하는 데 그치고 있다.[9]

그런데 대체/교환 비율을 찾지 못하는 것은 동아시아에 국한된

9 トレードオフ, Wikipedia.

일이 아니다. 경제학 교실에서는 심리적인 교환비율은 언제나 찾을 수 있다고 전제하는데, 행동경제학은 비율을 구하지 못하는 경우가 많다고 반박한다. 그리고 이런 상황을 갈등(conflict)으로 규정해 TO와 구분한다. 그리고 교환비율을 구하지 못하면 선택을 미루거나(procrastination), 선택의 대안들이나 선택에서 고려할 차원들을 줄여서 선택을 편하게 만들고 그렇게 한 것을 스스로 정당화한다. 이런 이유로 행위자들은 수시로 합리적 선택에서 벗어난다.

예를 들어, 하숙집을 구하는데 교정에서 5분 거리에 있는 하숙집은 월세가 100만 원이고, 20분 거리에 있는 하숙집은 50만 원이라고 하자. 이 경우 시간과 하숙비의 상충이 생긴다. 이 상황에서 학생들의 선호와 소득이 개입된다. 신고전학파에 따르면, 걷기 좋아하고(?) 부모가 가난한 학생은 소득으로 환산한 시간의 가치가 낮아서, 즉 소득/시간(2만 원/1분)의 비율이 낮아서, [20분 50만 원]을 선택한다. 반면 걷기 싫어하고 부모가 잘 사는 학생은 소득으로 환산한 시간의 가치가 높아서, 즉 소득/시간의 비율(5만 원/1분)이 높아서, [5분 100만 원]을 선택한다.

이에 비해 행동경제학에 따르면 학생들이 고민한 후에도 소득/시간의 비율을 찾지 못할 수 있다. 고민 후에 가난한 학생은 돈이 없기 때문에 시간의 차원을 없애고 비용의 차원만 고려한다. 그렇게 결정하고 나서 이에 수반된 심리적인 손상이나 인지적 부조화를 해소하기 위해 자신은 걷는 것을 좋아한다고 스스로 위로하거나 심지어 자신을 속여서 자신의 선택이나 상황을 정당화한다.

그리고 한국에서는 흔히 상충이 인간관계나 집단에 묻혀 있어 이런 고민이 개인 차원의 '손질'과 정당화가 아니라 관계와 집단을 의식한 손질과 정당화를 필요로 한다. 즉, 타인을 의식하면서 선택하고 선택의 결과도 자신에게 정당화한다기보다 주변 사람과 소속 집단에게 정당화하는 경향이 강하다.

위의 경우 자신이 걷기 좋아해서 운동 삼아 멀리 있는 하숙집을 구하였다고 친구에게 말하고 친구도 이에 동의해 주는 것이다. 자신의 과거에 형성된 개인적인 준거가 아니라 동료 학생들의 평균 수준이 사회적인 준거가 작동하는 것이다. 이것이 'tradeoff'를 상충으로 번역할 때 내포된 한국 사회의 특징으로 추정된다.

4) 유량과 저량

경제학에서 유량(flow)은 일정 시간(1년) 동안에 측정되는 경제량의 흐름이고, 저량(stock)은 특정 시점(2023년 12월 31일 현재)에서 측정되는 전체 경제량이다. 국민소득, 투자나 저축이나 감가상각, 출생자 및 사망자, 판매량이나 구입량은 유량이고, 국부, 자본량, 인구, 재고는 저량이다. 또한 대차대조표에 적힌 자산, 부채, 자본이 저량이고, 손익계산서에 적힌 매출, 매입, 지출, 수입, 이윤, 손실 등은 유량이다.

경제학은 분석적이어서 토지, 자본, 노동력의 경우 토지나 자본의 덩어리나 노동하는 인간 전체가 아니라 이들이 매번 제공하는 서비스로 파악한다. 이에 따라 이 생산요소들은 이것이 여러 번 반복해서 제공하는 서비스들의 합으로 규정된다. 특히, 노동자나 노동력은 현실에서도 노예제도나 인신매매가 금지되어 인간 자체를 사고팔 수 없다.

이에 따라 자본(재), 토지, 노동력의 가격도 이들의 서비스의 가치나 가격의 총합으로 결정된다. 이것은 자본재나 노동력의 가격이 서비스의 가치나 가격 이외의 다른 독자적인 요인에 의존하지 않음을 뜻한다. 또한 이것은 유량이 모여 저량이 되는 것이지, 저량이 쪼개져 유량이 나오는 것이 아니라는 것을 뜻한다.

구체적으로 자본재의 생산성이 제품의 가치와 매상을 결정하고 수익과 이윤을 낳아 자본재의 가격을 결정한다. 또한 월세 등 지대가 토지나 건물의 가격을 결정한다. 나아가 현장에서 노동자가 올린 실적이 노동자의 임금을 결정하고 이것이 노동자에 대한 평가를 낳는다.

이같이 경제학은 저량을 유량의 합으로 파악하는 분석적인 관점을 일관되게 유지하려고 노력한다. 이에 비해 마르크스는 총체주의적인 관점에서 파악한다. 대표적으로 자본은 과거 노동의 결과이지만 노동으로 환원되지 않으며 자율적인 힘을 지니고 현재의 노동을 지배한다. 넓게 보면 이것은 [유량→저량]이 아니라 [저량⇒유량]

의 차이이다. 이것은 주택 가격이 전세나 월세를 결정하는가 아니면 반대로 전세나 월세가 주택 가격을 결정하는가로 예시할 수 있다.

동아시아의 총체적인 관점은 [저량⇒유량]에 가깝다. 전세나 월세보다 주택 자체에 대한 집착이 강한 것이 이와 무관하지 않다. 학력과 학벌에 대한 한국인의 숭배도 시장이나 직장 등 현장에서 이루어지는 실적이라는 유량보다 능력 혹은 '인적인' 자본이라는 저량을 중시하는 것과 같다.

구체적으로 학력, 학벌, 자격증, 스펙 등은 모두 인간의 능력을 하나의 저량으로 간주하고 이에 대해 가치를 부여한다. 어떤 사람이 지닌 학벌이나 자격증으로 미리 평가해 놓고, 그가 보인 실적이라는 유량으로 이것을 확인하거나 약간 수정한다. 이것은 [저량→유량]으로 총체적인 인식을 보여 준다. 이에 비해 미국에서는 사람의 실적을 더 중시하며 실적들이 여러 번 쌓여 그에 대한 전체적인 평가를 낳는다. 이것은 [유량→저량]으로 경제학의 분석적인 인식에 부합된다.

맺음말

이 글은 언어가 관념이나 인식과 상호작용하면서 선호, 선택, 그리고 경제 및 사회활동에 영향을 미친다는 주장을 주안점으로 삼았다. 또한 농업과 유교로 인한 관계·집단주의와 맥락·총체주의를 동아시아와 한국의 배경으로 채택하였다. 이런 관점에서 주로 언어경제학과 행동경제학을 활용해 우리의 말과 글에 담긴 경제적인 관념과 사회적인 함의를 끌어내려고 노력하였다. 이 노력으로 도출한 한국인과 한국 경제사회의 특징을 정리하면 아래와 같다.

- 농업과 유교의 영향으로 관계·집단적이다.
- 동일한 영향으로 사물을 맥락·총제적으로 인식해 배경이나 분위기를 중시한다.
- 언어, 사람, 사회가 이중적이거나 다중적이고 위계적이다.
- 미래지향적이어서 저축성향이 높(았)고 근면하며 배움에 충실하고 장기적 안목을 중시한다.
- 개인 차원에서 선호와 수요가 모호하고 선호보다 능력을 중시하며 선택을 반기지 않는다.
- 화폐지불에 대해 아직도 불편해한다.
- 가격이나 재화 등 사물과 현상을 인격화하는 경향이 있다.
- 경제활동에서도 윤리나 도덕이 중요하다.
- 양보다 질이나 범주가 우선한다.

- 제품, 기업, 사람, 학교, 병원 등의 이름이나 브랜드가 중요하다.
- 가격과 품질을 함께 묶어서 파악한다.
- 학벌을 숭배하고 수행성을 낳을 정도로 교육열이 강하다.
- 사물의 기원이나 근본에 집착하고 이것을 정당성의 근거로 삼는다.
- 한 부분을 보고 다른 부분이나 전체를 판단하는 경향이 있다.
- 일상에서 자주 목표를 세우고 적응 수준을 설정해 행복하지 않다.
- 경제학 개념에 대한 이해와 수용에 있어서 도덕을 중시하고 총체적이다.

이런 특징들은 미리 주어진 골격에서 도출된 것이 아니어서 산발적이다. 그렇더라도 이런 특징들을 엮어 낼 수 있다면, 한국인의 경제관념을 체계화하고 현실 경제의 제도나 정책에 길잡이를 제공할 수 있을 것이다. 본격적인 작업은 추후의 과제로 남겨두고자 한다. 다만, 여기서는 **우리말 속의 경제사회**를 구성하기 위한 두 가지 줄거리를 예시하고자 한다.

첫 번째 줄거리는 '개고기만 빼고 다 잘 먹어요'를 축으로 **우리말 속의 경제**를 구성하는 것이다. 관계·집단주의와 맥락·총체주의로 인해 서로 타인을 의식해 욕망이나 선호가 억제되기 때문에 개인 차원의 선호와 수요가 모호하다는 것이 핵심이다. 이에 따라 어떤 제품, 인생, 사람, 학생, 전공, 분야, 문제, 연구를 원하는지가 명확하지 않을 수 있다. 또한 사람과 제품에 대해 정부나 협회 등을 통해 대부분이 동의하는 객관적인 기준을 갈구하게 된다. 제품에 대한 분류, 능력에 대한 인증이나 스펙, 기업, 호텔, 학교, 병원 등의 서열,

학생 선발이나 직원 채용의 기준, 학력이나 학벌, 채용과 승진의 기준 등이 이에 해당된다.

그런데 이런 기준은 많은 경우 경직되어 유연성이 없다. 이런 상황에서는 개인 차원에서의 선호 자체가 규격화된다. 이렇게 되면 기업이나 제품, 대학, 병원의 이름이나 브랜드가 중요해진다. 그리고 이름이나 브랜드는 지속적인 위계나 서열을 낳는다. 가격이 개인의 선호가 아니라 브랜드 등 규격화된 기준에 지배되므로 가격의 움직임이 제한된다. 이것이 수량보다 범주에 대한 의존과 부합된다.

돈과 성에 대한 한국인의 복잡한 태도도 개인적인 선호의 모호함에 부합된다. 그리고 개인적인 선호의 모호성은 개인뿐만 아니라 집단과 전체를 고려하는 것뿐만 아니라 현재보다 미래를 중시하는 미래지향성이나 행복에 대한 애매한 태도와도 부합된다.

두 번째 줄거리는 '학벌이 좋다'는 구절을 축으로 **우리말 속의 사회**를 구성하는 것이다. '학벌이 좋다'는 구절은 다른 구절에서 확인된 학국의 특징을 대부분 담고 있어 포괄적이기 때문이다. 관계, 집단, 맥락, 총체, 위계와 서열, 능력, 이름 혹은 브랜드, 근원과 정당성에 대한 집착, 인격성 중시, 경쟁과 독점의 모순적 결합, 소수의 법칙, 후광효과, 인지적 부조화 등이 그런 것이다. 이에 더해 학벌과 수능점수는 외견상 고상해서 화폐나 가격과의 거리두기를 허용한다.

참고문헌

강범모, 「복수성과 복수표지: '들'을 중심으로」, 『언어학』, 47, 2007, pp. 3~30.

______, 「두 가지 복수형의 의미 차이에 대하여」, 『언어와 정보』, 12(2), 2008, pp. 115~137.

구본관·박재언·이선웅·이진호, 『한국어학개론』, 집문당, 2021.

김선민, 「불어 명사의 단수·복수 선택 문제」, 『불어불문학연구』, 84, 2010, pp. 677~700.

김순미, 「가계저축률 감소와 그 원인」, 『한국의 사회동향 2011 소득과 소비』, 2011, pp. 94~102.

김윤희, 「한국에서 일본어 오마카세(おせ任) 사용에 대한 사회언어학적 일고찰: 신문기사 분석을 중심으로」, 『사회언어학』, 30(3), 2022, pp. 27~55.

김형석·성현구·박범구, 「최근 가계 저축률 상승 원인 및 시사점」, 『조사통계월보』, 한국은행, 2018, pp. 16~35.

남기업·전강수·강남훈·이진수, 「부동산과 불평등 그리고 국토보유세」, 『사회경제평론』, 30(3), 2017, pp. 107~140.

문현희, 「코스피 상장 회사명에서의 영어 사용 변화: 1940년대부터 2010년대 중반까지」, 『사회언어학』, 25(1), 2017, pp. 53~83.

박지원, 『허생전』, 구인환 엮음, 신원문화사, 2003.

신지영, 「반팔 반소매 당신의 선택은?」, 현대차 정몽구재단 미래지식포럼 세션 2, 2022.

원해영, 『현대 한국어학 개론』, 한국문화사, 2021.

이건범, 「[발언대] '수납'은 '계산', '분리수거'는 '분리배출'이라고 해야 한다」, 『조선일보』, 2018. 11. 27.

이남순, 「단수와 복수」, 『국어학』, 11, 1982, pp. 117~141.

이문구, 『관촌수필』, 랜덤하우스중앙, 2004.

이재성, 『한국어의 시제와 상』, 국학자료원, 2001.

이진성, 「신어에 반영된 언어문화상과 변화의 양상」, 『사회언어학』, 25(4), 2017, pp. 87~117.

이채린·김세헌·허태균, 「무언(無言)은 무념(無念)일까?: 침묵의 사회적 기능에 대한 탐색적 연구」, 『사회언어학』, 27(1), 2019, pp. 199~226.

임홍빈, 「복수성과 복수화」, 『한국학논총』, 1, 국민대학교 한국학연구소, 1978.

조태린, 「언어와 이데올로기 연구의 쟁점과 접근 방식」, 『사회언어학』, 27(3), 2019, pp. 253~278.

채 완, 「아파트 이름의 사회적 의미」, 『사회언어학』, 12(1), 2004, pp. 1~29.

펑유란(馮友蘭), 『중국철학사』 상, 박성규 옮김, 까치, 1999a.

______, 『중국철학사』 하, 박성규 옮김, 까치, 1999b.

홍 훈, 「사회관계에 대한 아리스토텔레스와 사상: 마르크스주의 관점」, 『마르크스주의 연구』, 3(1), 2006, pp. 185~231.

______, 『인간을 위한 경제학』, 도서출판 길, 2008.

______, 「아리스토텔레스와 시장경제」, 『경제학들의 귀환』, 박영률출판사, 2022.

______, 『시장주의란 무엇인가』, 태학사, 2023.

홍훈·박종현·서한석·이상훈·이태수·황재홍, 『최근 경제학의 10가지 흐름－다원적 사회과학의 모색』, 도서출판 해남, 2024.

Akerlof, G. and D. J. Snower, "Bread and bullets," *Journal of Economic Behavior and Organization*, 126, 2016, pp. 58~71.

Alesina, A., A. Devleeschauwer, W. Easterly, S. Kurlat, and R. Wacziarg, "Fractionalization," *Journal of Economic Growth*, 8(2), 2003, pp. 155~194.

Alesina, A. and P. Guliano, "The Power of the Family," *Journal of Economic Growth*, 15, 2010, pp. 93~125.

______, "Family Ties," Chapter Four, *Handbook of Economic Growth*, Volume 2A, 2014, Elsevier B.V.

Ang, J. B., "Agricultural Legacy and Individualistic Culture," *Journal of Economic Growth*, 24(4), 2019, pp. 397~425.

Ayres, I., T. K. Katz, and T. Regev, "Languages and Future-oriented Economic Behavior—Experimental Evidence for Causal Effects," *Proceedings of the National Academy of Sciences*, 120(7), 2023, e2208871120, pp. 14538~14546.

Barberis, N. and A. Shleifer, "Style Investing," *Journal of Financial Economics*, 68,

2003, pp. 161~199.

Belk, R. W., "Possessions and the Extended Self," *Journal of Consumer Research*, 15(2), 1988, pp. 139~168.

Bellwood, P., "Early Agriculturalist Population Diasporas? Farming, Languages, and Genes," *Annual Review of Anthropology*, 30, 2001, pp. 181~207.

Blinder, A. S., M. Ehrmann, M. Fratzscher, J. De Haan, and D.-J. Jansen, "Central Bank Communication and Monetary Policy: A Survey of Theory and Evidence," *Journal of Economic Literature*, 46(4), 2008, pp. 910~945.

Board, S., "Relational Contracts and the Value of Loyalty," *American Economic Review*, 101(7), 2011, pp. 3349~3367.

Boisot, M. and J. Child, "From Fiefs to Clans and Network Capitalism: Explaining China's Emerging Economic Order," *Administration Science Quarterly*, 41, 1996, pp. 600~628.

Boroditsky, L., "Does Language Shape Thought?: Mandarin and English Speakers' Conceptions of Time," *Cognitive Psychology*, 43(1), 2001, pp. 1~22.

Buggle, J. C., "Growing Collectivism: Irrigation, Group Conformity and Technological Divergence," *Journal of Economic Growth*, 25, 2020, pp. 147~193.

Capraro, V. C., J. Y. Halpern, and M. Perc, "From Outcome-Based to Language-Based Preferences, *Journal of Economic Literature*, 62(1), 2024, pp. 115~154.

Cavalli-Sforza, L. L., "Genes, Peoples, and Languages," *Proceedings of the National Academy of Sciences*, 94, 1997, pp. 7719~7724.

Chen, M. Keith, "The Effect of Language on Economic Behavior: Evidence from Savings Rates, Health Behaviors, and Retirement Assets," *American Economic Review*, 103(2), 2013, pp. 690~731.

Chen, T., J. K. Kung, and C. Ma, "Long Live KEJU, The Persistent Effects of China's Civil Examination System," *Economic Journal*, 130, 2020, pp. 2030~2064.

Chen, J. I. and T.-S. He, "Discounting from a Distance: The Effect of Pronoun Drop on Intertemporal Decisions," *Journal of Economic Psychology*, 87, 2021, 102454.

Cheng, C. S. A., J. Kim, M. Rhee, and J. Zhou, "Time Orientation in Languages and Tax Avoidance," *Journal of Business Ethics*, 180, 2022, pp. 625~650.

Chetty, R. and N. Hendren, "The Impacts of Neighborhoods on Intergenerational Mobility I: Child Exposure Effects," *Quarterly Journal of Economics*, 133(3), 2018, pp. 1107~1161.

Cho, B., U. Kwon, J. W. Gentry, S. Jun, and F. Kropp, "Cultural Values Reflected in Theme and Execution: A Comparative Study of US and Korean Television Commercials," *Journal of Advertising*, 28(4), 1999, pp. 60~73.

Choi, Y. K. and G. E. Miracle, "The Effectiveness of Comparative Advertising in Korea and the United States: A Cross-cultural and Individual-level Analysis," *Journal of Advertising*, 33(4), 2004, pp. 75~87.

Choi, S. M., W.-N. Lee, and H.-J. Kim, "Lessons from the Rich and Famous: A Cross-cultural Comparison of Celebrity Endorsement in Advertising," *Journal of Advertising*, 34(2), 2005, pp. 85~98.

Davis, L. S. and F. Abdurazokzoda, "Language, Culture and Institutions: Evidence from a New Linguistic Dataset, *Journal of Comparative Economics*, 44, 2016, pp. 541~561.

de Langhe, B. and P. Fernbach, "The Dangers of Categorical Thinking," *Harvard Business Review*, 975, 2019, pp. 80~92.

de Mooij, M. and G. Hofstede, "The Hofstede model: Applications to Global Branding and Advertising Strategy and Research," *International Journal of Advertising*, 29(1), 2010, pp. 85~110.

Desmet, K., I. Ortuño-Ortín, and S. Weber, "Linguistic Diversity and Redistribution," *Journal of the European Economic Association*, 7(6), 2009, pp. 1291~1318.

Diamond, J. and P. Bellwood, "Farmers and Their languages: The First Expansions," *Science*, 300, 2001, pp. 597~603.

Diener, E., E. M. Suh, C. Kim-Prieto, R. Biswas-Diener, and L. S. Tay, "Unhappiness in South Korea: Why It is High and What Might be done about It," Seoul: Korean Psychological Association, 2010.

Eun, C. S., L. Wang, and S. C. Xiao, "Culture and R^2," *Journal of Financial Economics*, 115(2), 2015, pp. 283~303.

Feldmann, H., "Do Linguistic Structures Affect Human Capital? The Case of Pronoun Drop," *Kyklos*, 72(1), 2019, pp. 29~54.

Fernández, R. and A. Fogli, "Culture: An Empirical Investigation of Beliefs, Work, and Fertility," *American Economic Journal: Macroeconomics*, 1(1), 2009, pp. 146~177.

Fogli, D., P. Giuliano, U. Özek, and P. Sapienza, "Long-Term Orientation and Educational Performance," *American Economic Journal: Economic Policy*, 11(4), 2019, pp. 272~309.

Frank, R., "The Demand for Unobservable and Other Nonpositional Goods," *American Economic Review*, 75(1), 1985, pp. 101~116.

Fu, A. S. and H. R. Markus, "My Mother and Me: Why Tiger Mothers Motivate Asian Americans But Not European Americans," *Personality and Social Psychology Bulletin*, 40(6), 2014, pp. 739~749.

Fung, Yu-Lan, *A Short History of Chinese Philosophy*, New York: MacMillan, 1958 (정인재 옮김, 『간명한 중국철학사』, 형설출판사).

Galor, O. and Ö. Özak, "The Agricultural Origins of Time Preference," *American Economic Review*, 106(10), 2016, pp. 3064~3103.

Galor, O., Ö. Özak, and A. Sarid, "Geographical Roots of the Coevolution of Cultural and Linguistic Traits," NBER Working Paper 25289, 2018.

Gibbons, R. and R. Henderson, "Relational Contracts and Organizational Capabilities," *Organization Science*, 23(5), 2012, pp. 1350~1364.

Ginsburgh, V. and S. Weber, "The Economics of Language," *Journal of Economic Literature*, 58(2), 2020, pp. 348~404.

Gorodnichenko, Y. and G. Roland, "Understanding the Individualism-Collectivism Cleavage and Its Effects: Lessons from Cultural Psychology," Chapter 11, M. Aoki, T. Kuran, and G. Roland, eds., *Institutions and Comparative Economic Development*, Springer Verlag, 2012.

Gorodnichenko, Y., T. Pham, and O. Talavera, "The Voice of Monetary Policy," *American Economic Review*, 113(2), 2023, pp. 548~584.

Gorodnichenko, Y., B. Kukharsky, and G. Roland, "Cultural Distance, firm

Boundaries, and Global Sourcing," *Journal of Development Economics*, 166, 2024, 103175.

Greif, A., "Cultural Beliefs and the Organization of Society: A Historical and Theoretical Reflection on Collectivist and Individualist Societies," *Journal of Political Economy*, 102(5), 1994, pp. 912~950.

Greif, A. and G. Tabellini, "The Clan and the Corporation: Sustaining Cooperation in China and Europe," *Journal of Comparative Economics*, 45, 2017, pp. 1~35.

Grossman, G. M. and C. Shapiro, "Foreign Counterfeiting of Status Goods," *Quarterly Journal of Economics*, 103, 1988, pp. 79~100.

Hamamura, T., Z. Chen, C. S. Chan, S. X. Chen, and T. Kobayashi, "Individualism with Chinese Characteristics? Discerning Cultural Shifts in China Using 50 Years of Printed Texts," *American Psychologist*, 76(6), 2021, pp. 888~903.

Hanushek, E. A., L. Kinne, P. Lergetporer, and L. Woessmann, "Patience, Risk-Taking, and Human Capital Investment Across Countries," *Economic Journal*, 132(646), 2022, pp. 2290~2307.

Helmbrecht, J., "Politeness Distinctions in Pronouns," in M. S. Dryer and M. Haspelmath, eds., *The World Atlas of Language Structures Online*, Leipzig: Max Planck Institute for Evolutionary Anthropology, 2013.

Henrich, J., S. J. Heine, and A. Noranzayan, "The Weirdest People in the World," *Behavioral and Brain Sciences*, 33, 2010, pp. 61~135.

Hertwig, R. and S. M. Herzog, "Fast and Frugal Heuristics: Tools of Social Rationality," *Social Cognition*, 27(5), 2009, pp. 661~698.

Hicks, D. L., E. Santacrue-Vasut, and A. Shoham, "Does Mother Tongue Make for Women's Work? Linguistics, Household Labor and Gender Identity," *Journal of Economic Behavior and Organization*, 110, 2015, pp. 19~44.

Hirshman, A. O., *The Passions and the Interests*, Princeton, N.J.: Princeton University Press, 1977.

Hitokoto, H. and Y. Uchida, "Interdependent Happiness: Theoretical Importance and Measurement Validity," *Journal of Happiness Studies*, 16, 2015, pp. 211~239.

Ho, H.-A., P. Martinsson, and O. Olsson, "The Origins of Cultural Divergence:

Evidence from Vietnam," *Journal of Economic Growth*, 27, 2022, pp. 45~89.

Hofstede, G., *Culture's Consequences: International Differences in Work-Related Values*, Beverly Hills, CA: SAGE Publications, 1984.

______, *Culture's Consequences: Comparing Values, Behaviors, and Organizations Across Nations*, 2nd edition, CA: SAGE Publications, 2001.

Hofstede, G. and R. R. Crae, "Personality and Culture Revisited: Linking Traits and Dimensions of Culture," *Cross-Cultural Research*, 38(1), 2004, pp. 52~88.

Hsin, A. and Y. Xie, "Explaining Asian Americans' Academic Advantage over Whites," *Proceedings of the National Academy of Sciences*, 111(23), 2014, pp. 8416~8421.

Imada, T. and S. Kitayama, "Social Eyes and Choice Justification: Culture and Dissonance Revisited," *Social Cognition*, 28(5), 2010, pp. 589~608.

Ishiguro, S., "Relationships and Growth: On the Dynamic Interplay between Relational Contracts and Competitive Markets in Economic Development," *Review of Economic Studies*, 83, 2016, pp. 629~657.

Jin, L. and S. C. Myers, "R2 around the World: New Theory and New Tests," *Journal of Financial Economics*, 79(2), 2006, pp. 257~292.

Jung, K., S. Shavitt, M. Viswanathan, and J. Hilbe, "Female Hurricanes Are Deadlier Than Male Hurricanes," *Proceedings of the National Academy of Sciences*, 111(24), 2014, pp. 8782~8787.

Kalinowski, T., "Crisis Management and the Diversity of Capitalism: Fiscal Stimulus Packages and the East-Asian (Neo-)developmental State," *Economy and Society*, 44(2), 2015, pp. 244~270.

Kashima, E. S. and Y. Kashima, "Culture and Language: The Case of Cultural Dimensions and Personal Pronoun Use," *Journal of Cross-Cultural Psychology*, 29(3), 1998, pp. 461~486.

______, "INDIVIDUALISM, GNP, CLIMATE, AND PRONOUN DROP: Is Individualism Determined by Affluence and Climate, or Does Language Use Play a Role?," *Journal of Cross-Cultural Psychology*, 34(1), 2003, pp. 125~134.

Kim, H. and H.-R. Markus, "Deviance or Uniqueness, Harmony or Conformity?

A Cultural Analysis," *Journal of Personality and Social Psychology*, 77(4), 1999, pp. 785~796.

Kim, H. S. and A. Drolet, "Choice and Self-Expression: A Cultural Analysis of Variety-Seeking," *Journal of Personality and Social Psychology*, 85(2), 2003, pp. 373~382.

______, "Express your Social Self: Cultural Differences in Choice of Brand-name Versus Generic Products," *Personality and Social Psychology Bulletin*, 35(12), 2009, pp. 1555~1566.

Kim, H. and D. Sherman, "Express Yourself: Culture and the Effect of Self-Expression on Choice," *Journal of Personality and Social Psychology*, 92(1), 2007, pp. 1~11.

Kirby, S., M. Dowman, and T. L. Griffiths, "Innateness and Culture in the Evolution of Language," *Proceedings of National Academy of Sciences*, 104, 2007, pp. 5241~5245.

Kvaløy, O. and T. E. Olsen, "Endogenous Verifiability and Relational Contracting," *American Economic Review*, 99(5), 2009, pp. 2193~2208.

Lai, K. K.-Y. and J. L. Zaichkowsky, "Brand Imitation: Do the Chinese have Different Views?," *Asia Pacific Journal of Management*, 16(2), 1999, pp. 179~192.

Lee, G.-A., "The Transition from Foraging to Farming in Prehistoric Korea," *Current Anthropology*, 52:S4, The Origins of Agriculture: New Data, New Ideas, 2011, pp. S307~329.

Liang, H., C. Marquis, L. Renneboog, and S. L. Sun, "Speaking of Corporate Social Responsibility," TILEC Discussion Paper No. 2014-018, 2014.

Licht, A. N., C. Goldschmidt, and S. H. Schwartz, "Culture rules: The Foundations of the Rule of Law and Other Norms of Governance," *Journal of Comparative Economics*, 35(4), 2007, pp. 659~688.

Lu, L., "Understanding Happiness: A Look Into the Chinese Folk Psychology," *Journal of Happiness Studies*, 2, 2001, pp. 407~432.

Lu, L. and R. Gilmour, "Culture and Comceptions of Happiness: Individual

Oriented and Social Oriented SWB," *Journal of Happiness Studies*, 5, 2004, pp. 269~291.

MacKenzie, D., "Is Economics Performative?," *Journal of the History of Economic Thought*, 28(1), 2006, pp. 29~55.

Markus, H. R. and S. Kitayama, "Culture and the Self: Implications for Cognition, Emotion, and Motivation," *Psychological Review*, 98(2), 1991, pp. 224~253.

______, "Cultures and Selves: A Cycle of Mutual Constitution," *Perspectives on Psychological Science*, 5(4), 2010, pp. 420~430.

Marshall, A., *Principles of Economics*, Liberty Fund, 1920.

Masuda, T. and R. Nisbett, "Attending Holistically Versus Analytically: Comparing the Context Sensitivity of Japanese and Americans," *Journal of Personality and Social Psychology*, 81(5), 2001, pp. 922~934.

Mavisakalyan, A., "Gender in Language and Gender in Employment," *Oxford Development Studies*, 43(4), 2015, pp. 403~424.

Mavisakalyan, A. and C. Weber, "Linguistic Structures and Economic Outcomes," *Journal of Economic Surveys*, 32(3), 2018, pp. 916~939.

Mavisakalyan, A., Y. Tarverdi, and C. Weber, "Talking in the Present, Caring for the Future: Language and Environment," *Journal of Comparative Economics*, 46, 2018, pp. 1370~1387.

______, "Heaven can Wait: Future Tense and Religiosity," *Journal of Population Economics*, 35, 2022, pp. 833~860.

Mayew, W. J. and M. Venkatachalam, "The Power of Voice: Managerial Affective States and Future Firm Performance," *Journal of Finance*, 57(1), 2012, pp. 1~43.

McCloskey, D. and A. Klamer, "One Quarter of GDP is Persuasion," *American Economic Review, Papers and Proceedings*, 85(2), 1995, pp. 191~195.

Michalopoulos, S., "The Origins of Ethnolinguistic Diversity," *American Economic Review*, 102(4), 2012, pp. 1508~1539.

Michalopoulos, S. and M. M. Xue, "Folklore," *Quarterly Journal of Economics*, 136, 2021, pp. 1993~2046.

Mirowski, P. and E. Nik-Khah, *The Knowledge We have Lost in Information: The History of Information in Modern Economics*, Oxford University Press, 2017.

Mokyr, J. and G. Tabellini, "Social Organizations and Political Institutions: Why China and Europe Diverged," *Economica*, 91(362), 2024, pp. 347~382.

Morris-Suzuki, T., *A History of Japanese Economic Thought*, London: Routledge, 1989(『日本經濟思想の歷史』, 1991, 東京: 岩波書店).

Mullainathan, S., J. Schwartzstein, and A. Shleifer, "Coarse Thinking and Persuasion," *Quarterly Journal of Economics*, 123(2), 2008, pp. 577~619.

Nia, A. and J. L. Zaichkowsky, "Do Counterfeits Devalue the Ownership of Luxury Brands?," *Journal of Product & Brand Management*, 9(7), 2000, pp. 485~497.

Nisbett, R., K. Peng, I. Choi, and A. Norenzayan, "Culture and Systems of Thought: Holistic Versus Analytic Cognition," *Psychological Review*, 108(2), 2001, pp. 291~310.

Oh, Y., M. Conte, S. Kang, J. Kim, and J. Hwang, "Population Fluctuation and the Adoption of Food Production in Prehistoric Korea: Using Radiocarbon Dates as a Proxy for Population Change," *Radiocarbon*, 59, 2017, pp. 1761~1770.

Pagano, U., "Love, War and Cultures: An Institutional Approach to Human Evolution," *Journal of Bioeconomics*, 15, 2013, pp. 41~66.

Peng, K. and R. E. Nisbett, "Culture, Dialectics, and Reasoning About Contradiction," *American Psychologist*, 54(9), 1999, pp. 741~754.

Pérez, E. O. and M. Tavits, "Language Shapes People's Time Perspective and Support for Future-oriented Policies," *American Journal of Political Science*, 61(3), 2017, pp. 715~727.

Pinhasi, R., J. Fort, and A. J. Ammerman, "Tracing the Origins and Spread of Agriculture in Europe," *PLOS Biology*, 3(12), 2005, pp. 2220~2228.

Pöhlmann, C. and B. Hannover, "Who Shapes the Self of Independents and Interdependents? Explicit and Implicit Measures of the Self's Relatedness to Family, Friends and Partner," *European Journal of Personality*, 20(7), 2006, pp. 525~547.

Raghubir, P. and J. Srivastava, "Effect of Face Value on Product Valuation in Foreign

Currencies," *Journal of Consumer Research*, 29(3), 2002, pp. 335~347.
______, "The Denomination Effect," *Journal of Consumer Research*, 36(4), 2009, pp. 701~713.
Renwu, T., "A Comparison Between Confucian and Daoist Economic Philosophies in the Pre-Qin Era," Chapter 6, C. Lin, T. Peach, and W. Fang, eds., *The History of Ancient Chinese Economic Thought*, London: Routledge, 2014.
Robbeets, M. *et al.*, "Triangulation Supports Agricultural Spread of the Transeurasian Languages," *Nature*, 599, 2021, pp. 616~621.
Roberts, S., J. Winters, and K. Chen, "Future Tense and Economic Decisions: Controlling for Cultural Evolution," *PLoS ONE*, 10(7), 2015, e0132145.
Roland, G., "The Deep Historical Roots of Modern Culture: A Comparative Perspective," *Journal of Comparative Economics*, 48, 2020, pp. 483~508.
Roland, G. and Y. Gorodnichenko, "Understanding the Individualism-Collectivism Cleavage and Its Effects: Lessons from Cultural Psychology," Invited Paper at the XVIth Congress of the International Economic Association, 2011.
Rosa, C., "The High-frequency Response of Exchange Rates to Monetary Policy Actions and Statements," *Journal of Banking & Finance*, 35(2), 2011, pp. 478~489.
Savani, K., N. M. Stephens, and H. R. Markus, "Choice as an Engine of Analytic thought," *Journal of Experimental Psychology: General*, 146(9), 2017, pp. 1234~1246.
Schelling, T. C., "Economic Reasoning and the Ethics of Policy," *Public Interest*, 65, 1981, pp. 37~61.
Schimmack, U., S. Oishi, and E. Diener, "Cultural Influences on the Relation between Pleasant Emotions and Unpleasant Emotions: Asian Dialectic Philosophies or Individualism-collectivism?," *Cognition and Emotion*, 16(6), 2002, pp. 705~719.
Searle, J. R., "What is an Institution?," *Journal of Institutional Economics*, 1(1), 2005, pp. 1~22.
Shavitt, S. and A. Barnes, "Culture and the Consumer Journey," *Journal of Retailing*,

96(1), 2020, pp. 40~54.

Shiller, R. J., "Narrative Economics," *American Economic Review*, 107(4), 2017, pp. 967~1004.

Shiota, M. N., B. Campos, G. C. Gonzaga, D. Keltner, and K. Peng, "I Love You but …: Cultural Differences in Complexity of Emotional Experience during Interaction with a Romantic Partner," *Cognition and Emotion*, 24(5), 2010, pp. 786~799.

Snibbe, A. and H. R. Markus, "You Can't Always Get What You Want: Educational Attainment, Agency, and Choice," *Journal of Personality and Social Psychology*, 88(4), 2005, pp. 703~720.

Strulov-Shlain, V., "More Than a Penny's Worth: Left–Digit Bias and Firm Pricing," *Review of Economic Studies*, 90, 2023, pp. 2612~2645.

Sunde, U., T. Dohmen, B. Enke, A. Falk, D. Huffman, and G. Meymerheim, "Patience and Comparative Development," *Review of Economic Studies*, 89, 2022, pp. 2806~2840.

Tabellini, G., "*Presidential Address* Institutions and Culture," *Journal of the European Economic Association*, 6(2-3), 2008, pp. 255~294.

Talhelm, T., X. Zhang, S. Oishi, C. Shimin, D. Duan, X. Lan, and S. Kitayama, "Large-Scale Psychological Differences Within China Explained by Rice Versus Wheat Agriculture," *Science*, 344(6184), 2014, pp. 603~608.

Talhelm, T. and A. S. English, "Historically Rice-farming Societies have Tighter Social Norms in China and Worldwide," *Proceedings of National Academy of Sciences*, 117(33), 2020, pp. 19816~19824.

Tang, M., Z. Wang, M. Quian, G. Jun, and L. Zhang, "Transferred Shame in the Cultures of Interdependent-Self and Independent Self," *Journal of Cognition & Culture*, 8(1/2), 2014, pp. 163~178.

Tardiff, T., P. Fletcher, W. Liang, Z. Zhang, N. Kaciroti, and V. A. Marchman, "Baby's First Ten Words," *Developmental Psychology*, 44(4), 2008, pp. 929~938.

Triandis, H. C., "The Self and Social Behavior in Differing Cultural Contexts," *Psychological Review*, 96(3), 1989, pp. 506~520.

Triandis, H. C. and E. M. Suh, "Cultural Influences on Personality," *Annual Review of Psychology*, 53, 2002, pp. 133~160.

Twenge, J. M., W. K. Campbell, and B. Gentile, "Increases in Individualistic Words and Phrases in American Books, 1960-2008," *PLoS ONE*, 7(7), 2012a, e40181.

______, "Male and Female Pronoun Use in U.S. Books Reflects Women's Status, 1900-2008," *Sex Roles*, 67, 2012b, pp. 488~493.

Twenge, J. M., W. K. Campbell, and B. Gentile, "Changes in Pronoun Use in American Books and the Rise of Individualism, 1960-2008," *Journal of Cross-Cultural Psychology*, 44, 2013, pp. 406~415.

Uchida, Y. and S. Kitayama, "Happiness and Unhappiness in East and West: Themes and Variations," *Emotion*, 9, 2009, pp. 441~456.

Varian, H. R., *Microeconomic Analysis*, Third Edition, New York: W. W. Norton & Company, 1993.

Vygotsky, L., *Thought and Language*, edited and translated by Eugenia Hanfmann and Gertrude Vakar, Cambridgem Mass.: MIT Press, 1962[1936].

Wang, Q., "Relations of Maternal Style and Child Selfconcept to Autobiographical Memories in Chinese, Chinese Immigrant, and European American 3-year-olds," *Child Development*, 77, 2006, pp. 1794~1809.

Whorf, B. L., "Science and Linguistics," *Technology Review*, 62(6), 1940, pp. 229~231, 247~248.

Wilcox, K., H. M. Kim, and S. Sen, "Why Do Consumers Buy Counterfeit Luxury Brands?," *Journal of Marketing Research*, 46(2), 2009, pp. 247~259.

Wilson, D. S. and E. O. Wilson, "Rethinking the Theoretical Foundation of Sociobiology," *Quarterly Review of Biology*, 82, 2007, pp. 327~348.

Yu, F., T. Peng, K. Peng, S. Tang, C. S. Chen, X. Qian, P. Sun, T. Han, and F. Chai, "Cultural Value Shifting in Pronoun Use," *Journal of Cross-Cultural Psychology*, 47(2), 2016, pp. 310~316.

Zamagni, S., "Happiness and Individualism: A Very Difficult Union," Chapter 12, L. Bruni and P. L. Porta, eds., *Happiness and Economics*, Oxford: Oxford

University Press, 2005.
Zhang, C. and H. Hung, "The Emergence of Agriculture in Southern China," *Antiquity*, 84, 2010, pp. 323~333.
Zhang, Y., "Governing the Water Commons in China: From Historical Oriental Despotism to Contemporary Fragmented Hydraulic State," *International Journal of Water Resources Development*, 35(6), 2019, pp. 1029~1047.

SBS 뉴스, https://www.youtube.com/watch?v=BQGzhEFZ9zw.
Wikipedia, モラル・ハザード(https://ja.wikipedia.org/wiki/%E3%83%A2%E3%83%A9%E3%83%AB%E3%83%BB%E3%83%8F%E3%82%B6%E3%83%BC%E3%83%89).

찾아보기

ㅇ

ㅈ

ㅊ